Vom Glück

ERKUNDIGUNGEN

EINGEHOLT VON GOTTFRIED HONNEFELDER

INSEL VERLAG

Erste Auflage 1986

Quellenhinweise am Schluß des Bandes
Satz: Fotosatz Otto Gutfreund, Darmstadt
Druck: Spiegel Buch GmbH, Ulm-Jungingen
Printed in Germany

Die Untersuchung des glücklichen Lebens
ist der einzige Gegenstand,
den sich die Philosophie zum Zweck
und Ziel setzen muß.

CICERO

Das Glück ist kein guter Stoff für Dichter.
Es ist zu selbstgenügsam.
Es braucht keinen Kommentar.
Es kann in sich zusammengerollt schlafen
wie ein Igel.

ROBERT WALSER

I.

ERKUNDIGUNGEN

Die Lösung des Problems des Lebens
merkt man am Verschwinden dieses Problems.
Kann man aber so leben, daß das Leben
aufhört, problematisch zu sein?
Daß man im Ewigen lebt und nicht in der Zeit?
Ist nicht dies der Grund, warum Menschen,
denen der Sinn des Lebens nach langen
Zweifeln klar wurde, warum diese dann nicht
sagen konnten, worin dieser Sinn bestand.

LUDWIG WITTGENSTEIN

Das Wort Glück

Es ist eins von den Wörtern, die ich immer geliebt und gern gehört habe. Mochte man über seine Bedeutung noch so viel streiten und räsonieren können, auf jeden Fall bedeutete es etwas Schönes, etwas Gutes und Wünschenswertes. Und dem entsprechend fand ich den Klang des Wortes.

Ich fand, dieses Wort habe trotz seiner Kürze etwas erstaunlich Schweres und Volles, etwas, was an Gold erinnerte, und richtig war ihm außer der Fülle und Vollwichtigkeit auch der Glanz eigen, wie der Blitz in der Wolke wohnte er in der kurzen Silbe, die so schmelzend und lächelnd mit dem GL begann, im Ü so lachend ruhte und so kurz, und im CK so entschlossen und knapp endete. Es war ein Wort zum Lachen und zum Weinen, ein Wort voll Urzauber und Sinnlichkeit; wenn man es recht empfinden wollte, brauchte man nur ein spätes, flaches, müdes Nickel- oder Kupferwort neben das goldene zu stellen, etwa Gegebenheit oder Nutzbarmachung, dann war alles klar. Kein Zweifel, es kam nicht aus Wörterbüchern und Schulstuben, es war nicht erdacht, abgeleitet oder zusammengesetzt, es war Eins und rund, war vollkommen, es kam aus dem Himmel oder aus der Erde wie Sonnenlicht oder Blumenblick. Wie gut, wie glücklich, wie tröstlich, daß es solche Wörter gab! Ohne sie zu leben und zu denken, wäre Welke und Verödung, wäre wie Leben ohne Brot und Wein, ohne Lachen oder Musik.

Nach dieser Seite hin, nach der natürlichen und sinnlichen, hat mein Verhältnis zu dem Wort Glück sich nie entwickelt und geändert, das Wort ist heute so kurz und schwer, so golden und glänzend wie immer, ich liebe es, wie ich es als Knabe geliebt habe. Was aber dieses magische Symbol bedeute, was mit diesem so kurzen wie schweren Wort gemeint sei, darüber haben meine Meinungen und Gedanken viele Entwicklungen erlebt und sind erst sehr spät zu einem klaren und bestimmten Schluß gekommen. Bis weit über die Mitte meines Lebens hinaus nahm ich es ungeprüft und folgsam hin, daß im Munde der Leute Glück etwas zwar Positives und unbedingt Wertvolles, im Grunde aber doch Banales bedeute. Gute Geburt, gute Erziehung, gute Karriere, gute Ehe, Gedeihen in Haus und Familie, Ansehen bei den Leuten, voller Beutel, volle Truhen, an alles dieses wurde gedacht, wenn man »Glück« sagte, und ich tat wie jedermann. Es gab, so schien es, glückliche Menschen und andere, wie es gescheite und andere gab. Wir sprachen von Glück auch in der Weltgeschichte, wir glaubten glückliche Völker, glückliche Epochen zu kennen. Dabei lebten wir selbst mitten in einer ungewöhnlich »glücklichen« Epoche, wir waren vom Glück eines langen Friedens, einer weiten Freizügigkeit, eines bedeutenden Behagens und Wohlseins umspült wie von einem lauen Bade, und doch merkten wir es nicht, es verstand sich dies Glück allzu sehr von selbst, und wir jungen Leute in jener scheinbar so freundlichen, behaglichen und friedlichen Epoche waren, wenn wir etwas auf uns hielten, blasiert und skeptisch gestimmt, kokettierten mit dem Tod, mit der Entartung, mit der interessanten Bleichsucht, während wir vom Florenz des Quattrocento, dem Athen des Perikles und anderen vergangenen Zeiten als von glücklichen sprachen. Das Schwärmen für jene Blütenzeiten zwar verlor sich allmählich, wir lasen Geschichtsbücher, lasen Schopenhauer, wurden gegen die Superlative und gegen die schönen Worte mißtrauisch, wir lernten geistig in einem gedämpften und relativierten Klima leben – und dennoch klang das Wort Glück, wo irgend man ihm unbefangen begegnete, mit dem alten vollen goldenen Ton, blieb Mahnung oder Erinnerung an Dinge höchsten Wertes. Vielleicht, dachten wir zuzeiten, konnten einfache Kindermenschen jene handgreiflichen Güter des Lebens Glück nennen, wir aber dachten bei dem Wort eher an etwas wie Weisheit, Drüberstehen, Geduld, Unbeirrbarkeit der Seele, was alles schön war und uns Freude machte, ohne doch einen so urmäßigen, vollen, tiefen Namen wie »Glück« zu verdienen.

HERMANN HESSE

Welches ist das oberste aller praktischen Güter? Im Namen stimmen wohl die meisten überein. Glückseligkeit nennen es die Leute ebenso wie die Gebildeten, und sie setzen das Gut-Leben und das Sich-gut-Verhalten gleich mit dem Glückseligsein.

Was aber die Glückseligkeit sei, darüber streiten sie, und die Leute sind nicht derselben Meinung wie die Weisen. Jene nämlich verstehen darunter etwas Selbstverständliches und Sichtbares, wie Lust, Reichtum oder Ehre, der eine dies, der andere jenes, oftmals auch ein und derselbe Verschiedenes: wenn er krank ist, meint er die Gesundheit, wenn er arm ist, den Reichtum. Da sie sich aber ihrer eigenen Unwissenheit bewußt sind, bewundern sie jene, die etwas Großes und ihr Verständnis Übersteigendes sagen. Einige meinten, es gebe neben diesen vielen Gütern ein anderes Gutes an und für sich, das auch die Ursache des Gutseins all der andern Güter wäre. Alle Ansichten zu prüfen ist wohl eher sinnlos; wir dürfen uns also auf jene beschränken, die am verbreitetsten sind oder einigermaßen begründet zu sein scheinen.

ARISTOTELES

Die Frage nach dem Zweck des menschlichen Lebens ist ungezählte Male gestellt worden; sie hat noch nie eine befriedigende Antwort gefunden, läßt eine solche vielleicht überhaupt nicht zu. Manche Fragesteller haben hinzugefügt: wenn sich ergeben sollte, daß das Leben keinen Zweck hat, dann würde es jeden Wert für sie verlieren. Aber diese Drohung ändert nichts. Es scheint vielmehr, daß man ein Recht dazu hat, die Frage abzulehnen. Ihre Voraussetzung scheint jene menschliche Überhebung, von der wir soviel andere Äußerungen bereits kennen. Von einem Zweck des Lebens der Tiere wird nicht gesprochen, wenn deren Bestimmung nicht etwa darin besteht, dem Menschen zu dienen. Allein auch das ist nicht haltbar, denn mit vielen Tieren weiß der Mensch nichts anzufangen – außer, daß er sie beschreibt, klassifiziert, studiert – und ungezählte Tierarten haben sich auch dieser Verwendung entzogen, indem sie lebten und ausstarben, ehe der Mensch sie gesehen hatte. Es ist wiederum nur die Religion, die die Frage nach einem Zweck des Lebens zu beantworten weiß. Man wird kaum irren zu entscheiden, daß die Idee eines Lebenszweckes mit dem religiösen System steht und fällt.

Wir wenden uns darum der anspruchsloseren Frage zu, was die Menschen selbst durch ihr Verhalten als Zweck und Absicht ihres Lebens erkennen lassen, was sie vom Leben fordern, in ihm erreichen wollen. Die Antwort darauf ist kaum zu verfehlen; sie streben nach dem Glück, sie wollen glücklich werden und so bleiben. Dies Streben hat zwei Seiten, ein positives und ein negatives Ziel, es will einerseits die Abwesenheit von Schmerz und Unlust, andererseits das Erleben starker Lustgefühle. Im engeren Wortsinne wird »Glück« nur auf das letztere bezogen. Entsprechend dieser Zweiteilung der Ziele entfaltet sich die Tätigkeit der Menschen nach zwei Richtungen, je nachdem sie das eine oder das andere dieser Ziele – vorwiegend oder selbst ausschließlich –

zu verwirklichen sucht. – Es ist, wie man merkt, einfach das Programm des Lustprinzips, das den Lebenszweck setzt. Dies Prinzip beherrscht die Leistung des seelischen Apparates vom Anfang an; an seiner Zweckdienlichkeit kann kein Zweifel sein, und doch ist sein Programm im Hader mit der ganzen Welt, mit dem Makrokosmos ebensowohl wie mit dem Mikrokosmos. Es ist überhaupt nicht durchführbar, alle Einrichtungen des Alls widerstreben ihm; man möchte sagen, die Absicht, daß der Mensch »glücklich« sei, ist im Plan der »Schöpfung« nicht enthalten. Was man im strengsten Sinne Glück heißt, entspringt der eher plötzlichen Befriedigung hoch aufgestauter Bedürfnisse und ist seiner Natur nach nur als episodisches Phänomen möglich. Jede Fortdauer einer vom Lustprinzip ersehnten Situation ergibt nur ein Gefühl von lauem Behagen; wir sind so eingerichtet, daß wir nur den Kontrast intensiv genießen können, den Zustand nur sehr wenig. Somit sind unsere Glücksmöglichkeiten schon durch unsere Konstitution beschränkt.

SIGMUND FREUD

Wenn ich mich mitunter daran
gemacht habe, die vielfältige Geschäftigkeit
der Menschen zu betrachten,
die Gefahren und Mühsale, denen sie sich
aussetzen, bei Hofe, im Kriege,
woraus so viel Händel erwachsen, so viel
Leidenschaften, so viel verwegene
und oft schlimme Unternehmungen usw.,
habe ich entdeckt, daß alles Unglück
der Menschen von einem Einzigen herkommt:
daß sie es nämlich nicht verstehen,
in Ruhe in einem Zimmer zu bleiben.

BLAISE PASCAL

Ich bin einverstanden, daß
unter dem Wort Glück sehr Verschiedenes
zu verstehen ist, auch ich brauche
das Wort nicht immer im gleichen Sinn.
Eine kurze Definition möchte ich
keinesfalls geben. Lassen wir das Wort offen,
es soll seinen Sinn beziehen aus
der jeweiligen Situation; eine Definition
könnte nur vollkommen vage sein oder
eben falsch, indem sie für eine bestimmte
Situation doch gar nicht gilt.

MAX FRISCH

Das Glück

Eine der schönsten Phrasen aus dem
Bijouschachterl teutscher Zunge

Glück n. ist auffallend spät bezeugt: mhd. (seit 1160)
Friedrich Kluge, Etymologisches Wörterbuch der deutschen Sprache

Ich muß wol in einer Glückshaut gebohren worden seyn‹, rief er aus . . .

Glück auf, Glück auf, der Geiger kommt! Das Glück von Edenhall. Glück ein, Glück aus. Es wollt ihm nit gelücken. Glüx noch amal! Da reiten sie dahin, die Glücksritter! Eine glückliche Verbindung. Eine glückliche Entbindung. Ein Glück im Winkel. Hänsel im Glückerl und Gretel im Pecherl. Ein Hufeisen voll Freud, eine Nähnadel voll Leid. So *ist* es im Leben!

Mehr Glück als Vaterlandsliebe. Vom Glück verfolgt. O Sie Glückspilz Sie! Glücksburg-Sonderburg oder ein kleines Vermögen in Briefmarken. Glück, Glück nur du allein, sollst stets das Ziel meiner Träume sein! Er beglückte sie mit einer kurzen Wonne. Glücklich ist, wer vergißt. Wünschen Sie mir Glück, ich benötige es, wie der Fisch das Wasser! Und so gab ein Glück dem anderen die Hand . . .

Belami, heißt es, war vom Glück verhätschelt; er hatte es, wie jeder Mann weiß, bei den Fraun. Er besitzt mehr Glück als Verstand. Das Glück ist ihm hold. Das Glück von Halensee, Milwaukee, Plattensee. Eine Glücksserie. Eine Glückssträhne. Die Glücksfee. Der Glücksklee. Glücklich von A bis Zett, von Alpha bis Romeo. Bist du nun glücklich, mein Schatz?

Teufel, hat der Kerl Glück! Ein Glück vor dem Gabelfrühstück würzt den Vormittag. Das Glück als Flaschenteuferl. Das Flaschenteuferl als Glück. Das Glück zur linken Hand. Ein Stückerl vom Glückerl. Das Glück is a Vogerl. König

Autocars Glück und Ende. Ein Busglück. Ein Zugsglück. Ein Flugzeugsglück. Das Glück thront nebenan.

Besser zwo Glück im Bett als ein Unglück auf dem Dach. You are my glucki star! Das Glück ist kugelrund, fett, korpulent. Das Glück rollt wie ein unbemooster Stein. Ein fernes Glück. Ein indirekter Beweis von Glück. Glücksspiel. Gestatten, Glück der Name!

Des Einen Glück, des Anderen Unstern. Scheißglück! Als wärs ein Glück von mir. Jedermann ist seines Glückes Glied. Das ist Glückssache, mein Herr! Ich habe eben gerechterweise Glück gehabt. Er schien von allem Glück verlassen. Das Glück floh ihn, lauste ihn, wanzte ihn. Glück und Vasen sind aus Glas geblasen. Er ließ sein Glück fahren. Ha, Fortuna, schnöde Metze du!

›So glücklich wie ich‹, rief er aus, ›giebt es keinen Menschen unter der Sonne!‹ Mit leichtem Herzen und frey von aller Sorge sprang er nun fort, bis er daheim bey seiner Mutter war.

H. C. FORTUNAT ARTMANN

II.

SUCHE

Was wollte ich gestern? Glück?
Habe ich es denn nicht schon jetzt?
Soll man erst suchen müssen in der
unbekannten Ferne, unter den Menschen,
die gewiß gar keine Zeit haben,
an das Glück zu denken?

ROBERT WALSER

Vom glücklichen Leben

Ein Leben im Glück, Bruder Gallio, wünschen sich wohl alle, ebenso tappen aber auch alle im dunkeln, wenn es darum geht, sich die Voraussetzungen für ein echtes Lebensglück deutlich vor Augen zu stellen. Es ist aber auch nicht einfach, ein solches Lebensglück zu erlangen. Hat man nämlich den Weg einmal verfehlt, kann man sich sogar vom Ziel entfernen, und zwar um so weiter, je hastiger man sich ihm nähern will. Denn führt der Weg in entgegengesetzte Richtung, läßt gerade die Geschwindigkeit den Abstand immer größer werden. So muß man sich zuerst das Ziel seines Strebens klarmachen und sich dann nach Möglichkeiten umsehen, es recht rasch zu erreichen. Dabei wird man – vorausgesetzt, der eingeschlagene Pfad ist richtig – gewissermaßen unterwegs begreifen, welche Strecke man täglich vorwärtskommen kann und um wieviel wir dem Ziel unseres natürlichen Verlangens näher gekommen sind. Solange wir freilich überall umherschweifen und uns nach keinem Führer richten, sondern nach dem häßlichen Gelärm und Geschrei von Leuten, die ganz verschiedene Richtungen anraten, solange vergeuden wir – trotz pausenloser Bemühungen um eine richtige geistige Einstellung – auf Irrwegen unsere an sich schon so knappe Lebenszeit. Entscheidungen über Ziel und Weg dürfen deshalb auch nicht ohne einen erfahrenen, wegekundigen Führer getroffen werden; in diesem Fall gelten nämlich andere Bedingungen als bei sonstigen Reisen, wo der eingeschlagene Pfad und die Auskünfte der Einheimischen keinen Irrtum zulassen. In unserem Fall führt gerade der beliebteste und am meisten empfohlene Weg am ehesten in die Irre. In der Hauptsache müssen wir uns also davor hüten, wie das liebe Vieh der Herde unserer Vorgänger zu folgen und weiter mitzugehen, wohin man eben geht und nicht, wohin man eigentlich gehen sollte. Nichts verwickelt uns nämlich in größere Schwierigkeiten als unsere Neigung, sich nach dem Gerede der Leute zu richten, das heißt, immer das für das Beste zu halten, was allgemein Beifall findet, und sich an die bloße Zahl der Beispiele zu halten, also unser Leben nicht nach Vernunftgründen, sondern nach verwandten Erscheinungen zu gestalten. Darum stürzt immer wieder einer über den anderen, und es kommt zu einer so gewaltigen Zusammenballung. Was sich bei einem großen Volksauflauf alles abspielt, wenn ein einziges Menschenknäuel sich schiebt und drückt, keiner fallen kann, ohne seinen Nachbarn mitzureißen, die Vordersten den Nachfolgenden zum Verhängnis werden, dasselbe kannst du überall im Leben beobachten: Keiner begeht für sich allein einen Irrtum, jeder ist gleicherweise Grund und Urheber fremden Irrtums. Es ist nun außerordentlich schädlich, sich einfach seinen Vorgängern anzuschließen. Weil es nämlich einem jeden lieber ist, etwas auf Glauben anzunehmen, als sich selbst ein Urteil über eine Sache zu bilden, kommt es nie zu einer Beurteilung unserer Lebensführung. Immer verläßt man sich nur auf andere, und Irrtümer, von Hand zu Hand weitergereicht, halten uns erst zu Narren und stürzen uns zuletzt in den Abgrund. Sich nach anderen richten führt zum Untergang! Geheilt werden können wir nur, wenn wir uns vom großen Haufen absondern; dieser aber beharrt nun in seiner vernunftfeindlichen Haltung und nimmt seine eigenen Laster in Schutz. So geht es denn genauso zu wie in den Wahlversammlungen, wo später, wenn sich die leicht beeinflußbare öffentliche Meinung geändert hat, die Wähler über ihre eigene Entscheidung bei der Richterwahl verwundert sind. Ein und dasselbe billigen wir erst, dann tadeln wir es. Das kommt letzten Endes bei jeder gerichtlichen Mehrheitsentscheidung heraus.

Handelt es sich aber um die Frage nach unserem Lebensglück, darfst du mir nicht wie bei Senatsentscheidungen antworten: »Hier steht wohl die Mehrheit!« Gerade die vertritt hier die schlechtere Sache. Im Bereich des Verhältnisses der Menschen zueinander sind wir nicht in der günstigen Lage, daß sich eine Mehrheit für das Bessere entscheidet, vielmehr beweist die große Anzahl der Befürworter eben die Schlechtigkeit einer Sache. Unser Fragen muß darauf gerichtet sein, welches das beste Handlungsziel, nicht, was allgemein üblich und was uns ein immerwährendes Glücksgefühl verschafft, nicht, was der große Haufen meint, der allemal der ungeeignetste Maßstab der Wahrheit ist. Zu diesem Haufen gehören – ich betone das – auch die Purpur- und Kronenträger! Ich richte mich nämlich nicht nach der Farbenpracht der Kleidung, die ein Mensch trägt. Handelt es sich um den Menschen, verlasse ich mich nicht auf den Augenschein. Zur Unterscheidung von Wahrheit und Lüge dient mir eine kräftigere und zuverlässigere Laterne: Über geistige Werte soll allein der Geist entscheiden. Wenn der nur einmal Zeit fände, aufzuatmen und zur Besinnung zu kommen, dann würde er sich schon selbst auf die Folter spannen und die Wahrheit eingestehen. Er wird sagen: »Wäre doch nie geschehen, was durch mich geschehen ist! Überdenke ich meine Reden, beneide ich die stummen Tiere! Meine Wünsche muß ich für Flüche meiner Feinde halten, meine Befürchtungen hätten mir gewiß viel weniger Sorgen machen dürfen als meine Wünsche! Mit wie vielen habe ich Streit gehabt, den Haß verwunden und mich wieder versöhnt, wenn es unter Verworfenen überhaupt Versöhnung gibt! Zur Freundschaft mit mir selbst habe ich es noch nicht gebracht. Wie habe ich mir Mühe gegeben, mich von der Menge abzuheben und durch eine besondere Begabung aufzufallen. Doch habe ich mich damit nur Angriffen ausgesetzt und die Böswilligen auf meine verwundbaren Stellen hingewiesen. Sieh sie dir doch an, die Lobredner meiner Beredsamkeit, wie sie meinem Reichtum nachlaufen, sich um meine Freundschaft bewerben, meinen Einfluß in den Himmel heben. Alle sind sie meine Feinde oder, was auf dasselbe hinausläuft, könnten es sein: Gleich groß ist die Schar meiner Bewunderer und meiner Neider. Warum bemühe ich mich da nicht vielmehr um ein bewährtes Gut, das ich innerlich besitzen kann und nicht zur Schau stellen muß? Was man bewundernd betrachtet, wovor man stehenbleibt, was einer dem anderen staunend zeigt, ist doch nur die glänzende Fassade; dahinter sieht's elend aus!«

Also gilt es, ein Gut zu suchen und zu finden: ohne äußeren Glanz, aber gediegen, ausgeglichen und von großer innerer Schönheit. So weit liegt es schließlich nicht. Wenn man nur weiß, wohin man greifen muß, wird es sich schon finden lassen. Jetzt aber laufen wir wie im Nebel am Nächstliegenden vorbei, stolpern gerade über das, was wir sehnsüchtig suchen. Um dich nun nicht auf Umwege zu führen, will ich die Meinungen der anderen übergehen – sie aufzuzählen und zu widerlegen würde zu weit führen –; stelle dich einfach auf unseren Standpunkt! Wenn ich ›unseren‹ sage, binde ich mich nicht an einen einzelnen der angesehenen Stoiker; auch mir steht ein Recht auf eigenes Urteil zu. So werde ich bald dem einen folgen, bald von dem anderen nähere Ausführungen holen, vielleicht auch werde ich, als letzter aufgerufen, allen meinen Vorrednern zustimmen und sagen: »Ich schließe mich dieser Meinung an!« Bei alledem bin ich – wie unter allen Stoikern üblich – für Übereinstimmung mit der Natur. Von ihr nicht abzuweichen, nach ihrem Gesetz und Vorbild sich formen zu lassen, darin besteht die Weisheit. Demgemäß ist ein Leben dann glücklich zu nennen, wenn es sich im Einklang mit der eigenen Natur befindet. Das kann nur verwirklicht werden, wenn unser Geist gesund ist und immer gesund bleibt, wenn er weiterhin Tapferkeit und Tatkraft zeigt, wenn er ferner standhaft auszuhalten vermag, sich den Zeitumständen anpassen kann, nicht ängstlich besorgt ist um den Körper und seine Ansprüche, wenn er dann noch eine Vorliebe hat für alle möglichen Dinge, die das Leben angenehm machen, freilich ohne eines dieser Dinge anzubeten, wenn er die Gaben des Glücks nutzt, aber nicht von ihnen abhängig ist. Auch ohne nähere Erklärug begreifst du, daß ungestörte Ruhe, Unabhängigkeit sich einstellen, sobald das vertrieben ist, was uns reizt oder schreckt. Erfüllt uns doch dann anstelle der Begierden und all des Niedrigen, Hinfälligen und in seiner Schändlichkeit Verderblichen eine hohe

Freudigkeit, die nicht zu erschüttern ist und sich immer gleichbleibt; Friedfertigkeit und Eintracht und sanfte Hoheit folgen, denn jede Form von Roheit ist ein Zeichen von Schwäche.

Unser Begriff vom höchsten Gut kann, ohne seinen Sinn zu ändern, auch noch anders, das heißt, mit anderen Worten beschrieben werden. Wie ein Heer sich bald in voller Breite entfaltet, bald auf einem Raum zusammendrängt, entweder die Flügel vorzieht und das Zentrum einkrümmt oder sich in gerader Front ausbreitet – die Ordnung mag wechseln, seine Stärke und Einsatzbereitschaft für seine Sache bleiben sich gleich –, so kann auch der Begriff des höchsten Gutes einmal weitläufig und umfassender bestimmt werden, ein anderes Mal gedrängter und mit zwingender Kürze. Es läuft also auf dasselbe hinaus, wenn ich sage: »Das höchste Gut ist eine Gesinnung, die Zufälligkeiten verachtet, aber Freude an seiner Tugend findet«, oder: »Sie ist die Kraft eines ungebrochenen Geistes, mit Lebenserfahrung, voll ruhiger Tatkraft, die sich im Verkehr mit den Mitmenschen sehr umgänglich und fürsorglich zeigt.« Der Begriff läßt sich auch so fassen, daß wir den als glücklichen Menschen bezeichnen, dem Gutes und Übles dasselbe bedeuten wie gute und schlechte Gesinnung, der die Ehre hochhält, sich an der Tugend genug sein läßt, den Zufälligkeiten weder übermütig noch niedergeschlagen machen, der von keinem größeren Gute weiß als dem aus eigener Kraft erworbenen und dessen wahre Lust in der Verachtung der Begierden besteht. Will man weitschweifig sein, kann man das gleiche in immer anderer Gestalt vorführen; die volle Wirkung der Grundbedeutung bleibt unumstößlich bestehen, denn warum sollten wir für ›wahrhaft glückliches Leben‹ nicht auch sagen können: »Dies ist ein unabhängiger, aufrechter unerschrockener und standfester Geist, entrückt jeglicher Furcht und Begierde. Sein einziges Gut heißt Ehre, sein einziges Übel Schande; alle übrigen Dinge gelten ihm nichts, können sein Lebensglück weder größer noch kleiner machen, da sie kommen und gehen, ohne

Wachstum und Schwund des höchsten Gutes zu beeinflussen. Also muß, unabhängig vom Wollen oder Nichtwollen, hierin der Grund liegen, daß sich beständige Heiterkeit und tiefinnerliche Fröhlichkeit einstellen, wie bei einem Menschen, der Freude an seinem Eigentum hat und dessen Wünsche nicht über die häuslichen Grenzen hinausstreben. Ist das nun nicht ein gutes Gegengewicht gegen die armseligen, nichtswürdigen und beständigen körperlichen Triebe? Lust und Schmerz treten immer gleichzeitig ihre Herrschaft an. Du siehst doch, in welch üble und schädliche Abhängigkeit jemand gerät, den Begierden und Schmerzen, diese unbeständigsten und unbändigsten Zwingherren, abwechselnd knechten. Da darf es nur einen Ausweg geben: Unabhängigkeit gewinnen! Das aber kann nur gelingen, wenn man sich nicht um das Schicksal kümmert. Dann nämlich erwächst uns ein unschätzbares Gut: die sicher gegründete Ruhe und Erhabenheit des Geistes und nach überwundenen Schrecken eine großartige, durch nichts zu vertreibende Freude, die aus der Erkenntnis der Wahrheit stammt, endlich Leutseligkeit und innere Gelöstheit, an denen man seine Freude haben wird, nicht wie an einzelnen Gütern, sondern wie an Abkömmlingen eines ureigenen Gutes.«

Da ich mich nun einmal näher darauf eingelassen habe: Glücklich darf man nur jemanden nennen, der weder Wünsche hegt noch Furcht empfindet, allerdings vermöge seiner Vernunft, denn unbekannt sind Furcht und Trauer ja auch den fühllosen Steinen und nicht minder dem Herdenvieh. Deswegen wird trotzdem keiner etwas glücklich nennen, dem das Bewußtsein seines Glückes fehlt. Hierzu muß man nun auch die Menschen zählen, deren stumpfsinnige und einsichtslose Natur sie dem Vieh und der unbelebten Natur zuordnet. Zwischen beiden besteht kein Unterschied: Haben die einen überhaupt keine Vernunft, gebrauchen die anderen ihre fehlgeleitete Vernunft zum eigenen Schaden und gegen deren eigentliche Bestimmung. Darf man doch niemand glücklich nennen, der der Wahrheit fernsteht! Also beruht die

Sicherheit und Unwandelbarkeit eines glücklichen Lebens auf vernünftiger und verläßlicher Urteilskraft. Dann nämlich, wenn er sich nicht nur über grobe Anwürfe, sondern auch über kleine Sticheleien hinweggesetzt hat, ist unser Sinn rein und frei von allem Übel, verharrt ausdauernd auf seinem Posten, ja, behauptet seinen Platz auch gegen den drohenden Zorn des Schicksals. Was nun aber die sinnlichen Reize angeht, so mögen sie sich uns ruhig von allen Seiten aufdrängen, auf jedem Weg Zugang suchen, unseren Geist schmeichelnd geneigt machen und alles mögliche in Bewegung setzen wollen, um uns ganz oder teilweise zu erregen. Welcher Sterbliche, dem auch nur die geringste Spur seines Menschseins geblieben ist, möchte sich schon Tag und Nacht reizen lassen und sich, völlig vom Geist verlassen, ausschließlich seinem Körper widmen?

»Doch wird es« – meint man – »wohl auch geistige Begierden geben können?« – Gewiß wird es sie geben, auch soll ›dieser Geist‹ ruhig über Verschwendungssucht und Ausschweifungen zu Gericht sitzen, soll sich an allen möglichen Sinnesreizen sättigen, dann seine Rückschau auf Vergangenes richten und im Gedanken an seine abgefeimten Lüste mit seinen früheren Abenteuern prahlen, bereits auf zukünftige lauern und seine Sehnsüchte ins Feld führen; soll er doch, während der Körper noch am Freßnapf hängt, seine Gedanken schon zur nächsten Fütterung schweifen lassen: Gerade hierin sehe ich aber den Grund seines Elends. Wer anstelle des Guten das Schlechte wählt, muß doch wohl von Sinnen sein! Zum Glück gehört geistige Gesundheit; gesund aber kann kein Mensch sein, der, statt für sein eigenes Bestes bemüht zu sein, sich selbst zu schaden bestrebt ist. Ein wirklich glücklicher Mensch wird also über eine gesunde Urteilskraft verfügen, sich in seine jeweilige Gegenwart schicken und im Einklang mit seinem Geschick leben. Kurz, er ist ein Mensch, dessen gesamten Lebensstil die Vernunft bestimmt.

Haben doch auch die, nach deren Meinung das höchste Gut in diesen Dingen liegt, einen Blick dafür behalten, welch entehrenden Platz sie ihm damit einräumten. Behaupten sie doch, Lust und Tugend seien gar nicht voneinander zu trennen und keiner könne ein ehrbares Leben führen, ohne auch zugleich Vergnügen daran zu haben, ebenso wie keiner vergnügt leben könne, ohne zugleich ein Ehrenmann zu sein. Ich vermag nun nicht zu entdecken, wie so verschiedene Dinge eine feste Verbindung miteinander eingehen können. Woran soll es liegen, warum, bitte, sollten Lust und Tugend untrennbar verbunden sein müssen? Weil nun die Tugend der Ursprungsort alles Guten ist, entspringt ihrem Wurzelboden etwa auch das, was ihr so sehr liebt und begehrt? Wäre aber beides wirklich so untrennbar, bekämen wir nicht soviel Angenehmes zu sehen, das durchaus ehrenhaft ist, andererseits auch höchst Ehrenhaftes, das unangenehm hart ist und mit Schmerzen erkauft werden muß. Dazu kommt noch, daß es auch im erbärmlichsten Leben Lust gibt, Tugend dagegen eine schlechte Lebensweise gar nicht erst zuläßt, und daß es Unglückliche gibt, nicht aus Mangel an Lust, sondern durch die Lust selbst, was unmöglich wäre, wenn Tugend und Lust so innig verbunden wären. Die Tugend muß oft ganz auf Lust verzichten; freilich ohne jemals auf sie angewiesen zu sein.

Was vergleicht ihr Dinge, die miteinander unähnlich, ja geradezu entgegengesetzt sind? Tugend, das ist etwas Hohes, Erhabenes und Königliches, etwas Unbesiegbares, das sich nicht überwinden läßt. Lust, das ist etwas Niedriges, Sklavisches, Schwächliches, Vergängliches, fest beheimatet in Bordellen und Schenken. Tugend wirst du im Tempel, auf dem Forum, im Ratssaal antreffen; vor den Mauern, staubbedeckt, wettergebräunt und mit schwieligen Händen. Lust versteckt sich gern, sucht verborgene Winkel in der Nähe von Badehäusern, Schwitzbädern und Örtlichkeiten, die öffentliche Aufsicht zu scheuen haben, weichlich und nervenschwach wirst du sie vorfinden, Wein oder Pomade ausschwitzend, leichenblaß oder geschminkt, durch Arzneimittel zugrunde gerichtet. Dem höchsten Gut eignet Unsterblichkeit, es kennt kein Ende, keine Übersättigung und keine

Reue. Einer vernünftigen Sinnesart ist jeder Richtungswechsel, jeder Haß gegen sich selbst und jede Abänderung der besten Lebensform fremd, die Lust hingegen erlischt mitten auf ihrem Höhepunkt, ihr Spielraum ist äußerst begrenzt; daher kommt es schnell zur Erfüllung, dann zum Überdruß und nach dem ersten Andrang zur Erschlaffung. Auf ein von Natur aus unbeständiges Wesen ist niemals sicherer Verlaß. Was kommt und vorübereilt, sich selbst verzehrt und schnell erlischt, kann demgemäß gar keine feste Grundlage haben, steuert es doch einen Punkt an, der unweigerlich Halt gebietet, und selbst in seinem Anfang liegt schon sein Ende.

Gibt es denn nicht Lustgefühle für Gute wie für Böse, und erfreuen sich nicht die Schurken an ihrer Schande ebenso wie die Ehrenmänner an ihren Tugendtaten? Daher die Weisung der Alten, die beste Lebensweise der angenehmsten vorzuziehen, damit auf diese Weise die Lust zum Begleiter, nicht zum Führer einer geradlinigen und guten Willenshaltung wird. Die Natur sollen wir uns zur Führerin wählen, nach ihr richtet sich die Vernunft, ihre Ratschläge holt sie ein. Also ist ein wahrhaft glückliches und ein naturgemäßes Leben ein und dasselbe. Was das bedeutet, will ich dir gleich erklären: Wenn wir auf unsere körperlichen Anlagen und das, was uns liegt, aufmerksam, aber ohne Furcht acht haben, so als wären es flüchtige, nur für den Tag gegebene Dinge; wenn wir uns nicht in ihre Knechtschaft begeben und diesen Fremdlingen keine Besitzrechte über uns zugestehen; wenn für uns das körperlich Angenehme und nur Äußerliche den Rang einnimmt, der im Feldlager den Hilfstruppen und den Leichtbewaffneten zukommt – sie sollen dienen und nicht befehlen –, dann und nur dann können sie uns innerlich helfen! Ein Mann soll gegen äußere Einflüsse unzugänglich und unüberwindlich sein, soll nur sich selbst bewundern, ›sich selbst vertrauen und auf alles gefaßt sein‹, kurz: sein Leben meistern. Doch soll seinem Selbstvertrauen nicht die Einsicht, seiner Einsicht nicht die Ausdauer fehlen. Er soll bei dem bleiben, was er einmal beschlossen hat, und an seinen Entscheidungen nicht herumbessern. Man soll auch ohne mein Zutun begreifen, daß es sich hier um einen ausgeglichenen, ordentlichen Mann handelt, der in seiner Handlungsweise Leutseligkeit mit hohem Sinn zu verbinden weiß. Unsere Vernunft jedoch ist an die Sinne gebunden, kann dort ihre Grundlage finden und endlich zu sich selbst zurückkehren; einen anderen Ausgangspunkt, der ihr einen Zugriff zur Wahrheit ermöglichen könnte, hat sie nämlich nicht. Wirkt auch das allumfassende Weltgefüge und die das Weltall leitende Gottheit nach außen, kehrt sie trotzdem von überallher ins Innere zu sich selbst zurück. Unser Geist soll es ebenso machen: Hat er sich seinen Sinnen anvertraut und sich mit ihrer Hilfe die Außenwelt erobert, gilt es für ihn, seine Sinne und sich selbst in der Gewalt zu haben. Auf diese Art wird sich eine einheitliche Kraft und eine in Übereinstimmung mit sich selbst wirkende Macht bilden, jene irrtumsfreie Vernunft wird sich einstellen, die keinen Widerspruch, keine Unschlüssigkeit kennt, weder in Meinungen und Begriffen noch in der Vorstellungswelt. Ist sie zu innerer Ordnung und Übereinstimmung, ja – wie ich sagen möchte – zu vollem Zusammenklang der Teile gelangt, streift sie bereits das höchste Gut. Dann gibt es nichts Verkehrtes und Trügerisches mehr, nichts, woran sie sich stoßen oder worüber sie straucheln könnte. Alles geschieht jetzt auf eigenen Befehl, nichts Unerwartetes begegnet; im Gegenteil, alles, was ein Mensch unternimmt, geht zum Guten aus: leicht, zwanglos und ohne Verzögerung bei der Ausführung. Zaudern und Unentschlossenheit zeugen nämlich von innerer Spannung und Unbeständigkeit. So darf man also frei bekennen, das höchste Gut sei innere Übereinstimmung. Denn wo Übereinstimmung und Einigkeit herrschen, dort müssen ja Tugenden sein; Zwietracht ist Sache der Laster.

»Doch selbst du«, wendet man ein, »ehrst doch die Tugend nur, weil du dir irgendein Lustgefühl von ihr versprichst!« – Zunächst: Auch wenn Tugend mit Lust verbunden sein sollte, erstrebt man sie doch keineswegs um dieser Lust willen. Es geht der Tugend nicht um Lust; die ist nur ein Begleitumstand. Ihr Bemühen gilt ja gar nicht der Lust, die sie freilich, trotz des anderen Ziels, mit erreichen wird. Wie auf einem für die Aussaat vorbereiteten Acker gewisse Blumen mit aufwachsen, gewiß augenerfreuende Pflanzen, denen aber trotzdem die große Mühe nicht galt – der Sämann hatte ganz andere Pläne, dies da ist nur dazugekommen –, so ist auch die Lust weder der Lohn noch die Ursache der Tugend, sondern eine Art Zugabe, und: Billigung findet sie nicht, weil sie entzückt, sondern weil sie Billigung findet, entzückt sie auch. Das höchste Gut liegt in unserer Urteilskraft und in der bestmöglichen Verfassung unseres Geistes. Bleibt er in seiner Bahn und hält sich an die selbstgesetzten Grenzen, ist das höchste Gut vollendet, und weiteres Wünschen erübrigt sich. Das Ganze kennt kein ›Außerhalb‹, ebensowenig wie das Ende ein ›Jenseits‹. Und so bist du im Irrtum mit deiner Frage nach jenem Etwas, um dessentwillen ich angeblich die Tugend zu erreichen suche; denn diese Frage zielt auf etwas, was über dieses Ganze hinausgreift. Du fragst, was ich denn dann von der Tugend will? Sie selbst! Sie hat nichts Besseres zu bieten, sie ist ihr eigener Preis. Ist das vielleicht zu wenig? Wenn ich dir nun sage: »Das höchste Gut, das ist unzerbrechliche Geistesstärke, Voraussicht und Erhabenheit, Gesundheit und Freiheit, Eintracht und Anstand«, was willst du dann noch mit einem Größeren, auf das sich all das beziehen müßte? Was redest du mir von Lust! Mir geht es um das Glück des Menschen, nicht um das des Bauches, der bei zahmen wie bei wilden Tieren allemal geräumiger ist!

»Du achtest gar nicht auf das, was ich eigentlich sagen will«, klagst du, »ich bestreite doch ausdrücklich, daß man ein angenehmes Leben führen kann, das nicht zugleich den sittlichen Regeln entspricht, und das ist bei den stummen Tieren und allen, deren Glück im Fressen besteht, ausgeschlossen. Deutlich und verbindlich erkläre ich: Zu einem Leben, das angenehm genannt zu werden verdient, gehört die Tugend notwendig dazu!« – Nun gut, aber weiß denn nicht jedermann, daß bei euren Lustbarkeiten gerade die

Dümmsten am kräftigsten mithalten und gerade das Laster im Wohlleben ertrinkt, ja, daß sich der Geist viele abartige Lüste selbsttätig zu verschaffen pflegt? Vor allem Übermut und Selbstüberschätzung, dann ein hochfahrendes Wesen gegen die Mitmenschen, blinde und gedankenlose Eigenliebe, Getändel im Überfluß und Frohlocken aus geringfügigen, kindischen Anlässen, weiterhin Geschwätzigkeit und schmähfreudiger Hochmut, Müßiggang und, wie es trägen, schläfrigen Geistern eigen ist, Mangel an Tatkraft. All das räumt die Tugend beiseite, nimmt dich beim Ohr und prüft den Wert deiner Lustbarkeiten, ehe sie ihre Zustimmung gibt. Selbst die von ihr zugelassenen schätzt sie keinesfalls hoch ein, läßt sie auch nicht allenthalben gelten; nicht die Anwendung als solche macht ihr Freude, sondern der maßvolle Gebrauch. Geht diese Mäßigung nun auf Kosten der Lustbarkeiten, so wäre das gewiß ein Unrecht gegen dein höchstes Gut! Du stürzt dich der Lust in die Arme, ich halte sie im Zaum, du kostest die Lust aus, ich mache von ihr Gebrauch. Für dich ist sie das höchste Gut, für mich überhaupt keins, du tust alles für sie, ich nichts!

Wenn ich behaupte, ich täte nichts für die Lust, spreche ich von jenem Weisen, dem allein du Lust zubilligen würdest. Als Weisen würde ich freilich keinen bezeichnen, der sich noch unterordnen muß, und nun gar der Lust! Wie könnte er sich auch unter diesem Joch gegen Anstrengung und Gefahr, Armut und eine Vielzahl unser Menschenleben bestürmender Schrecknisse behaupten? Wie könnte der einem so weichlichen Gegner Unterlegene den Anblick des Todes, die Schmerzen, das Donnergetöse der Welt und eine Übermacht grimmiger Feinde ertragen? »Nun, er wird tun, was ihm die Lust rät.« Siehst du denn nicht, was sie ihm raten wird? »Als Gefährtin der Tugend«, meinst du, »kann sie ihn doch gar nicht schlecht beraten!« Siehst du denn immer noch nicht, was für ein höchstes Gut das sein muß, wenn es, um ein Gut zu sein, einen Wächter braucht? Wie sollte denn die Tugend auch Herr der Lust sein können, wenn sie ihr nachläuft? Wer nachläuft, gehorcht doch wohl, wer Herr ist, kann befehlen. Wieso stellt man das Herrschende hintenan? Ihr dagegen seid es, die der Tugend die herrliche Aufgabe zugedacht haben, die Lustbarkeiten vorzukosten. Sehen wir doch lieber zu, ob es bei denen, die die Tugend dergestalt mißhandeln, überhaupt noch Tugend geben kann. Den Anspruch auf diesen Namen verliert sie nämlich, wenn sie das Feld geräumt hat! Vorderhand will ich dich im Zusammenhang mit unserem Thema auf viele Lüstlinge hinweisen, über die Fortuna ihr Füllhorn ausgeschüttet hat, die du gleichwohl als Schurken anerkennen mußt. Sieh dir doch den Nomentanus und den Apicius an, wie sie Erlesenheiten aus Meer und Land – sie nennen es so – herbeizuschaffen suchen und wie sich die Tiere aller Herren Länder auf ihrer Tafel ein Stelldichein geben. Sieh, wie sie hoch von ihrem Rosenlager herab wohlgefällig die Erzeugnisse ihrer Küche betrachten, wie sie ihre Ohren mit Gesang, ihre Augen mit schauspielerischen Darbietungen, ihre Gaumen mit erlesenen Leckerbissen erfreuen. Weiche, schmiegsame Wärmekissen fördern die Durchblutung ihres ganzen Körpers, und damit auch die Nasen nicht leer ausgehen, wird der ganze Raum, in dem der Verschwendungssucht solche Opfer dargebracht werden, mit den verschiedenartigsten Wohlgerüchen versetzt. Gewiß wirst du sagen müssen, daß diese Leute ein Lustleben führen; wohl wird es ihnen jedoch dabei nicht sein, eben weil es kein Gut ist, an dem sie sich freuen.

»Es wird ihnen sogar recht übel zumute sein«, lautet die Entgegnung, »weil sich mancherlei Sinnverwirrendes einstellt und widerstreitende Meinungen innere Unruhe schaffen.« Dem stimme ich voll zu, doch werden jene Narren, unausgeglichen und von Reue gequält, wie sie sind, eben ein gewaltiges Vergnügen empfinden, so daß man einfach zugeben muß, daß sie hierbei von jeglicher Beschwerde wie von edler Sinnesart gleich weit entfernt sind, ja – wie es sich ja auch bei den meisten zeigt –, in fröhlichem Wahnsinn einhertoben und unter Lachen dahinrasen. Dagegen halten sich die

Vergnügungen der Weisen in Grenzen, sind maßvoll, ja, beinahe matt, gedämpft und unscheinbar zu nennen, denn – gleichgültig, ob sie sich nun auf Anruf oder von selbst eingestellt haben – sie genießen weder einen Vorrang, noch werden sie von den Betroffenen besonders freudig aufgenommen; man schließt sie mit in sein Leben ein, läßt sie ab und zu gelten wie Spiel und Scherz neben ernsthaften Beschäftigungen.

Sollen sie doch endlich den Versuch aufgeben, zusammenzubringen, was nicht zusammengehört, das heißt, Tugend und Lust miteinander zu verbinden. Das ist ein Mißgriff, der gerade diesen übelsten Zeitgenossen in unwürdigster Weise entgegenkommt. Jener ununterbrochen rülpsende Trunkenbold, der ganz seinen ausschweifenden Vergnügungen lebt, weiß, daß sein Leben der Lust geweiht ist, aber nun glaubt er, die Tugend sei darin inbegriffen. Denn er hat sich einreden lassen, Lust sei von Tugend nicht zu trennen. So kann er seine Laster als Weisheit ausgeben und sich offen zu etwas bekennen, was er lieber verbergen sollte. Deswegen stammt nun die Anregung zu ihrem ausschweifenden Leben nicht von Epikur; vielmehr sind sie es selbst, die, verstrickt in ihre Laster, ihre Vergnügungssucht im Schoße der Philosophie verbergen wollen. So drängen sie sich eben dorthin, wo sie Lobreden auf die Lust hören können. Sie bemerken gar nicht, wie nüchtern und trocken der Lustbegriff Epikurs eigentlich ist; das ist meine ehrliche Meinung! Auf ihrer Suche nach einem Schirmherrn und Deckmantel ihrer Begierden ist es eben nur der Name, der sie anlockt. Deshalb büßen sie nun doch das ihnen in ihrer Schlechtigkeit verbliebene letzte Gut ein, die Scheu vor Fehltritten. Denn jetzt loben sie ja, worüber sie vorher noch erröteten, brüsten sich mit ihrem Laster, und so hat nicht einmal mehr die heranwachsende Jugend die Möglichkeit, sich aufzuraffen, da schimpflicher Müßiggang jetzt zu einem so ehrenvollen Namen gekommen ist. Die Gefährlichkeit dieses Lobgesangs auf die Lust besteht eben doch darin, daß die guten Ratschläge hinter der Oberfläche ver-

INSEL

NEUE BÜCHER 2. HALBJAHR 1986

ROMANE · ANTHOLOGIEN
GROSSE BIOGRAPHIEN
TAGEBÜCHER · LYRIK · BRIEFE
KULTUR- UND ZEITGESCHICHTE
ERANOS JAHRBUCH
HESSEN-BIBLIOTHEK
INSEL-BIBLIOTHEK · INSEL-BÜCHEREI
INSEL TASCHENBÜCHER

Vom Glück

Erkundigungen,
eingeholt von
Gottfried Honnefelder
Etwa 320 Seiten. Leinen.
ca. DM 25,– (Okt. 86)

»Vom Glück« – Dichter erzählen und Denker beschreiben jene Augenblicke, in denen das Leben auf einmal in einem anderen Licht erscheint, auf die man insgeheim hingelebt hat und von denen man lange leben kann.

Glück beschreibt ein Ziel, das so vielgestaltig ist wie die Menschen selbst – weil es kein Zustand ist, sondern Tätigsein, Werk, in dem der Mensch sich zustande bringt.
Ein Ziel, das erst im Handeln des einzelnen Gestalt gewinnt, das von fragilen Voraussetzungen abhängt, das so flüchtig ist wie die Zeit, muß in besonderer Weise Thema der Dichter sein. Gibt es überhaupt einen anderen Grund zum Erzählen als die Suche nach dem Glück?

Indien: Wunder und Wirklichkeit

in deutschen Erzählungen
des 20. Jahrhunderts
Herausgegeben von Gerhard Koch
Etwa 400 Seiten. Leinen.
ca. DM 38,– (Sept. 86)

Die Idee der Regeneration de Abendlandes durch indisch-asiati sche Geistigkeit faszinierte so un terschiedliche Autoren wie Her mann Graf Keyserling, Rudol Kassner, Hermann Hesse, Alfred Döblin, Lion Feuchtwanger und Thomas Mann. Die vorliegende An thologie legt den Akzent auf die Er zählungen des frühen 20. Jahrhun derts. Sie versammelt so bekannte Texte wie Thomas Manns *Ver tauschte Köpfe*, *Robert Aghion* von Hermann Hesse, *Die Augen de ewigen Bruders* von Stefan Zweig – aber auch einen Auszug von Günter Grass' *Der Butt*. Zu Wort kommen aber auch weniger bekannte, fürs Gesamtbild unerläßliche Autoren.

Luo Guanzhong
Der Aufstand der Zauberer

Ein Roman aus der Ming-Zeit
Aus dem Chinesischen und mit einem Vorwort von Manfred Porkert
Etwa 700 Seiten. Gebunden.
ca. DM 58,– (Okt. 86)

Im 11. Jahrhundert zettelte ein gewisser Wang Ze aus Beizhou mit Hilfe daoistischer Praktiken einen Aufstand an. Es gelang ihm, sich zum Prinzen zu ernennen und 66 Tage in Beizhou zu regieren, bevor Regierungstruppen die Rebellen niederwarfen. Dies der historische Kern eines Romans, dessen Originalfassung vom klassischen Dichter Luo Guanzhong (Autor von *Die drei Reiche*) nur noch in einer weitausholenden Bearbeitung von 1620 durch Feng Meng-Lung erhalten ist.

Daß ein Stoff durch mehr als sechs Jahrhunderte attraktiv bleibt, muß seine Gründe haben. Tatsächlich gilt der Daoismus in der chinesischen Geschichte traditionell als Ferment politischer Revolten, getragen vom Aufstand der Sinne gegen die strenge Zucht des Konfuzianismus.

Der Aufstand der Zauberer wurde zu einem gewaltigen, nicht endenwollenden Unterhaltungsroman, einem Schatzhaus volksreligiöser Motive, kulturgeschichtlicher Genre-Szenen und – neben dem historischen – mythischen Personals; eine gekonnt verfaßte erzählerische Verzauberung noch nach mehr als dreihundert Jahren, hier also – in einer großartigen Übersetzung – erstmals vollständig deutsch.

Saki
Der unsägliche Bassington

Roman
Aus dem Englischen von Adelheid Dormagen
Etwa 200 Seiten. Gebunden.
ca. DM 32,– (Okt. 86)

Zwischen Lewis Carroll, den er bewunderte, Oscar Wilde, dem er eigenwillig nacheiferte, und Bernard Shaw, den er ironisierte, verfaßte Saki seine beißenden Kurzgeschichten, Theaterstücke und Romane: ein scharfer, witziger, oft auch süffisanter Beobachter seiner Umwelt, ihrer Spielregeln und Opfer.

Der unsägliche Bassington (1912), sein erster Roman, liefert ein Porträt des viktorianischen England mit seiner unnachsichtig herrschenden, guten und weniger guten Londoner Gesellschaft; ein Sittenbild aus der Hauptstadt des Kolonialreiches um die Jahrhundertwende: spannend, ja virtuos und mit der unverwechselbaren Handschrift eines Menschenkenners geschrieben.

Der unsägliche Bassington liegt hier erstmals auf deutsch vor.

Thomas Michael Mayer
Georg Büchner

Leben und Werk in Bild und Text
Etwa 400 Seiten.
Mit etwa 400 Abbildungen.
Kart. ca. DM 48,– (vorauss. Jan. 87)

Der 150. Todestag Georg Büchners am 19. Februar 1987 gibt Anlaß, die vor allem in den vergangenen zehn Jahren stark vermehrten positiven Erträge der biographischen, text- und zeitgeschichtlichen Büchnerforschung in einem anschaulich geschriebenen und reich bebilderten Handbuch zusammenzufassen.

Das in zahlreichen Sammlungen, Museen und Bildarchiven recherchierte Abbildungsmaterial ist nicht nur veranschaulichende Beigabe, sondern belegt seinerseits eine ganze Reihe bislang unbekannter Sachverhalte und Bezüge sozial- und werkgeschichtlicher Art.

Insel-Almanach auf das Jahr 1987
Georg Büchner

Herausgegeben von
Thomas Michael Mayer
Etwa 220 Seiten. Kartoniert.
ca. DM 18,– (Nov. 86)

Gisela und Bettine von Arnim
Das Leben der Hochgräfin Gritta von Rattenzuhausbeiuns

Mit Zeichnungen von Gisela von Arnim und Herman Grimm
Herausgegeben und mit einem Nachwort versehen von
Shawn C. Jarvis
Etwa 250 Seiten. Leinen.
ca. DM 28,– (Sept. 86)

Das Gritta-Märchen von Gisela von Arnim (1827–1889) und Bettine, ihrer Mutter, entstanden um 1840, war seit seiner »Entdeckung« durch Otto Mallon im Jahre 1925 Gegenstand einer regen literarischen Debatte. Entstehungsgeschichte, Autorschaft und der Verbleib des Schlusses blieben bis vor kurzem rätselhaft. Seit Mallon schien aber klar, daß Bettine als Haupt- und Gisela als Nebenautorin zu gelten habe.

Aber Giselas konzeptioneller und kreativer Anteil wurde offensichtlich unterschätzt. Jüngste Forschungen vermögen inzwischen die alten Erkenntnisse schlagartig zu revidieren: nicht nur Giselas Beitrag erscheint in neuem Licht, auch die Mitwirkung ihres Mannes, Herman Grimm, ist erwiesen.

Die vorliegende Ausgabe vereint nun zum ersten Mal den kompletten Text mit den eigens angefertigten Zeichnungen, so wie er ursprünglich entworfen wurde. Eine philologische Überraschung, eine bibliophile Rarität.

borgen bleiben, während sich die unheilstiftenden Anregungen offen anbieten.

Der Unwille meiner Schulgenossen dürfte mir sicher sein, aber ich bin eben der Meinung, Epikur habe seinen Lebensregeln Erhabenheit und Vernünftigkeit und, wenn du näher hinsiehst, sogar ein wenig Schwermut verliehen. Mit der vielgespriesenen Lust läuft es ja auf eine unbedeutende Nichtigkeit hinaus, und derselben Gesetzmäßigkeit, der wir die Tugend unterwerfen, ordnet er die Lust zu: Der Natur soll sie gehorchen. Die aber stellt wenig Ansprüche an die Prachtentfaltung. Wie also? Jeder, der sein zwischen den Freuden der Tafel und denen des Bettes abwechselndes Nichtstuerdasein ›Glück‹ nennt, sucht verständlicherweise nach einem guten Gewährsmann für eine schlechte Sache, und hat er sich erst einmal von einem schmeichelhaften Namen anlocken lassen, gehört er schon zu den Jüngern der Lust, aber nicht der, von der die Rede ist, sondern jener anderen, die er schon mitbringt. Sobald er nun damit anfängt, seine Laster für etwas Vorschriftsmäßiges zu halten, gibt er sich ihnen unbedenklich hin, schwelgt nicht mehr im Verborgenen, sondern nun schon ganz unverhüllt. Aus diesem Grunde kann ich mich nicht der Meinung der meisten Unsrigen anschließen, wonach die Schule Epikurs eine Lehrmeisterin von Schändlichkeiten ist, vielmehr behaupte ich, daß man sie zu Unrecht für schlecht und verworfen hält. Kann das ein Nichteingeweihter sicher wissen? Die Außenseite gibt jedenfalls Anlaß zu Gerede und Anreiz zu schlimmen Befürchtungen. Nun, das Ganze ist wie ein Held in Weiberkleidern: das Gefühl für das Schickliche bleibt dir erhalten, deine Männlichkeit bleibt unversehrt, niemandem gibst du schimpflich deinen Körper preis, aber in der Hand trägst du die Pauke! Darum sollte man eine anständige Bezeichnung und eine unseren Geist erhebende Losung auswählen; die gegenwärtige schmeichelt dem Körper und lockt die Laster geradezu an, die sich sogleich auch einstellen. Jeder, der sich der Tugend anschließt, gibt damit eine Probe einer edlen Veranlagung. Jeder Jünger der

Lust erscheint dagegen entnervt, gebrochen, schlägt aus der Art eines echten Mannes und gerät in Schande; es sei denn, man hätte ihm den Unterschied der einzelnen Arten des Verlangens erklärt, so daß er weiß, welche Lüste innerhalb eines natürlichen Verlangens bleiben, welche kopfüber losstürzen und kein Ende finden, unersättlicher, je mehr sie gesättigt werden. Überläßt man aber der Tugend die Führung, dann ist jeder Schritt sicher. Auch schadet bei der Lust das Übermaß, das man bei der Tugend nicht zu fürchten braucht, weil sie ihr Maß in sich trägt. Was unter der eigenen Größe leidet, kann kein Gut sein. Euch, denen doch eine vernünftige Natur zuteil geworden ist, kann nichts Besseres verheißen werden als eben Vernunft. Wenn dir nun aber schon diese Gesellschaft lieb ist und du in dieser Begleitung zu einem wahrhaft glücklichen Leben gelangen willst, dann soll wenigstens die Tugend Führerin, die Lust Begleiterin sein, wie ein Schatten sich um seinen Körper dreht. Aber die alles überragende Tugend zur Magd der Lust zu machen, das bringt nur ein Mann fertig, der keinen Begriff von echter Größe hat.

Als Bannerträgerin soll die Tugend voranschreiten! Das bedeutet nun durchaus nicht Lustverzicht, vielmehr werden wir Herren der Lust sein und sie fest in Grenzen halten, ihr hin und wieder einen Wunsch gewähren, uns aber nichts abtrotzen lassen. Die dagegen der Lust den Vortritt lassen, bringen sich um beides. Denn die Tugend geht ihnen verloren, trotzdem wird die Lust nicht ihr Besitz, vielmehr sind sie von der Lust Besessene: Mangel und Überfluß schaffen ihnen gleichermaßen Unruhe und Qual. Beklagenswert sind sie, wenn sie von der Lust verlassen, beklagenswerter, wenn sie von ihr überfallen werden. Man kann sie den Seeleuten vergleichen, die ins Syrtenmeer geraten sind, bald liegen sie auf dem Trockenen, bald werfen reißende Wogen sie hin und her. Das aber sind die Folgen fehlender Selbstbeherrschung und blinder Hingabe an eine Sache. Ist doch für einen, der statt guter schlechte Ziele verfolgt, selbst der Erfolg gefährlich. Wie unsere Jagd auf wilde Tiere mit Anstengung verbunden ist – wie oft zerfleischen sie die eigenen Herren! –, so geht es Menschen, die ihren Vergnügungen leben. Sie geraten in arge Bedrängnis und werden zu Gefangenen ihrer eigenen Beute: Je mehr und mächtigere es nun an Vergnügungen gibt, desto ohnmächtiger und abhängiger ist der, den die Menge einen Glücklichen nennt. Vielleicht ist es gut, noch etwas bei diesem Bild zu bleiben: Wie ein Jäger die Schlupfwinkel der wilden Tiere aufspürt und großen Wert darauf legt, ›das Wild in der Schlinge zu fangen‹ und, um ihm auf der Spur zu bleiben, ›mit der Hunde Schar den endlosen Forst zu umstellen‹, wie ein solcher Wesentliches hintenansetzt und sich vielen Pflichten entzieht, so läßt, wer sich der Lust verschrieben hat, alles andere fahren, gibt als erstes seine Unabhängigkeit preis und liefert sich der Begierde aus: Nicht er ist es, der sich Lüste erkauft, vielmehr verkauft er sich an die Lüste.

»Was aber steht dem eigentlich im Wege«, entgegnet man, »daß aus der Vereinigung von Tugend und Lust das höchste Gut hervorgeht und kein Unterschied mehr besteht zwischen dem Ehrenhaften und dem Angenehmen?« – Weil auch ein Teil der Tugend tugendhaft sein muß und das höchste Gut seine Gediegenheit einbüßen müßte, wenn an ihm Teile minderen Wertes zum Vorschein kämen. Ist doch nicht einmal die Freude, mag sie auch der Tugend entspringen und etwas Gutes sein, ein Teil jenes absoluten Guten, ebensowenig wie es Fröhlichkeit und Ruhe sind, mögen ihre Beweggründe auch noch so gerechtfertigt sein. Hier handelt es sich nämlich um Güter, die sich vom höchsten Gut herleiten, jedoch nicht zu dessen wesentlichen Bestandteilen gehören. Schafft man nun aber eine – noch dazu ungleiche – Verbindung von Tugend und Lust, wird die ganze Stärke des einen Teils durch die Anfälligkeit des anderen aufgehoben und so endlich jene Freiheit versklavt, die unüberwindlich ist, wenn sie sich selbst als ihr kostbarstes Gut versteht. Denn jetzt kommt sie nicht mehr ohne Beihilfe des Glücks aus, und das ist allemal die ärgste Knechtschaft. Was folgt, ist ein Leben voller Angst, Argwohn, Unruhe, immer in Furcht vor Zufällen und abhängig von jedem Augenblick. Du hingegen gibst der Tugend keine gewichtige, unveränderliche Grundlage, läßt sie vielmehr wie auf einer Drehscheibe stehen. Denn was wäre wandelbarer als das Lauern auf den Zufall und die Veränderlichkeit des Körpers und körperlicher Zustände? Wie kann ein solcher Mensch der Gottheit gehorchen und jedes Ereignis getrosten Muts hinnehmen, ja, die Wechselfälle des eigenen Lebens nachsichtig beurteilen und nicht mit dem Schicksal hadern, wenn er schon beim kleinsten Stich seiner Begierden und Schmerzen in Verwirrung gerät. Wer sich seinen Begierden hingibt, wird aber selbst dem Vaterland kein rechter Schützer oder Retter und auch kein Hort seiner Freunde sein können! Also muß sich das höchste Gut zu einer solchen Höhe aufschwingen, von der keine Gewalt es herabziehen kann, zu der weder Schmerz noch Hoffnung noch Furcht noch irgendein Umstand, der das Recht des höchsten Gutes schmälern könnte, Zugang finden. Der Aufstieg dorthin kann freilich allein der Tugend gelingen. Nur mit ihrem Schrittmaß ist jener Hügel zu erklimmen. Sie allein wird tapfer aushalten und, was auch kommen mag, nicht nur geduldig, sondern auch willig ertragen. Jede zeitbedingte Schwierigkeit wird sie als Naturgesetz anerkennen und wie ein guter Soldat ihre Wunden hinnehmen, ihre Narben zählen und, von Geschossen durchbohrt, noch im Sterben ihren Feldherrn lieben, für den sie sich opfert. Sie wird den alten Wahlspruch im Herzen tragen: ›Der Gottheit folgen!‹ Wer dagegen ständig Klage führt, jammert und seufzt, wird gewaltsam zur Erfüllung seines Auftrages gedrängt und auch gegen seinen Willen zum Gehorsam gezwungen. Welch ein Wahnwitz, sich lieber zwingen zu lassen als freiwillig zu folgen! So wie es wahrhaftig eine Dummheit und Verkennung der eigenen Lage ist, wenn du irgendeinen Mangel oder einen ungewöhnlich harten Widerstand als schmerzlich empfindest, ebenso, wenn deine Bewunderung oder deinen Unwillen Dinge erregen, die Guten wie Bösen zuzustoßen pflegen, ich meine Krankheit, Tod, Gebrechlichkeit und was sonst ein Menschenleben durchkreuzt. Was im Weltenplan an Leiden vorgesehen ist, muß man hohen Mutes auf sich nehmen. Dies unser Fahneneid: Unser Erdenlos zu tragen und sich nicht durch Umstände verwirren zu lasen, die zu vermeiden nicht in unserer Macht steht. Als Untertanen eines Königs sind wir geboren, unsere Freiheit besteht im Gehorsam gegenüber der Gottheit.

Darum also liegt in der Tugend das wahre Glück. Welchen Rat wird dir diese Tugend nun geben? Nichts als Gut oder Übel zu betrachten, was dir weder durch Tugend noch durch Bosheit erreichhbar ist. Weiterhin: An deinem Platz auszuharren, sei es nun wider das Böse oder für das Gute, mit dem Ziel – soweit das möglich ist – Gottähnlichkeit zu erlangen. Was verspricht sie dir als Lohn dieses Feldzuges? Großartiges und Göttergleiches: Zu nichts wirst du gezwungen, von niemandem abhängig sein, du wirst frei sein, gesichert und keine Einbuße kennen. Kein Versuch wird dir fehlschlagen, nirgendwo wirst du ein Hindernis finden. Alles wird dir nach Wunsch gehen, nichts Feindliches dir zustoßen, nichts wider Erwarten und Willen. »Wie also? Um glücklich leben zu können, genügt die Tugend?« Warum sollten wir an ihr, der vollkommenen und göttlichen, nicht genug, ja übergenug haben? Denn was könnte dem abgehen, der alles Wünschen hinter sich gelassen hat? Was braucht jemand, der sein ganzes Gut in sich selbst trägt, an äußerlicher Hilfe? Wer Tugend dagegen erst anstrebt – mag er auch schon beachtlich fortgeschritten sein –, der schlägt sich noch mit Menschlich-Allzumenschlichem herum und ist immer noch auf die Gunst des Schicksals angewiesen, bis er jenen Knoten gelöst und alle Fesseln seines Erdenlebens abgestreift hat. Wo liegt also hier der Unterschied? Darin, daß die einen enge Fesseln tragen, die anderen streng gebunden, ja, wie aufs Rad gespannt sind; wer jedoch die Höhe erstrebt und teilweise schon gewonnen hat, der schleift nur eine schlaffe Kette hinter sich her, ist zwar noch nicht völlig frei, doch einem Freien schon sehr ähnlich.

SENECA

Was aber ist's? Ich fragte bei der Erde, und sie sprach: ich bin es nicht; und was auf ihr sich findet, gestand das gleiche. Ich fragte bei dem Meer und bei den Abgrundtiefen und bei allem Leben, was darin kreucht und fleucht, und sie entgegneten: wir sind dein Gott nicht, suche höher, als wir sind. Ich fragte bei dem Windeswehen, und es gab das Reich der Lüfte mit allem, was drin webt, zur Antwort: Es täuscht sich Anaximenes, wir sind nicht Gott. Ich fragte Himmel, Sonne, Mond und Sterne: Auch wir sind nicht der Gott, nach dem du suchst, so sagten sie. Da sprach ich zu den Dingen allen, die die Pforten meines Fleischs umlagern: Sprecht mir von meinem Gott; weil ihr es selbst nicht seid, so saget mir etwas von ihm. Und sie schrien mit gewalt'ger Stimme: »Er selbst hat uns geschaffen!« Mein Fragen war mein sinnendes Betrachten und ihre Antwort ihre Schönheit. Und nun wandte ich mich zu mir selbst und sprach zu mir: Wer bist du? Und ich gab zur Antwort: Ein Mensch. Und siehe, es sind Leib und Seele in mir meines Winks gewärtig, der eine draußen, drin der andre. Wer nun von diesen ist's, bei dem ich meinen Gott erfragen soll, nach dem ich von der Erde bis zum Himmel mit dem Leibe schon gesucht, soweit die Strahlenboten meiner Augen ich nur senden konnte? Doch besser ist, was drinnen ist. Denn ihm erstatteten Bericht die Leibesboten alle als ihrem Herrn und Richter über die Antwort Himmels und der Erde und all dessen, was in ihnen ist, die sagten: wir sind nicht Gott, und: er hat uns gemacht. Der innere Mensch erkannte dieses durch den Dienst des äußeren; mein inneres Ich erkannte dieses, ich, ich Seele, durch die Sinne meines Leibes. Ich fragte das ganze Weltgebäude nach meinem Gott, und es gab zur Antwort: ich bin es nicht, er aber ist's, der mich gemacht hat.

AUGUSTINUS

Ich habe gehört:
Wer das Leben gut ergreift,
Der reist zu Lande, und trifft nicht
Nashorn und Tiger,
Der geht durch ein Heer und trifft
nicht auf Rüstung und Waffen.
Das Nashorn hat nicht, wo es sein
Horn einbohren könnte,
Der Tiger hat nicht, wo er seine
Kralle ansetzen könnte,
Die Waffe hat nicht, wo ihre Schärfe
einschneiden könnte.
Und warum das? Weil er keine
tödliche Stelle besitzt.

LAO-TSE

Aufsatz, den sichern Weg des Glücks zu finden und ungestört – auch unter den größten Drangsalen des Lebens – ihn zu genießen!

Wir sehen die Großen dieser Erde im Besitze der Güter dieser Welt. Sie leben in Herrlichkeit und Überfluß, die Schätze der Kunst und der Natur scheinen sich um sie und für sie zu versammeln, und darum nennt man sie Günstlinge des Glücks. Aber der Unmut trübt ihre Blicke, der Schmerz bleicht ihre Wangen, der Kummer spricht aus allen ihren Zügen.

Dagegen sehen wir einen armen Tagelöhner, der im Schweiße seines Angesichts sein Brot erwirbt; Mangel und Armut umgeben ihn, sein ganzes Leben scheint ein ewiges Sorgen und Schaffen und Darben. Aber die Zufriedenheit blickt aus seinen Augen, die Freude lächelt auf seinem Antlitz, Frohsinn und Vergessenheit umschweben die ganze Gestalt.

Was die Menschen also Glück und Unglück nennen, das sehn Sie wohl, mein Freund, ist es *nicht immer;* denn bei allen Begünstigungen des äußeren Glückes haben wir Tränen in den Augen des erstern, und bei allen Vernachlässigungen desselben, ein Lächeln auf dem Antlitz des andern gesehen.

Wenn also die Regel des Glückes sich nur so unsicher auf äußere Dinge gründet, wo wird es sich denn sicher und unwandelbar gründen? Ich glaube da, mein Freund, wo es auch nur einzig genossen und entbehrt wird, im *Innern.*

Irgendwo in der Schöpfung *muß* es sich gründen, der Inbegriff *aller* Dinge *muß* die Ursachen und die Bestandteile des Glückes enthalten, mein Freund, denn die Gottheit wird die Sehnsucht nach Glück nicht täuschen, die sie selbst unauslöschlich in unsrer Seele erweckt hat, wird die Hoffnung nicht betrügen, durch welche sie unverkennbar auf ein für uns mögliches Glück hindeutet. Denn glücklich zu sein, das ist ja der erste aller unsrer Wünsche, der laut und lebendig aus jeder Ader und jeder Nerve unsers Wesens spricht, der uns durch den ganzen Lauf unsers Lebens begleitet, der schon dunkel in dem ersten kindischen Gedanken unsrer Seele lag und den wir endlich als Greise mit in die Gruft nehmen werden. Und wo, mein Freund, kann dieser Wunsch erfüllt werden, wo kann das Glück besser sich gründen, als da, wo auch die Werkzeuge seines Genusses, unsre Sinne liegen, wohin die ganze Schöpfung sich bezieht, wo die Welt mit ihren unermeßlichen Reizungen im kleinen sich wiederholt?

Da ist es ja auch allein nur unser Eigentum, es hängt von keinen äußeren Verhältnissen ab, kein Tyrann kann es uns rauben, kein Bösewicht kann es stören, wir tragen es mit in alle Weltteile umher.

Wenn das Glück nur allein von äußeren Umständen, wenn es also vom Zufall abhinge, mein Freund, und wenn Sie mir auch davon tausend Beispiele aufführten; was mit der Güte und Weisheit Gottes streitet, kann nicht wahr sein. Der Gottheit liegen die Menschen alle gleich nahe am Herzen, nur der bei weiten kleinste Teil ist indes der vom Schicksal begünstigte, für den größten wären also die Genüsse des Glücks auf immer verloren. Nein, mein Freund, so ungerecht kann Gott nicht sein, es muß ein Glück geben, das sich von den äußeren Umständen trennen läßt, alle Menschen haben ja gleiche Ansprüche darauf, für alle muß es also in gleichem Grade möglich sein.

Lassen Sie uns also das Glück nicht an äußere Umstände knüpfen, wo es immer nur wandelbar sein würde, wie die Stütze, auf welcher es ruht; lassen Sie es uns lieber als Belohnung und Ermunterung an die Tugend knüpfen, dann erscheint es in schönerer Gestalt und auf sicherem Boden. Diese Vorstellung scheint Ihnen in einzelnen Fällen und unter gewissen Umständen wahr, mein Freund, *sie ist es in allen*, und es freut mich in voraus, daß ich Sie davon überzeugen werde.

Wenn ich Ihnen so das Glück als Belohnung der Tugend

aufstelle, so erscheint zunächst freilich das erste als Zweck und das andere nur als Mittel. Dabei fühle ich, daß in diesem Sinne die Tugend auch nicht in ihrem höchsten und erhabensten Beruf erscheint, ohne darum angeben zu können, wie dieses Verhältnis zu ändern sei. Es ist möglich, daß es das Eigentum einiger wenigen schönern Seelen ist, die Tugend allein um der Tugend selbst willen zu lieben, und zu üben. Aber mein Herz sagt mir, daß die Erwartung und Hoffnung auf ein menschliches Glück, und die Aussicht auf tugendhafte, wenn freilich nicht mehr ganz so reine Freuden, dennoch nicht strafbar und verbrecherisch sei. Wenn ein Eigennutz dabei zum Grunde liegt, so ist es der edelste der sich denken läßt, denn es ist der Eigennutz der Tugend selbst.

Und dann, mein Freund, dienen und unterstützen sich doch diese beiden Gottheiten so wechselseitig, das Glück als Aufmunterung zur Tugend, die Tugend als Weg zum Glück, daß es dem Menschen wohl erlaubt sein kann, sie nebeneinander und ineinander zu denken. Es ist kein bessrer Sporn zur Tugend möglich, als die Aussicht auf ein nahes Glück, und kein schönerer und edlerer Weg zum Glücke denkbar, als der Weg der Tugend.

Aber, mein Freund, er ist nicht allein der schönste und edelste, – wir vergessen ja, was wir erweisen wollten, daß er der einzige ist. Scheuen Sie sich also um so weniger die Tugend dafür zu halten, was sie ist, für die Führerin der Menschen auf dem Wege zum Glück. Ja mein Freund, *die Tugend macht nur allein glücklich*. Das was die Toren Glück nennen, ist kein Glück, es betäubt ihnen nur die Sehnsucht nach wahrem Glücke, es lehrt sie eigentlich nur ihres Unglücks vergessen. Folgen Sie dem Reichen und Geehrten nur in sein Kämmerlein, wenn er Orden und Band an sein Bette hängt und sich einmal als Mensch erblickt. Folgen Sie ihm nur in die Einsamkeit; das ist der Prüfstein des Glückes. Da werden Sie Tränen über bleiche Wangen rollen sehen, da werden Sie Seufzer sich aus der bewegten Brust empor heben hören.

Nein, nein, mein Freund, die Tugend, und einzig allein nur die Tugend ist die Mutter des Glücks, und *der Beste ist der Glücklichste.*

Sie hören mich so viel und so lebhaft von der Tugend sprechen, und doch weiß ich, daß Sie mit diesem Worte nur einen dunkeln Sinn verknüpfen; Lieber, es geht mir wie Ihnen, wenn ich gleich so viel davon rede. Es erscheint mir nur wie ein Hohes, Erhabenes, Unnennbares, für das ich vergebens ein Wort suche, um es durch die Sprache, vergebens eine Gestalt, um es durch ein Bild auszudrücken. Und dennoch strebe ich ihm mit der innigsten Innigkeit entgegen, als stünde es klar und deutlich vor meiner Seele. Alles was ich davon weiß, ist, daß es die unvollkommnen Vorstellungen, deren ich jetzt nur fähig bin, gewiß auch enthalten wird; aber ich ahnde noch mehr, noch etwas Höheres, noch etwas Erhabeneres, und das ist es recht eigentlich, was ich nicht ausdrücken und formen kann.

Mich tröstet indes die Rückerinnerung dessen, um wieviel noch dunkler, noch verworrener, als jetzt, in früheren Zeiten der Begriff der Tugend in meiner Seele lag, und wie nach und nach, seitdem ich denke, und an meiner Bildung arbeite, auch das Bild der Tugend für mich an Gestalt und Bildung gewonnen hat; daher hoffe und glaube ich, daß so wie es sich in meiner Seele nach und nach mehr aufklärt, auch dieses Bild sich in immer deutlicheren Umrissen mir darstellen, und jemehr es an Wahrheit gewinnt, meine Kräfte stärken und meinen Willen begeistern wird.

Wenn ich Ihnen mit einigen Zügen die undeutliche Vorstellung bezeichnen soll, die mich als Ideal der Tugend im Bilde eines Weisen umschwebt, so würde ich nur die Eigenschaften, die ich hin und wieder bei einzelnen Menschen zerstreut finde und deren Anblick mich besonders rührt, z. B. Edelmut, Menschenliebe, Standhaftigkeit, Bescheidenheit, Genügsamkeit etc. zusammentragen können; aber, Lieber, ein Gemälde würde das immer nicht werden, ein Rätsel würde es Ihnen, wie mir, bleiben, dem immer das bedeutungsvolle

Wort der Auflösung fehlt. Aber, es sei mit diesen wenigen Zügen genug, ich getraue mich, schon jetzt zu behaupten, daß wenn wir, bei der möglichst vollkommnen Ausbildung aller unser geistigen Kräfte, auch diese benannten Eigenschaften einst fest in unser Innerstes gründen, ich sage, wenn wir bei der Bildung unsers Urteils, bei der Erhöhung unseres Scharfsinns durch Erfahrungen und Studien aller Art, mit der Zeit die Grundsätze des Edelmuts, der Gerechtigkeit, der Menschenliebe, der Standhaftigkeit, der Bescheidenheit, der Duldung, der Mäßigkeit, der Genügsamkeit usw. unerschütterlich und unauslöschlich in unsern Herzen verflochten, unter diesen Umständen behaupte ich, daß wir nie unglücklich sein werden.

Ich nenne nämlich Glück nur die vollen und überschwenglichen Genüsse, die – um es mit einem Zuge Ihnen darzustellen – in dem erfreulichen Anschaun der moralischen Schönheit unseres eigenen Wesens liegen. Diese Genüsse, die Zufriedenheit unsrer selbst, das Bewußtsein guter Handlungen, das Gefühl unsrer durch alle Augenblicke unsers Lebens vielleicht gegen tausend Anfechtungen und Verführungen standhaft behaupteten Würde, sind fähig, unter allen äußern Umständen des Lebens, selbst unter den scheinbar traurigsten, ein sicheres tiefgefühltes und unzerstörbares Glück zu gründen.

Ich weiß es, Sie halten diese Art zu denken für ein künstliches aber wohl glückliches Hülfsmittel, sich die trüben Wolken des Schicksals hinweg zu philosophieren, und mitten unter Sturm und Donner sich Sonnenschein zu erträumen. Das ist nun freilich doppelt übel, daß Sie so schlecht von dieser himmlischen Kraft der Seele denken, einmal, weil Sie unendlich viel dadurch entbehren, und zweitens, weil es schwer, ja unmöglich ist, Sie besser davon denken zu machen. Aber ich wünsche zu Ihrem Glücke und hoffe, daß die Zeit und Ihr Herz Sie die Empfindung dessen, ganz so wahr und innig schenken möge, wie sie mich in dem Augenblick jener Äußerung belebte.

Die höchste nützlichste Wirkung, die Sie dieser Denkungsart, oder vielmehr (denn das ist sie eigentlich) Empfindungsweise, zuschreiben, ist, daß sie vielleicht dazu diene, den Menschen unter der Last niederdrückender Schicksale vor der Verzweiflung zu sichern; und Sie glauben, daß wenn auch wirklich Vernunft und Herz einen Menschen dahin bringen könnte, daß er selbst unter äußerlich unvorteilhaften Umständen sich glücklich fühlte, er doch immer in äußerlich vorteilhaften Verhältnissen glücklicher sein müßte.

Dagegen, mein Freund, kann ich nichts anführen, weil es ein vergeblicher mißverstandner Streit sein würde. Das Glück, wovon ich sprach, hängt von keinen äußeren Umständen ab, es begleitet den, der es besitzt, mit gleicher Stärke in alle Verhältnisse seines Lebens, und die Gelegenheit, es in Genüssen zu entwickeln, findet sich in Kerkern so gut, wie auf Thronen.

Ja, mein Freund, selbst in Ketten und Banden, in die Nacht des finstersten Kerkers gewiesen, – glauben und fühlen Sie nicht, daß es auch da überschwenglich entzückende Gefühle für den tugendhaften Weisen gibt? Ach es liegt in der Tugend eine geheime göttliche Kraft, die den Menschen über sein Schicksal erhebt, in ihren Tränen reifen höhere Freuden, in ihrem Kummer selbst liegt ein neues Glück. Sie ist der Sonne gleich, die nie so göttlich schön den Horizont mit Flammenröte malt, als wenn die Nächte des Ungewitters sie umlagern.

Ach, mein Freund, ich suche und spähe umher nach Worten und Bildern, um Sie von dieser herrlichen beglückenden Wahrheit zu überzeugen. Lassen Sie uns bei dem Bilde des unschuldig Gefesselten verweilen, – oder besser noch, blikken Sie einmal zweitausend Jahre in die Vergangenheit zurück, auf jenen besten und edelsten der Menschen, der den Tod am Kreuze für die Menschheit starb, auf Christus. Er schlummerte unter seinen Mördern, er reichte seine Hände freiwillig zum Binden dar, die teuern Hände, deren Geschäfte nur Wohltun war, er fühlte sich ja doch frei, mehr als die

Unmenschen, die ihn fesselten, seine Seele war so voll des Trostes, daß er dessen noch seinen Freunden mitteilen konnte, er vergab sterbend seinen Feinden, er lächelte liebreich seine Henker an, er sah dem furchtbar schrecklichen Tode ruhig und freudig entgegen, – ach die Unschuld wandelt ja heiter über sinkende Welten. In seiner Brust muß ein ganzer Himmel von Empfindungen gewohnet haben, denn »Unrecht leiden schmeichelt große Seelen«.

Ich bin nun erschöpft, mein Freund, und was ich auch sagen könnte, würde matt und kraftlos neben diesem Bilde stehen. Daher will ich nun, mein lieber Freund, glauben Sie überzeugt zu haben, daß die Tugend den Tugendhaften selbst im Unglück glücklich macht; und wenn ich über diesen Gegenstand noch etwas sagen soll, so wollen wir einmal jenes äußere Glück mit der Fackel der Wahrheit beleuchten, für dessen Reizungen Sie einen so lebhaften Sinn zu haben scheinen.

Nach dem Bilde des wahren innern Glückes zu urteilen, dessen Anblick uns soeben so lebhaft entzückt hat: verdient nun wohl Reichtum, Güter, Würden, und alle die zerbrechlichen Geschenke des Zufalls, den Namen *Glück?* So arm an Nüancen ist doch unsre deutsche Sprache nicht, vielmehr finde ich leicht ein paar Wörter, die das, was diese Güter bewirken, sehr passend und richtig ausdrücken, Vergnügen und Wohlbehagen. Um diese sehr angenehmen Genüsse sind Fortunens Günstlinge freilich reicher als ihre Stiefkinder, obgleich ihre vorzüglichsten Bestandteile in der Neuheit und Abwechselung liegen, und daher der Arme und Verlaßne auch nicht ganz davon ausgeschlossen ist.

Ja ich bin sogar geneigt zu glauben, daß in dieser Rücksicht für ihn ein Vorteil über den Reichen und Geehrten möglich ist, indem dieser bei der zu häufigen Abwechselung leicht den Sinn zu genießen abstumpft oder wohl gar mit der Abwechselung endlich ans Ende kommt und dann auf Leeren und Lücken stößt, indes der andere mit mäßigen Genüssen haushält, selten aber desto inniger den Reiz der Neuheit schmeckt, und mit seinen Abwechselungen nie ans Ende kommt, weil selbst in ihnen eine gewisse Einförmigkeit liegt.

Aber es sei, die Großen dieser Erde mögen den Vorzug vor die Geringen haben, zu schwelgen und zu prassen, alle Güter der Welt mögen sich ihren nach Vergnügen lechzenden Sinnen darbieten, und sie mögen ihrer vorzugsweise genießen; nur, mein Freund, das Vorrecht glücklich zu sein, wollen wir ihnen nicht einräumen, mit Gold sollen sie den Kummer, wenn sie ihn verdienen, nicht aufwiegen können. Da waltet ein großes unerbittliches Gesetz über die ganze Menschheit, dem der Fürst wie der Bettler unterworfen ist. Der Tugend folgt die Belohnung, dem Laster die Strafe. Kein Gold besticht ein empörtes Gewissen, und wenn der lasterhafte Fürst auch alle Blicke und Mienen und Reden besticht, wenn er auch alle Künste des Leichtsinns herbeiruft, wie Medea alle Wohlgerüche Arabiens, um den häßlichen Mordgeruch von ihren Händen zu vertreiben – und wenn er auch Mahoms Paradies um sich versammelte, um sich zu zerstreun oder zu betäuben – umsonst! Ihn quält und ängstigt sein Gewissen, wie den Geringsten seiner Untertanen.

Gegen dieses größte Übel wollen wir uns schützen, mein Freund, dadurch schützen wir uns zugleich vor allen übrigen, und wenn wir bei der Sinnlichkeit unsrer Jugend uns nicht entbrechen können, neben den Genüssen des ersten und höchsten innern Glücks, uns auch die Genüsse des äußern zu wünschen, so lassen Sie uns wenigstens so bescheiden und begnügsam in diesen Wünschen sein, wie es Schülern für die Weisheit ansteht.

Und nun, mein Freund, will ich Ihnen eine Lehre geben, von deren Wahrheit mein Geist zwar überzeugt ist, obgleich mein Herz ihr unaufhörlich widerspricht. Diese Lehre ist, von den Wegen die zwischen dem höchsten äußern Glück und Unglück liegen, grade nur auf der Mittelstraße zu wandern, und unsre Wünsche nie auf die schwindlichen Höhen zu richten. So sehr ich jetzt noch die Mittelstraßen aller Art hasse, weil ein natürlich heftiger Trieb im Innern mich verführt, so ahnde ich dennoch, daß Zeit und Erfahrung mich einst davon überzeugen werden, daß sie dennoch die besten seien. Eine besonders wichtige Ursache uns nur ein mäßiges äußeres Glück zu wünschen, ist, daß dieses sich wirklich am häufigsten in der Welt findet, und wir daher am wenigsten fürchten dürfen getäuscht zu werden.

Wie wenig beglückend der Standpunkt auf großen außerordentlichen Höhen ist, habe ich recht innig auf dem *Brocken* empfunden. Lächeln Sie nicht, mein Freund, es waltet ein gleiches Gesetz über die moralische wie über die physische Welt. Die Temperatur auf der Höhe des Thrones ist so rauh, so empfindlich und der Natur des Menschen so wenig angemessen, wie der Gipfel des Blocksbergs, und die Aussicht von dem einen so wenig beglückend wie von dem andern, weil der Standpunkt auf beidem zu hoch, und das Schöne und Reizende um beides zu tief liegt.

Mit weit mehrerem Vergnügen gedenke ich dagegen der Aussicht auf der mittleren und mäßigen Höhe des *Regensteins*, wo kein trüber Schleier die Landschaft verdeckte, und der schöne Teppich im ganzen, wie das unendlich Mannigfaltige desselben im einzelnen klar vor meinen Augen lag. Die Luft war mäßig, nicht warm und nicht kalt, grade so wie sie nötig ist, um frei und leicht zu atmen. Ich werde Ihnen doch die bildliche Vorstellung *Homers* aufschreiben, die er sich von Glück und Unglück machte, ob ich Ihnen gleich schon einmal davon erzählt habe.

Im Vorhofe des Olymp, erzählt er, stünden zwei große Behältnisse, das eine mit Genuß, das andere mit Entbehrung gefüllt. Wem die Götter, so spricht *Homer*, aus beiden Fässern mit gleichem Maße messen, der ist der Glücklichste; wem sie ungleich messen, der ist unglücklich, doch am unglücklichsten der, dem sie nur allein aus einem Fasse zumessen.

Also *entbehren und genießen,* das wäre die Regel des äußeren Glücks, und der Weg, gleich weit entfernt von Reichtum und Armut, von Überfluß und Mangel, von Schimmer und

Dunkelheit, die beglückende Mittelstraße, die wir wandern wollen.

Jetzt freilich wanken wir noch auf regellosen Bahnen umher, aber mein Freund, das ist uns als Jünglinge zu verzeihen. Die innere Gärung ineinander wirkender Kräfte, die uns in diesem Alter erfüllt, läßt keine Ruhe im Denken und Handeln zu. Wir kennen die Beschwörungsformel noch nicht, die Zeit allein führt sie mit sich, um die wunderbar ungleichartigen Gestalten, die in unserm Innern wühlen und durcheinander treiben, zu besänftigen und zu beruhigen. Und alle Jünglinge, die wir um und neben uns sehen, teilen ja mit uns dieses Schicksal. Alle ihre Schritte und Bewegungen scheinen nur die Wirkung eines unfühlbaren aber gewaltigen Stoßes zu sein, der sie unwiderstehlich mit sich fortreißt. Sie erscheinen mir wie Kometen, die in regellosen Kreisen das Weltall durchschweifen, bis sie endlich eine Bahn und ein Gesetz der Bewegung finden.

Bis dahin, mein Freund, wollen wir uns also aufs Warten und Hoffen legen, und nur wenigstens uns das zu erhalten streben, was schon jetzt in unsrer Seele Gutes und Schönes liegt. Besonders und aus mehr als dieser Rücksicht wird es gut für uns, und besonders für Sie sein, wenn wir die Hoffnung zu unsrer Göttin wählen, weil es scheint als ob uns der Genuß flieht.

Denn eine von beiden Göttinnen, Lieber, lächelt dem Menschen doch immer zu, dem Frohen der Genuß, dem Traurigen die Hoffnung. Auch scheint es, als ob die Summe der glücklichen und der unglücklichen Zufälle im ganzen für jeden Menschen gleich bleibe; wer denkt bei dieser Betrachtung nicht an jenen Tyrann von Syrakus, *Polykrates*, den das Glück bei allen seinen Bewegungen begleitete, den nie ein Wunsch, nie eine Hoffnung betrog, dem der Zufall sogar den Ring wiedergab, den er, um dem Unglück ein freiwilliges Opfer zu bringen, ins Meer geworfen hatte. So hatte die Schale seines Glücks sich tief gesenkt; aber das Schicksal setzte es dafür auch mit einem Schlage wieder ins Gleichgewicht und ließ ihn am Galgen sterben. – Oft verpraßt indes ein Jüngling in ein paar Jugendjahren den Glücksvorrat seines ganzen Lebens, und darbt dann im Alter; und da Ihre Jugendjahre, mehr noch als die meinigen, so freudenleer verflossen sind, ob Sie gleich eine tiefgefühlte Sehnsucht nach Freude in sich tragen, so nähren und stärken Sie die Hoffnung auf schönere Zeiten, denn ich getraue mich, mit einiger, ja mit großer Gewißheit Ihnen eine frohe und freudenreiche Zukunft vorher zu kündigen. Denken Sie nur, mein Freund, an unsre schönen und herrlichen Pläne, an unsre Reisen. Wie vielen Genuß bieten sie uns dar, selbst den reichsten in den scheinbar ungünstigsten Zufällen, wenigstens doch *nach* ihnen, durch die Erinnerung. Oder blicken Sie über die Vollendung unsrer Reisen hin, und *sehen Sie sich an,* den an Kenntnissen bereicherten, an Herz und Geist durch Erfahrung und Tätigkeit gebildeten Mann. Denn Bildung muß der Zweck unsrer Reise sein und wir müssen ihn erreichen, oder der Entwurf ist so unsinnig wie die Ausführung ungeschickt.

Dann, mein Freund, wird die Erde unser Vaterland, und alle Menschen unsre Landsleute sein. Wir werden uns stellen und wenden können wohin wir wollen, und immer glücklich sein. Ja wir werden unser Glück zum Teil in der Gründung des Glücks anderer finden, und andere bilden, wie wir bisher selbst gebildet worden sind.

Wie viele Freuden gewährt nicht schon allein die wahre und richtige Wertschätzung der Dinge. Wie oft gründet sich das Unglück eines Menschen bloß darin, daß er den Dingen unmögliche Wirkungen zuschrieb, oder aus Verhältnissen falsche Resultate zog, und sich darinnen in seinen Erwartungen betrog. Wir werden uns seltner irren, mein Freund, wir durchschauen dann die Geheimnisse der physischen wie der moralischen Welt, bis dahin, versteht sich, wo der ewige Schleier über sie waltet, und was wir bei dem Scharfblick unsres Geistes von der Natur erwarten, das leistet sie gewiß. Ja es ist im richtigen Sinne sogar möglich, das Schicksal selbst zu leiten, und wenn uns dann auch das große allgewaltige

Rad einmal mit sich fortreißt, so verlieren wir doch nie das Gefühl unsrer selbst, nie das Bewußtsein unseres Wertes. Selbst auf diesem Wege kann der Weise, wie jener Dichter sagt, *Honig aus jeder Blume saugen*. Er kennt den großen Kreislauf der Dinge, und freut sich daher der Vernichtung wie dem Segen, weil er weiß, daß in ihr wieder der Keim zu neuen und schöneren Bildungen liegt.

HEINRICH VON KLEIST

Auch ich habe in Arkadien gelebt

Aber eines Tages war meine Zeit um, und ich nahm Abschied. Es war spät im Herbst. Aus den Büschen fielen faule Beeren, und die Schafe kamen die Hügel herunter, frierend und hungrig, denn über Nacht hatte der Wind das Gras aus den Bergwiesen gespült und an die felsigen Ufer geworfen. Auf silbernen Geleisen – zwei letzten Sonnenstrahlen – trug mich der Zug fort. In der Nacht erreichte ich die Grenze. Die Zollbeamten beschlagnahmten mein Gepäck, und als ich mein Geld umwechseln wollte, bedeutete man mir, daß hier eine andere Währung galt. Bedauerlicherweise war zwischen meiner Heimat und den anderen Ländern kein Abkommen getroffen worden, das einen Kurs festsetzte. Also war auch mein Geld wertlos.

Aber ich verlor den Mut nicht. Schon in der ersten Stadt lernte ich viele freundliche Menschen kennen; sie halfen mir, wo sie konnten, und ich fand bald Arbeit in einer Fabrik. Später ging ich zu einer Straßenbaufirma. Es war Frühling, und es war die erste Straße, die ich sah, eine wunderbare Straße, die die schwersten Fahrzeuge trug, eine große, herrliche Straße, auf der man bis ans Meer fahren konnte. Aber das Meer war weit, und es lagen viele Stationen davor, kleinere Städte und sehr große; auch eine Weltstadt war darunter. Einige Chronisten dieser Stadt sprachen die Vermutung aus, daß sie sich auf den Ruinen des alten Babylon erhebe, aber ihre beglaubigte Geschichte schien mir blaß und nichtig vor ihrer Gegenwart.

Diese Stadt ließ mich nicht mehr los, denn alles, was ich tat – ob ich nun an der Börse spielte, Maschinen baute oder den Ertrag von Plantagen zu steigern versuchte –, war so merkbar von Erfolg begleitet, daß es alle meine Erwartungen übertraf. Als mein Name zum erstenmal in den Zeitungen genannte wurde, war ich glücklicher als je zuvor in meinem Leben, und ich beschloß zu bleiben. Ich hätte jetzt jederzeit ans Meer fahren können, doch dazu kam es nicht mehr, denn ich hatte immer neue Versprechen einzulösen, die ich gegeben hatte, immer neue Aufgaben zu erfüllen, die ich übernommen hatte, mich immer neu zu bestätigen, da man nun einmal mich bestätigt hatte.

An manchen Abenden fuhr ich, wenn ich sehr müde war, bis zur Ausfallstraße, die ans Meer führt, holte aus meiner tiefen Müdigkeit und Ergebenheit das Bild des unbekannten Meeres hervor und sank, halb schlafend, der Ferne entgegen und dem unendlichen Himmel, der mit dem Meer den Erdkreis schließt. Sobald die Benommenheit wich, kehrte ich ernüchtert zurück und sagte mir, daß mir diese Reise noch immer bliebe und daß sie mir im Augenblick nichts eintragen konnte, nichts, was ich nicht schon besäße.

Jahre kommen und vergehen, die Menschen kommen und gehen, und die Zeit und die Menschen wollen mir wohl, und ich habe meinen Platz unter der Sonne.

Nun erreicht mich seit einigen Tagen, in Augenblicken, in denen ich keine Zeit habe, ihm Aufmerksamkeit zu schenken, der Ton einer Flöte, eine vom Wind zerrissene Melodie, ein von großer Entfernung geschwächter Ruf, und mir ist, als käme er von den herbstlichen Hügeln, die ans Blau eines makellosen, frühen Himmels grenzen. Oder ist es der Ton der Glocken, mit denen die weißen Lämmer ans Gebüsch streifen, wenn sie den Weg ins Tal nehmen? Oder rührt es vom Summen der silbrigen Strahlengeleise, die zu den Hütten am Bach führen und von dort geradewegs in den Sonnenball münden, der wie ein großer, versinkender Bahnhof alle Züge in den Himmel heimholt?

Hier werde ich manchmal um das Geheimnis des Erfolges befragt, und ich könnte euch sagen, daß es mir gelänge, bis ans Meer zu kommen und allen Straßen und allen Wassern der Welt meinen Namen einzuschreiben, wenn mir die Hoffnung bliebe, daß ich am Ende der Tage heimkehren könnte und die staunenden Hirten, die Hügel und Bäche meiner Heimat den Besitz begriffen und würdigten, den ich erworben habe. Aber die Währung zwischen hier und dort ist noch immer eine andere, und führe ich zurück, so käme ich nicht reicher heim, als ich fortzog, nur ein wenig älter und müder, und ich hätte vielleicht nicht mehr das Herz, mich zu bescheiden.

Nun aber erreicht mich wieder eine vom Wind verstärkte Melodie, aus schrecklicher Nähe ein nicht zu überhörender Ruf, und mir ist, als käme er aus meinem Herzen, das über mir zusammenschlägt, als legten sich mir die herbstlichen Hügel an die zitternde Brust, und als zöge der makellose Himmel in mich ein, um mich zu töten. Oder ist es der Ton einer Glocke, die ich trage, wenn meine Sehnsucht an die Büsche streift, um die roten, reifen Früchte des letzten Jahres zu ernten? Oder rühren diese Klänge vom Dröhnen der im Abendglanz sprühenden Geleise, die mich an die Hütte am Bach tragen und von dort geradewegs auf den zerfließenden Sonnenball, der wie ein riesiger, versinkender Bahnhof alle Wanderer in den Himmel heimholt?

INGEBORG BACHMANN

Jeder ist seines Glückes Schmied

APPIUS CLAUDIUS CAECUS

Der Schmied seines Glückes

John Kabys, ein artiger Mann von bald vierzig Jahren, führte den Spruch im Munde, daß jeder der Schmied seines eigenen Glücks sein müsse, solle und könne, und zwar ohne viel Gezappel und Geschrei. Ruhig, mit nur wenigen Meisterschlägen schmiede der rechte Mann sein Glück! war seine öftere Rede, womit er nicht etwa die Erreichung bloß des Notwendigen, sondern überhaupt alles Wünschenswerten und Überflüssigen verstand.

So hatte er denn als zarter Jüngling schon den ersten seiner Meisterstreiche geführt und seinen Taufnamen Johannes in das englische John umgewandelt, um sich von vornherein für das Ungewöhnliche und Glückhafte zuzubereiten, da er dadurch von allen übrigen Hansen abstach und überdies einen angelsächsisch unternehmenden Nimbus erhielt.

Darauf verharrte er einige Jährchen ruhig, ohne viel zu lernen oder zu arbeiten, aber auch ohne über die Schnur zu hauen, sondern klug abwartend.

Als jedoch das Glück auf den ausgeworfenen Köder nicht anbeißen wollte, tat er den zweiten Meisterschlag und verwandelte das i in seinem Familiennamen Kabis in ein y. Dadurch erhielt dies Wort (anderwärts auch Kapes), welches Weißkohl bedeutet, einen edleren und fremdartigen Anhauch, und John Kabys erwartete nun mit mehr Berechtigung, wie er glaubte, das Glück.

Allein es vergingen abermals mehrere Jahre, ohne daß selbiges sich einstellen wollte, und schon näherte er sich dem einunddreißigsten, als er sein nicht bedeutendes Erbe mit aller Mäßigung und Einteilung endlich doch aufgezehrt hatte. Jetzt begann er aber sich ernstlich zu regen und sann auf ein Unternehmen, das nicht für den Spaß sein sollte. Schon oft hatte er viele Seldwyler um ihre stattlichen Firmen beneidet, welche durch Hinzufügen des Frauennamens entstanden. Diese Sitte war einst plötzlich aufgekommen, man wußte nicht wie und woher; aber genug, sie schien den Herren vortrefflich zu den roten Plüschwesten zu passen, und auf einmal erklang das ganze Städtchen an allen Ecken von pompösen Doppelnamen. Große und kleine Firmatafeln, Haustüren, Glockenzüge, Kaffeetassen und Teelöffel waren damit beschrieben und das Wochenblatt strotzte eine Zeitlang von Anzeigen und Erklärungen, deren einziger Zweck das Anbringen der Alliance-Unterschrift war. Insbesondere gehörte es zu den ersten Freuden der Neuverheirateten, alsobald irgend ein Inserat von Stapel laufen zu lassen. Dabei gab es auch mancherlei Neid und Ärgernis; denn wenn etwa ein schwärzlicher Schuster oder sonst für gering Geachteter durch Führung solchen Doppelnamens an der allgemeinen Respektabilität teilnehmen wollte, so wurde ihm das mit Naserümpfen übel vermerkt, obgleich er im legitimsten Besitze der anderen Ehehälfte war. Immerhin war es nicht ganz gleichgültig, ob ein oder mehrere Unbefugte durch dieses Mittel in das allgemeine vergnügte Kreditwesen eindrangen, da erfahrungsgemäß die geschlechterhafte Namensverlängerung zu den wirksameren, doch zartesten Maschinenteilchen jenes Kreditwesens gehörte.

Für John Kabys aber konnte der Erfolg einer solchen Hauptveränderung nicht zweifelhaft sein. Die Not war jetzt gerade groß genug, um diesen lang aufgesparten Meisterstreich zur rechten Stunde zu führen, wie es einem alten Schmied seines Glückes geziemt, der da nicht in den Tag hinein hämmert, und John sah demgemäß nach einer Frau aus, still, aber entschlossen. Und siehe! schon der Entschluß schien das Glück endlich heraufzubeschwören; denn noch in derselben Woche langte an, wohnte in Seldwyla mit einer mannbaren Tochter eine ältere Dame und nannte sich Frau Oliva, die Tochter Fräulein Oliva. Kabys-Oliva! klang es sogleich in Johns Ohren und widerhallte es in seinem Gemüte! Mit einer solchen Firma ein bescheidenes Geschäft begründet, mußte in wenig Jahren ein großes Haus daraus werden. So machte er sich denn weislich an die Sache, ausgerüstet mit allen seinen Attributen.

Diese bestanden in einer vergoldeten Brille, in drei emaillierten Hemdeknöpfen, durch goldene Kettchen unter sich verbunden, in einer langen goldenen Uhrkette, welche eine geblümte Weste überkreuzte, mit allerlei Anhängseln, in einer gewaltigen Busennadel, welche als Miniaturgemälde eine Darstellung der Schlacht von Waterloo enthielt, ferner in drei oder vier großen Ringen, einem großen Rohrstock, dessen Knopf ein kleiner Operngucker bildete in Gestalt eines Perlmutterfäßchens. In den Taschen trug, zog hervor und legte er vor sich hin, wenn er sich setzte: ein großes Futteral aus Leder, in welchem eine Zigarrenspitze ruhte, aus Meerschaum geschnitzt, darstellend den aufs Pferd gebundenen Mazeppa; diese Gruppe ragte ihm, wenn er rauchte, bis zwischen die Augbrauen hinauf und war ein Kabinettsstück; ferner eine rote Zigarrentasche mit vergoldetem Schloß, in welcher schöne Zigarren lagen mit kirschrot und weiß getigertem Deckblatt, ein abenteuerlich elegantes Feuerzeug, eine silberne Tabaksdose und eine gestickte Schreibtafel. Auch führte er das komplizierteste und zierlichste aller Geldtäschchen mit unendlich geheimnisvollen Abteilungen.

Diese sämtliche Ausrüstung war ihm die Idealausstattung eines Mannes im Glücke; er hatte dieselbe, als kühn entworfenen Lebensrahmen, im voraus angeschafft, als er noch an seinem kleinen Vermögen geknabbert, aber nicht ohne einen tiefern Sinn. Denn solche Anhäufung war jetzt nicht sowohl das Behänge eines geschmacklosen eitlen Mannes als vielmehr eine Schule der Übung, der Ausdauer und des Trostes zur Zeit des Unsterns sowie eine würdige Bereithaltung für das endlich einkehrende Glück, welches ja kommen konnte wie ein Dieb in der Nacht. Lieber wäre er verhungert, als daß er das geringste seiner Zierstücke veräußert oder versetzt hätte; so konnte er weder vor der Welt noch vor sich selbst für einen Bettler gelten und lernte das Äußere erdulden, ohne an Glanz einzubüßen. Ebenso war, um nichts zu verlieren, zu verderben, zu zerbrechen, oder in Unordnung zu bringen, eine fortwährend ruhige und würdevolle Haltung geboten.

Kein Räuschchen und keine andere Aufregung durfte er sich gestatten, und wirklich besaß er seinen Mazeppa schon seit zehn Jahren, ohne daß an dem Pferde ein Ohr oder der fliegende Schweif abgebrochen wäre, und die Häkchen und Ringelchen an seinen Etuis und Necessaires schlossen noch so gut als am Tage ihrer Schöpfung. Auch mußte er zu all dem Schmucke Rock und Hut säuberlich schonen, sowie er auch stets ein blankes Vorhemdchen zu besitzen wußte, um seine Knöpfe, Kettchen und Nadeln auf weißem Grunde zu zeigen.

Freilich lag eigentlich mehr Mühe darin, als er in seinem Spruche von den wenigen Meisterschlägen zugestehen wollte; allein man hat ja immer die Werke des Genies fälschlich für mühelos ausgegeben.

Wenn nur die beiden Frauenzimmer das Glück waren, so ließ es sich nicht ungern in dem ausgespannten Netze des Meisters fangen, ja er schien ihnen mit seiner Ordentlichkeit und seinen vielen Kleinodien gerade der Mann zu sein, den zu suchen sie ins Land gekommen waren. Sein geregelter Müßiggang deutete auf einen behaglichen und sichern Zinsleinpicker oder Rentier, der seine Werttitel gewiß in einem artigen Kästchen aufbewahrte. Sie sprachen einiges von ihrem eigenen wohlbestellten Wesen; als sie aber merkten, daß Herr Kabys nicht viel Gewicht darauf zu legen schien, hielten sie klüglich inne und ihre Persönlichkeit für das, was diesen guten Mann allein anziehe. Kurz, in wenig Wochen war er mit dem Fräulein Oliva verlobt, und gleichzeitig reiste er nach der Hauptstadt, um eine reichverzierte Adreßkarte mit dem herrlichen Doppelnamen stechen zu lassen, anderseits ein prächtiges Firmaschild zu bestellen und einige Handelsverbindungen mit Kredit für ein Geschäft mit Ellenwaren zu eröffnen. Im Übermut kaufte er gleich noch zwei oder drei Ellenstäbe von poliertem Pflaumenholz, einige Dutzend Wechselformulare mit vielen merkurialischen Emblemen, Preiszettel und kleine Papierchen mit goldenem Rande zum Aufkleben, Handlungsbücher und derartiges mehr.

Vergnügt eilte er wieder in seine Heimatstadt und zu seiner Braut, deren einziger Fehler ein etwas unverhältnismäßig großer Kopf war. Freundlich, zärtlich wurde er empfangen und seinem Reiseberichte die Eröffnung entgegengesetzt, daß die Papiere der Braut, so für die Hochzeit erforderlich waren, angekommen seien. Doch geschah diese Eröffnung mit einer lächelnden Zurückhaltung, wie wenn er auf eine zwar unbedeutende, aber immerhin nicht ganz ordnungsgemäße Nebensache müßte vorbereitet werden. Alles dies ging endlich vorüber und es ergab sich, daß die Mutter allerdings eine verwitwete Dame Oliva, die Tochter hingegen ein außereheliches Kind von ihr war aus ihrer Jugendzeit und ihren eigenen Familiennamen trug, wenn es sich um amtliche und zivilrechtliche Dinge handelte. Dieser Name war: Häuptle! Die Braut hieß: Jungfer Häuptle, und die künftige Firma also: ›John Kabys-Häuptle‹, zu deutsch: ›Hans Kohlköpfle‹.

Sprachlos stand der Bräutigam eine gute Weile, die unselige Hälfte seines neuesten Meisterwerkes betrachtend; endlich rief er: ›Und mit einem solchen Hauptkopfschädel kann man Häuptle heißen!« Erschrocken und demütig senkte die Braut ihr Häuptlein, um das Gewitter vorübergehen zu lassen; denn noch ahnte sie nicht, daß die Hauptsache an ihr für Kabyssen jener schöne Name gewesen sei.

Herr Kabys schlechtweg aber ging ohne weiteres nach seiner Behausung, um sich den Fall zu überlegen; allein schon auf dem Wege riefen ihm seine lustigen Mitbürger Hans Kohlköpfle zu, da das Geheimnis bereits verraten war. Drei Tag und drei Nächte suchte er das gefehlte Werk in tiefer Einsamkeit umzuschmieden. Am vierten Tage hatte er seinen Entschluß gefaßt, ging wieder dorthin und begehrte die Mutter statt der Tochter zur Ehe. Allein die entrüstete Frau hatte nun ihrerseits in Erfahrung gebracht, daß Herr Kabys gar kein Mahagonikästchen mit Werttiteln besitze, und wies ihm schnöde die Türe, worauf sie mit ihrer Tochter um ein Städtchen weiter zog.

So sah Herr John das glänzende Oliva entschwinden wie

eine schimmernde Seifenblase im Ätherblau, und höchst betreten hielt er seinen Glücksschmiedehammer in der Hand. Seine letzte Barschaft war über diesem Handel fortgegangen. Daher mußte er sich endlich entschließen, etwas Wirkliches zu arbeiten oder wenigstens zur Grundlage seines Daseins zu machen, und indem er sich so hin und her prüfte, konnte er gar nichts als vortrefflich rasieren, ebenso die Messer dazu im Stande halten und scharf machen. Nun stellte er sich auf mit einem Bartbecken und in einem schmalen Stübchen zu ebener Erde, über dessen Türe er ein »John Kabys« befestigte, welches er aus jener stattlichen Firmatafel eigenhändig herausgesägt und von dem verlorenen Oliva wehmütig abgetrennt hatte. Der Spitzname Kohlköpfle blieb ihm jedoch in der Stadt und führte ihm manchen Kunden zu, so daß er mehrere Jahre lang ganz leidlich dahinlebte, Gesichter schabend und Messer abziehend, und seinen übermütigen Wahlspruch fast ganz zu vergessen schien.

Da sprach eines Tages ein Bürger bei ihm ein, der soeben von langen Reisen zurückgekehrt war und jetzt nachlässig, indem er sich zum Einseifen setzte, hinwarf: »So gibt es, wie ich aus Ihrem Schilde ersehe, doch noch Kabisse in Seldwyla?« »Ich bin der Letzte meines Geschlechtes«, erwiderte der Barbier nicht ohne Würde, »doch warum frugen Sie das, wenn ich fragen darf?« Der Fremde schwieg jedoch, bis er barbiert und gesäubert, und erst als alles beendigt und der Ehrensold entrichtet war, fuhr er fort: »In Augsburg kannte ich einen alten reichen Kauz, welcher öfter versicherte, seine Großmutter sei eine geborene Kabis von Seldwyla in der Schweiz gewesen, und es nehme ihn höchlich wunder, ob da noch Leute dieses Geschlechtes lebten.«

Hierauf entfernte sich der Mann.

Hans Kohlköpfle dachte nach und dachte nach und kam in eine große Aufregung, als er sich endlich dunkel erinnerte, daß eine Vorfahrin von ihm sich wirklich vor langen Jahren nach Deutschland verheiratet haben sollte, die seither verschollen war. Ein rührendes Familiengefühl erwachte plötzlich in ihm, ein romantisches Interesse für Stammbäume, und es ward ihm bange, ob der Gereiste auch wiederkommen würde. Nach der Art seines Bartwuchses mußte er in zwei Tagen wieder erscheinen. In der Tat kam der Mann pünktlich um diese Zeit. John seifte ihn ein und schabte ihn beinahe zitternd vor Neugierde. Als er fertig war, platzte er heraus und erkundigte sich angelegentlich nach den näheren Umständen. Der Mann sagte: »Es ist einfach ein Herr Adam Litumlei, hat eine Frau, aber keine Kinder, und wohnt in der und der Straße zu Augsburg.«

John beschlief sich den Handel noch eine Nacht und faßte in derselben den Mut, doch noch tüchtig glücklich zu werden. Am nächsten Morgen schloß er seinen Ladenstreifen, packte seinen Sonntagsanzug in einen alten Tornister und alle seine wohlerhaltenen Wahrzeichen in ein besonderes Paketlein, und nachdem er sich mit hinlänglichen Ausweisschriften und pfarrbücherlichen Auszügen versehen, trat er unverweilt die Reise nach Augsburg an, still und unscheinbar, wie ein älterer Handwerksbursche.

Als er die Türme und die grünen Wälle der Stadt vor sich sah, überzählte er seine Barschaft und fand, daß er sich sehr knapp halten müsse, wenn er im ungünstigen Falle den Rückweg wieder bestehen wolle. Darum kehrte er in der bescheidensten Herberge ein, welche er nach einigem Suchen auffinden konnte; er trat in die Gaststube und sah verschiedene Handwerkszeichen über den Tischen hangen, worunter auch dasjenige der Schmiede. Unter dieses setzte er sich als ein Schmied seines Glückes, der guten Vorbedeutung wegen, und stärkte sein Leibliches durch ein Frühstück, da es noch zeitig am Tage. Dann ließ er sich ein eigenes Kämmerchen geben, wo er sich umkleidete. Er stutzte sich auf jegliche Weise auf und behing sich mit dem ganzen Zierat; auch schraubte er das Perspektivfäßchen auf den Stock. So trat er aus der Kammer hervor, daß die Wirtin erschrak ob all der Pracht.

Es dauerte ziemlich lang, eh er die Straße fand, nach der

sein Herz begehrte. Doch endlich sah er sich in einer weiten Gasse, worin mächtig alte Häuser standen; aber kein lebendes Wesen war zu erblicken. Endlich wollte doch ein Mägdlein mit einem blanken schäumenden Kännchen Bier an ihm vorüberhuschen. Er hielt es fest und fragte nach Herrn Adam Litumlei, und das Mädchen zeigte ihm das Haus, vor welchem er gerade stand.

Neugierig schaute er daran hinauf. Über einem ansehnlichen Portale türmten sich mehrere Stockwerke mit hohen Fenstern empor, deren starke Gesimse und Profile ein senkrechtes Meer von kühnen Verkürzungen vor dem Auge des armen Glücksuchers ausbreiteten, so daß es ihm fast bänglich wurde und er befürchtete, eine zu großartige Sache unternommen zu haben; denn er stand vor einem förmlichen Palast. Dennoch drückte er sachte an dem schweren Torflügel, schlüpfte hinein und befand sich in einem prächtigen Treppenhaus. Eine steinerne Doppeltreppe baute sich mit breiten Absätzen in die Höhe, von einem reich geschmiedeten Geländer eingefaßt. Unter der Treppe hindurch und durch die hintere offene Haustüre sah man Sonnenschein und Blumenbeete. John ging leise dahin, um vielleicht einen Dienstboten oder einen Gärtner zu finden, sah aber nichts als einen großen altfränkischen Garten, der voll der schönsten Blumen war, sowie einen steinernen Brunnen mit vielen Figuren.

Alles war wie ausgestorben; er ging wieder zurück und begann, die Treppe hinaufzusteigen. An den Wänden hingen große vergilbte Landkarten, Pläne alter Reichsstädte mit ihren Festungswerken, mit stattlichen allegorischen Darstellungen in den Ecken. Eine eichene Türe unter mehreren war bloß angelehnt; der Eindringling öffnete sie zur Hälfte und sah eine ziemlich hübsche Frau auf einem Ruhebette ausgestreckt, welcher das Strickzeug entfallen war und die ein geruhiges Schläfchen tat, obgleich es erst zehn Uhr vormittags war. Mit klopfendem Herzen hielt John Kabys, da das Zimmer sehr tief war, seinen Stock ans Auge und betrachtete die Erscheinung durch das Perspektivchen von Perlmutter; das seidene Kleid, die rundlichen Formen der Schläferin ließen ihm das Haus immer mehr wie ein verzaubertes Schloß erscheinen, und höchst gespannt zog er sich zurück und stieg weiter hinauf, sachte und vorsichtig.

Zuoberst war das Treppenhaus eine ordentliche Rüstkammer, da es behangen war mit Rüstungen und Waffen aus allen Jahrhunderten; rostige Panzerhemden, Eisenhüte, Galaküraasse aus der Zopfzeit, Schlachtschwerter, vergoldete Luntenstäbe, alles hing durcheinander, und in den Ecken standen ziervolle kleine Geschütze, grün vor Alter. Kurz, es war das Treppenhaus eines großen Patriziers und Herrn John wurde es feierlich zu Mute.

Da ließ sich plötzlich eine Art Geschrei vernehmen, ganz in der Nähe, wie von einem größeren Kinde, und als es nicht aufhörte, benutzte John den Anlaß, ihm nachzugehen und so zu Leuten zu kommen. Er öffnete die nächste Türe und sah einen weitläufigen Ahnensaal, von unten bis oben mit Bildnissen angefüllt. Der Boden bestand aus sechseckigen Fliesen verschiedener Farbe, die Decke aus Gipsstukkaturen mit lebensgroßen, fast frei schwebenden Menschen- und Tiergestalten, Fruchtkränzen und Wappen. Vor einem zehn Fuß hohen Kaminspiegel aber stand ein winziges eisgraues Greischen, nicht schwerer als ein Zicklein, in einem Schlafrock von scharlachrotem Sammet, mit eingeseiftem Gesicht. Das strampelte vor Ungeduld, schrie weinerlich und rief: »Ich kann mich nicht mehr rasieren! Ich kann mich nicht mehr rasieren! Mein Messer schneidet nicht! Niemand hilft mir, o je, o je!« Als es im Spiegel den Fremden sah, schwieg es still, kehrte sich um und sah mit dem Messer in der Hand verblüfft und furchtsam auf Herrn John, welcher, den Hut in der Hand, mit vielen Bücklingen vordrang, den Hut abstellte, lächelnd dem Männchen das Messer aus der Hand nahm und dessen Schneide prüfte. Er zog sie einigemal auf seinem Stiefel, dann auf dem Handballen ab, prüfte hierauf die Seife und schlug einen dichtern Schaum, kurz er barbierte das Männchen in weniger als drei Minuten aufs herrlichste.

»Verzeihen Sie, hochgeehrter Herr!« sagte hierauf Kabys, »die Freiheit, die ich mir genommen habe! Allein da ich Sie in solcher Verlegenheit sah, glaubte ich mich dergestalt auf die natürlichste Weise bei Ihnen einzuführen, insofern ich etwa die Ehre habe, vor Herren Adam Litumlei zu stehen.«

Das Alterchen betrachtete noch immer erstaunt den Fremden; dann schaute es in den Spiegel und fand sich sauber rasiert, wie lange nicht mehr, worauf es, Wohlgefallen mit Mißtrauen vermischend, den Künstler abermals besah und mit Zufriedenheit wahrnahm, daß es ein anständiger Fremder sei. Doch fragte es mit immer noch unwirschem Stimmchen, wer er sei und was er wolle?

John räusperte sich und versetzte: er sei ein gewisser Kabys aus Seldwyla, und da er sich gerade auf Reisen befinde und hiesige Stadt passiere, so habe er nicht versäumen wollen, die Nachkommen einer Ahne seines Hauses aufzusuchen und zu begrüßen. Und er tat, als ob er von Kindheit auf nur von Herrn Litumlei sprechen gehört hätte. Dieser war auf einmal freudig überrascht und rief freundlich und wohlgemut:

»Ha! So blühet also das Geschlecht der Kabisse noch! Ist es zahlreich und angesehen?«

John hatte schon gleich einen Wandergesellen, der vor dem Torschreiber steht, seine Schriften ausgepackt und vorgelegt. Indem er auf sie wies, sprach er ernst: »Zahlreich ist es nicht mehr, denn ich bin der Letzte des Geschlechtes! Aber seine Ehre steht noch unbewegt!« Erstaunt und gerührt ob solchen Reden bot ihm der Alte die Hand und hieß ihn willkommen. Die beiden Herren verständigten sich schnell über den Grad ihrer Verwandtschaft; abermals rief Litumlei: »So nahe berühren sich unsere Lebenszweige! Kommen Sie, lieber Vetter, hier sehen Sie Ihre edle und treffliche Urgroßtante, meine leibliche Großmama!« Und er führte ihn im mächtigen Saale umher, bis sie vor einem schönen Frauenbilde standen in der Tracht des vorigen Jahrhunderts. In der Tat bezeichnete ein Papierkärtchen, welches in der Ecke des Rahmens befestigt war, die besagte Dame, so wie auch eine Anzahl der andern

Bildnisse mit solchen Zetteln versehen war. Freilich zeigten die Gemälde selbst noch andere Inschriften in lateinischer Sprache, welche mit den angehefteten Papierchen nicht übereinstimmten. Aber John Kabys stand und stand und überlegte in seinem Innern: »So hast du denn doch gut geschmiedet! Denn hier blickt auf dich hernieder, hold und freundlich, die Ahnfrau deines Glückes im reichen Rittersaal!«

Melodisch zu dieser Selbstansprache klangen die Worte des Herrn Litumlei, welcher sagte, daß nun von einer Weiterreise keine Rede sein dürfe, sondern der werteste Vetter zur Begründung eines engeren Verhältnisses voerst, solange als dessen Zeit es erlaube, sein Gast sein müsse. Denn das flunkernde Ziergeräte des Herrn Großneffen, welches ihm schon in die Augen gefallen, versah trefflich seinen Dienst und erfüllte ihn mit Vertrauen.

Darum zog er jetzt mit aller Macht an einer Glocke, worauf allmählich einige Dienstboten herbeischlurften, um nach ihrem kleinen Gebieter zu sehen, und endlich erschien auch die Dame, welche im ersten Stock geschlafen hatte, noch gerötet von ihrem Schläfchen und mit halb offenen Augen. Als ihr aber der angekommene Gast vorgestellt wurde, tat sie dieselben ganz auf, neugierig und vergnüglich, wie es schien, über die unerwartete Begebenheit. John wurde nun in andere Räume geführt und mußte eine gehörige Erfrischung einnehmen, wobei ihm das Ehepaar so eifrig half wie Kinder, die zu jeder Stunde Eßlust haben. Dies gefiel dem Gast über die Maßen, da er sah, daß es Leute waren, die sich nichts abgehen ließen und welche noch Freude an den guten Dingen hätten. Seinerseits aber verfehlte er auch nicht, stündlich einen angenehmeren Eindruck zu machen, ja schon beim bald folgenden Mittagessen stellte sich derselbe entschieden fest, als jedes der beiden Leutchen seine eigenen Leibgerichte auftragen ließ und John Kabys von allem aß und alles trefflich fand und seine angewöhnte ruhige Würde seinem Urteil einen noch höheren Wert gab. Es wurde aufs rühmlichste gegessen und getrunken, und noch nie genossen drei wackere Leute zusammen ein reichlicheres und zugleich schuldloseres Dasein. Es war für John ein Paradies, in welchem kein Sündenfall möglich schien.

Genug, es begab sich alles auf das beste. Bereits lebte er acht Tage in dem ehrwürdigen Hause und kannte dasselbe schon in allen Ecken. Er vertrieb dem Alten die Zeit auf tausenderlei Weise, ging mit ihm spazieren und rasierte ihn so leicht wie ein Zophier, was dem Männchen vor allem aus gefiel. John merkte, daß Herr Litumlei über irgend etwas nachzusinnen begann und erschrak, wenn jener von seiner Abreise sprach, was er etwa in ernsten Andeutungen tat. Da fand er, es sei Zeit, jetzt wieder einen kleinen Meisterschlag zu wagen, und kündigte seinem Gönner am Ende des achten Tages deutlicher seine demnächstige Abreise an, zum Grunde nehmend, daß er sich durch längeres Zaudern den Abschied und die Gewöhnung an ein einfacheres Leben nicht erschweren dürfe. Denn männlich wolle er sein Schicksal ertragen, das Schicksal eines Letzten seines Geschlechtes, der da in strenger Arbeit und Zurückgezogenheit die Ehre des Hauses bis zum Erlöschen zu wahren habe.

»Kommen Sie mit mir hinauf, in den Rittersaal!« erwiderte Herr Adam Litumlei; sie gingen; als dort der Alte einigemal feierlich auf und ab gewandelt, begann er wieder: »Hören Sie meinen Entschluß und meinen Vorschlag, lieber Großneffe! Sie sind der Letzte Ihres Geschlechtes, es ist dies ein ernstes Schicksal! Allein ein nicht minder ernstes habe ich zu tragen! Blicken Sie mich an, wohlan! Ich bin der Erste des meinigen!«

Stolz richtete er sich auf, und John sah ihn an, konnte aber nicht entdecken, was das heißen sollte. Aber jener fuhr fort: »Ich bin der Erste des meinigen will so viel heißen als: Ich habe mich entschlossen, ein solch großes und rühmliches Geschlecht zu gründen, wie Sie hier an den Wänden dieses Saales gemalt sehen! Dieses sind nämlich nicht meine Ahnen, sondern die Glieder eines ausgestorbenen Patriziergeschlechtes dieser Stadt. Als ich vor dreißig Jahren hier einwanderte, war das Haus mit all seinem Inhalt und seinen Denkmälern eben käuflich und ich erstand sogleich den ganzen Apparat als Grundlage zur Verwirklichung meines Lieblingsgedankens. Denn ich besaß ein großes Vermögen, aber keinen Namen, keine Vorfahren, und ich kenne nicht einmal den Taufnamen meines Großvaters, welcher eine Kabis geheiratet hat. Ich entschädigte mich anfänglich damit, die hier gemalten Herren und Frauen als meine Vorfahren zu erklären und einige zu Litumleis, andere zu Kabissen zu machen mittelst solcher Zettel, wie Sie sehen; doch meine Familienerinnerungen reichten nur für sechs oder sieben Personen aus, die übrige Menge dieser Bilder, das Ergebnis von vier Jahrhunderten, spottete meiner Bestrebungen. Um so dringender war ich an die Zukunft gewiesen, an die Notwendigkeit, selbst ein lang andauerndes Geschlecht zu stiften, dessen gefeierter Stammvater ich bin. Mein Bild habe ich längst anfertigen lassen, sowie einen Stammbaum, an dessen Wurzel mein Name steht. Aber ein hartnäckiger Unstern verfolgt mich! Schon habe ich die dritte Frau, und noch hat mir keine ein Mädchen, geschweige denn einen Sohn und Stammhalter geschenkt. Die beiden früheren Weiber, von denen ich mich scheiden ließ, haben seither mit andern Männern aus Bosheit verschiedene Kinder gehabt, und die gegenwärtige, welche ich auch schon sieben Jahre besitze, würde es gewißlich gerade so machen, wenn ich sie laufen ließe.

Ihre Erscheinung, teurer Großneffe, hat mir nun eine Idee eingegeben, diejenige einer künstlichen Nachhilfe, wie sie in der Geschichte, in großen und kleinen Dynastien, vielfach gebraucht wurde. Was sagen Sie hiezu: Sie leben bei uns wie das Kind im Hause, ich setze Sie gerichtlich zu meinem Erben ein! Dagegen haben Sie zu leisten: Sie opfern äußerlich Ihre eigene Familienüberlieferung (sind Sie ja doch der Letzte Ihres Geschlechtes) und nehmen nach meinem Tode, das heißt bei Antritt des Erbes, meinen Namen an! Ich verbreite unter der Hand das Gerücht, daß Sie ein natürlicher Sohn von mir seien, die Frucht eines tollen Jugendstreiches; Sie nehmen diese Auffassung an, widersprechen ihr nicht! Vielleicht läßt sich in der Folge eine schriftliche Kundgebung darüber aufsetzen, ein Memoire, ein kleiner Roman, eine denkwürdige Liebesgeschichte, worin ich eine feurige, wenn auch unbesonnene Figur mache, Unheil anrichte, das ich im Alter wieder gut mache. Endlich verpflichten Sie sich, diejenige Gattin von meiner Hand anzunehmen, die ich unter den angesehenen Töchtern der Stadt für Sie aussuchen werde, zur weiteren Verfolgung meines Zieles. Das ist im ganzen und im besondern mein Vorschlag!«

John war während dieser Rede abwechselnd rot und bleich geworden, aber nicht aus Scham und Schreck, sondern vor Freude und Erstaunen über das endlich eingetroffene Glück und über seine eigene Weisheit, welche dasselbe herbeigeführt habe. Aber mitnichten ließ er sich davon überrumpeln, sondern er tat, als ob er sich nur schwer entschließen könnte wegen der Aufopferung seines ehrbaren Familiennamens und seiner ehelichen Geburt. Er nahm sich eine Bedenkzeit von vierundzwanzig Stunden, in höflichen und wohlgesetzten Worten, und fing darnach an, in dem schönen Garten höchst nachdenklich auf und ab zu spazieren. Die lieblichen Blumen, die Levkojen, Nelken und Rosen, die Kaiserkronen und Lilien, die Geranienbeete und Jasminlauben, die Myrten- und Oleanderbäumchen, alle äugelten ihn höflich an und huldigten ihm als ihrem Herrn.

Als er eine halbe Stunde lang den Duft und Sonnenschein, den Schatten und die Frische des Brunnens genossen, ging er ernsthaft hinaus auf die Straße, um die Ecke, und trat in einen Gebäckladen, wo er drei warme Pastetchen samt zwei Spitzgläsern feinen Weines zu sich nahm. Hierauf kehrte er in den Garten zurück und spazierte abermals eine halbe Stunde, doch diesmal eine Zigarre dazu rauchend. Da entdeckte er ein Beet voll kleiner zarter Radieschen. Er zog ein Büschel davon aus der Erde, reinigte sie am Brunnen, dessen steinerne Tritonen ihn mit den Augen ergebenst anzwinkerten, und begab sich damit in ein kühles Bräuhaus, wo er einen Krug schäumendes Bier dazu trank. Er unterhielt sich vortrefflich mit den Bürgern und versuchte schon seinen Heimatdialekt in das weichere Schwäbische umzuwandeln, da er voraussichtlich unter diesen Leuten einen hervorragenden Mann abgeben würde.

Absichtlich versäumte er die Mittagsstunde und verspätete sich beim Essen. Um dort eine kritische Appetitlosigkeit durchzuführen, aß er vorher noch drei Münchner Weißwürste und trank einen zweiten Krug Bier, der ihm noch besser schmeckte als der erste. Endlich runzelte er doch seine Stirn und begab sich mit derselben zum Essen, wo er die Suppe anstarrte.

Das Männchen Litumlei, welches durch unerwartete Hindernisse einem leidenschaftlichen Eigensinn zu verfallen pflegte und keinen Widerspruch ertragen konnte, empfand schon zornige Angst, daß seine letzte Hoffnung, ein Geschlecht zu gründen, zu Wasser werde, und beobachtete den unbestechlichen Gast mit mißtrauischen Blicken. Endlich ertrug er die Ungewißheit, ob er ein Stammvater sein solle oder keiner, nicht länger, sondern forderte den Bedenkzeitler auf, jene vierundzwanzig Stunden abzukürzen und seinen Entschluß sogleich zu fassen. Denn er fürchtete, die strenge Tugend seines Vetters möchte mit jeder Stunde wachsen. Er holte eigenhändig eine uralte Flasche Rheinwein aus dem Keller, von welchem John noch keine Ahnung gehabt. Als die entfesselten Sonnengeister unsichtbar über den Kristallgläsern dufteten, die gar fein erklangen, und mit jedem Tropfen des flüssigen Goldes, das man auf die Zunge brachte, schnell ein Blumengärtlein unter die Nase zu wachsen schien, da erweichte endlich der rauhe Sinn John Kabyssens und er gab sein Jawort. Schnell wurde der Notar geholt und bei einem herrlichen Kaffee ein rechtsgültiges Testament aufgesetzt. Schließlich umarmten sich der künstlich-natürliche Sohn und der geschlechtergründende Erzvater; aber es war nicht wie eine warme Umarmung von Fleisch und Blut, sondern weit feierlicher, eher wie das Zusammenstoßen von zwei großen Grundsätzen, die auf ihren Wurfbahnen sich treffen.

Nun saß John im Glücke. Er hatte jetzt weiter nichts zu tun als seiner angenehmen Bestimmung inne zu sein, etwas rücksichtsvoll sich gegen seinen Herrn Vater zu benehmen und ein reichliches Taschengeld auf die Art zu verzehren, die ihm am meisten zusagte. Dies geschah alles auf die anständigste und ruhigste Weise, und er kleidete sich dabei wie ein Baron. Von Wertgegenständen brauchte er nicht einen einzigen mehr anzuschaffen; es zeigte sich jetzt sein Genie, indem die vor Jahren erworbenen auch jetzt noch gerade ausreichten und einem genau entworfenen Schema glichen, welches durch die Fülle des Glückes nun vollkommen gedeckt wurde. Die Schlacht von Waterloo blitzte und donnerte auf einer zufriedenen Brust; Ketten und Klunkern schaukelten sich auf einem wohlgefüllten Magen, durch die goldene Brille guckte ein vergnügtes und stolzes Auge, der Stock zierte mehr einen klugen Mann, als er ihn stützte, und die schöne Zigarrentasche war mit guten Stengeln angefüllt, welche er aus dem Mazepparöhrchen mit Verstand rauchte. Das wilde Pferd war schon glänzend braun, der Mazeppa darauf aber erst hell rötlich, beinahe fleischfarbig, so daß das doppelte Kunstwerk des Schnitzers und des Rauchers die gerechte Bewunderung der Sachverständigen erregte. Auch Papa Litumlei wurde höflich davon eingenommen und lernte bei seinem Pflegesöhnchen eifrig Meerschäume anrauchen. Es wurde eine ganze Sammlung solcher Pfeifen angeschafft; doch der Alte war zu unruhig und ungeduldig in der edlen Kunst; der Junge mußte überall nachhelfen und gut machen, was jenem wiederum Achtung und Zutrauen einflößte.

Jedoch fand sich bald eine noch wichtigere Tätigkeit für die beiden Männer vor, als der Papa darauf drang, nun gemeinschaftlich jenen Roman zu erfinden und aufzuschreiben, durch welchen John zu seinem natürlichen Sohn erhoben wurde. Es sollte ein geheimes Familiendokument werden in der Form fragmentarischer Denkwürdigkeiten. Um Eifersucht und Unruhe der Frau Litumlei zu verhüten, mußte es in geheimen Sitzungen abgefaßt und sollte ganz im stillen in das zu gründende Familienarchiv verschlossen werden, um erst in künftigen Zeiten, wenn das Geschlecht in Blüte stände, an das Tageslicht zu treten und von der Geschichte des Litumleiblutes zu reden.

John hatte sich schon vorgenommen, nach dem Absterben des Alten sich nicht schlechtweg Litumlei, sondern Kabys de Litumley zu nennen, da er für seinen eigenen Namen, den er so zierlich geschmiedet, eine verzeihliche Vorliebe hegte; ebenso nahm er sich vor, das zu errichtende Schriftstück, wodurch er um seine ehrliche Geburt und zu einer liederlichen Mutter kommen sollte, dereinst ohne weiteres zu verbrennen. Aber dennoch mußte er jetzt daran mitarbeiten, was eine leise Trübung seines Wohlseins verursachte. Doch schickte er sich weislich in die Sache und schloß sich eines Morgens mit dem Alten in einem Gartenzimmer ein, um das Werk zu beginnen. Da saßen sie nun an einem Tische sich gegenüber und entdeckten plötzlich, daß ihr Vorhaben schwieriger war, als sie gedacht, indem keiner von ihnen je hundert Zeilen nacheinander geschrieben hatte. Sie konnten durchaus keinen Anfang finden, und je näher sie die Köpfe zusammensteckten, desto weniger wollte ihnen etwas einfallen. Endlich besann sich der Sohn, daß sie eigentlich zuerst ein Buch starkes und schönes Papier haben müßten, um ein dauerhaftes Schriftstück zu errichten. Das leuchtete ein; sie machten sich sogleich auf, ein solches zu kaufen, und durchstreiften einträchtig die Stadt. Als sie gefunden, was sie suchten, rieten sie einander, da es ein warmer Tag war, in ein Schenkhaus zu gehen und sich allda zu erfrischen und zu sammeln. Vergnügt tranken sie mehrere Kännchen und aßen Nüsse, Brot, Würstchen, bis John plötzlich sagte, er hätte jetzt den Anfang der Geschichte erfunden und wollte stracks nach Hause laufen, um ihn aufzuschreiben, damit er ihn nicht wieder verliere.

»So lauf nur schnell«, sagte der Alte, »ich will unterdessen hier die Fortsetzung erfinden, ich merke, daß sie mir schon auf dem Weg ist!«

John eilte wirklich mit dem Buch Papier nach jenem Zimmer und schrieb:

»Es war im Jahr 17.., als es ein gesegnetes Jahr war. Der Eimer Wein kostete 7 Gulden, der Eimer Äpfelmost 1/2 Gulden und die Maß Kirschbranntwein 4 Batzen. Ein zweipfündiges Weißbrot 1 Batzen, ein ditto Roggenbrot 1/2 Batzen und ein Sack Erdäpfel 8 Batzen. Auch war das Heu gut geraten und der Scheffel Haber kostete 2 Gulden. Auch waren die Erbsen und die Bohnen gut geraten und der Flachs und Hanf waren nicht gut geraten, dagegen wieder die Ölfrüchte und der Talg oder Unschlitt, so daß alles in allem die merkwürdige Sachlage stattfand, daß die bürgerliche Gesellschaft gut genährt und getränkt, notdürftig gekleidet und wiederum wohl beleuchtet war. So ging das Jahr ohne weiteres zu Ende, wo nun jedermann mit Recht neugierig war zu erleben, wie sich das neue Jahr anlassen würde. Der Winter bezeigte sich als ein gehöriger und regelrechter Winter, kalt und klar; eine warme Schneedecke lag auf den Feldern und schützte die junge Saat. Aber dennoch ereignete sich zuletzt etwas Seltsames. Es schneite, taute und fror wieder während des Monats Hornung in so häufigem Wechsel, daß nicht nur viele Menschen krank wurden, sondern auch ein solche Menge Eiszapfen entstand, daß das ganze Land aussah wie ein großes Glasmagazin und jedermann ein kleines Brett auf dem Kopfe trug, um von den fallenden Spitzen nicht angestochen zu werden. Im übrigen behaupteten sich die Preise der Lebensmittel noch immer wie oben bemerkt und schwankten endlich einem merkwürdigen Frühling entgegen.«

Hier kam der kleine Alte eifrig hergerannt, nahm den Bogen an sich, und ohne das bisher Geschriebene zu lesen oder etwas zu sagen, schrieb er weiter:

»Nun kam Er und hieß Adam Litumlei. Er verstand keinen Spaß und war geboren anno 17... Er kam daher gestürmt wie ein Frühlingswetter. Er war einer von denjenigen. Er trug einen roten Sammetrock, einen Federhut und einen Degen. Er trug eine goldene Weste mit dem Wahlspruch: Jugend hat keine Tugend! Er trug goldene Sporen und ritt auf einem weißen Hengst; er stellte denselben in den ersten Gasthof und rief: Ich kümmere mich den Teufel darum, denn es ist Frühling und Jugend muß austoben! Er zahlte alles bar und alles wunderte sich über ihn. Er trank den Wein, er aß den Braten, er sagte: Das taugt mir alles nichts! Ferner sagte er: Komm, du holdes Liebchen, du taugst mir besser als Wein und Braten, als Silber und Gold! Was kümmere ich mich darum? Denke was du willst, was sein muß, muß sein!«

Hier blieb er plötzlich stecken und konnte durchaus nicht weiter. Sie lasen zusammen das Geshriebene, fanden es nicht übel und sammelten sich wieder während acht Tagen, wobei sie ein lockeres Leben führten; denn sie gingen öfter ins Bierhaus, um einen neuen Anlauf zu gewinnen; allein das Glück lachte nicht alle Tage. Endlich erwischte John wieder einen Zipfel, lief nach Hause und fuhr fort:

»Diese Worte richtete der junge Herr Litumlei nämlich an eine gewisse Jungfrau Liselein Federspiel, welche in den äußersten Häusern der Stadt wohnte, wo die Gärten sind und bald ein Wäldchen oder Hölzchen kommt. Dieses war eine der reizendsten Schönheiten, welche die Stadt je hervorgebracht hat, mit blauen Augen und kleinen Füßen. Sie war so schön gewachsen, daß sie kein Korsett brauchte und aus dieser Ersparnis, denn sie war arm, allmählich ein violettes Seidenkleid kaufen konnte. Aber alles dies war verklärt durch eine allgemeine Traurigkeit, welche nicht nur über die lieblichen Gesichtszüge, sondern über die ganze Gliederharmonie des Fräulein Federspiel zitterte, daß man in aller Windstille die wehmütigen Akkorde einer Äolsharfe zu hören glaubte. Denn es war jetzt ein gar denkwürdiger Maimonat angebrochen, in welchem sich alle vier Jahreszeiten zusammenzudrängen schienen. Es gab im Anfang noch einen Schnee, daß die Nachtigallen mit Schneeflocken auf dem Kopfe sangen, als ob sie weiße Zipfelmützchen trügen; dann trat eine solche

Wärme ein, daß die Kinder im Freien badeten und die Kirschen reiften, und die Chronik bewahrt davon den Reim auf:

> Eis und Schnee,
> Buben baden im See,
> Reife Kirschen und blühender Wein
> Mocht' alles in einem Maimond sein.

Diese Naturerscheinungen machten die Menschen nachdenklich und wirkten auf verschiedene Weise. Die Jungfer Liselein Federspiel, welche besonders tiefsinnig war, grübelte auch nach und ward zum ersten Mal inne, daß sie ihr Wohl und Wehe, ihre Tugend und ihren Fall in der eigenen Hand trage, und indem sie nun die Waage hielt und diese verantwortliche Freiheit erwog, ward sie ebenso traurig darüber. Wie sie nun dastand, kam jener verwegene Rotrock und sagte unverweilt: Federspiel, ich liebe dich! Worüber sie durch eine sonderbare Fügung plötzlich ihren vorigen Gedankengang änderte und in ein helles Gelächter ausbrach.«

»Jetzt laß mich fortfahren!« rief der Alte, welcher erhitzt nachgelaufen kam und dem Jungen über die Schulter las, »es paßt mir nun eben recht!« und setzte die Geschichte folgendermaßen fort:

»Da ist nichts zu lachen! sagte jener, denn ich verstehe keinen Spaß! Kurz, es kam, wie es kommen mußte; wo das Wäldchen auf der Höhe stand, saß mein Federspiel im Grünen und lachte noch immer; aber schon sprang der Ritter auf seinen Schimmel und flog so schnell in die Ferne, daß er durch die platzgreifende Luftperspektive in wenig Augenblicken ganz bläulich aussah. Er verschwand, kehrte nicht mehr zurück; denn er war ein Teufelsbraten!«

»Ja, nun ists geschehen!« schrie Litumlei und warf die Feder hin, »nun habe ich das meinige getan, führe du nun den Schluß herbei, ich bin ganz erschöpft von diesen höllischen Erfindungen! Beim Styx! Es nimmt mich nicht wunder, daß man die Ahnherren großer Häuser so hoch hält und in Lebensgröße malt, da ich spüre, welche Mühe mich die Gründung des meinigen kostet! Aber habe ich das Ding nicht kühn behandelt?«

John schrieb nun weiter:

»Die arme Jungfer Federspiel empfand eine große Unzufriedenheit, als sie plötzlich vermerkte, daß der verführerische Jüngling entschwunden war, fast gleichzeitig mit dem denkwürdigen Maimonat. Doch hatte sie die Geistesgegenwart, schnell das Vorgefallene in ihrem Inneren für ungeschehen zu erklären, um so den früheren Zustand einer gleichschwebenden Waage wieder herzustellen. Aber sie genoß dieses Nachspiel der Unschuld nur kurze Zeit. Der Sommer kam, man schnitt das Korn; es war einem gelb vor den Augen, wohin man blickte, vor all dem goldenen Segen; die Preise gingen wieder bedeutend herunter, Liselein Federspiel stand auf jenem Hügel und schaute allem zu; aber sie sah nichts vor lauter Verdruß und Reue. Es kam der Herbst, jeder Weinstock war ein fließender Brunnen, vom Fallen der Äpfel und Birnen trommelte es fortwährend auf der Erde; man trank, man sang, kaufte und verkaufte. Jeder versorgte sich, das ganze Land war ein Jahrmarkt, und so reichlich und wohlfeil alles war, so wurde doch das Überflüssige noch gelobt und gehätschelt und dankbar angenommen. Nur allein der Segen, den Liselein brachte, sollte nichts gelten und keiner Nachfrage wert sein, als ob der im Überfluß schwimmende Menschenhaufen nicht ein einziges Mäulchen mehr brauchen könnte. Da hüllte sie sich in ihre Tugend und gebar, einem Monat zu früh, ein munteres Knäblein, welches so recht darauf angewiesen war, der Schmied seines eigenen Glückes zu werden.

Dieser Sohn führte sich auch so wacker durch ein vielbewegtes Leben, daß er, durch wunderbare Schicksale endlich mit seinem Vater vereinigt, von demselben zu Ehren gezogen und in seine Rechte eingesetzt wurde, und ist dies der zweite bekannte Stammherr des Geschlechtes der Litumlei.«

Unter dieses Dokument schrieb der Alte: »Eingesehen und

bestätigt, Johann Polykarpus Adam Litumlei.« Und John unterschrieb ebenfalls. Dann drückte Herr Litumlei noch sein Siegel bei, dessen Wappenschild drei halbe goldene Fischangeln im blauen Felde und sieben weiß und rot quadrierte Bachstelzen auf einem schräg laufenden grünen Balken zeigte.

Sie wunderten sich aber, daß das Schriftstück nicht größer geworden; denn sie hatten kaum einen Bogen von dem Buch Papier beschrieben. Nichtsdestoweniger legten sie es in das Archiv, wozu sie einstweilen eine alte eiserne Kiste bestimmten; und waren zufrieden und guter Dinge.

Unter solchen und andern Beschäftigungen verging die Zeit auf das angenehmste; es wurde dem glückhaften John beinahe unheimlich, daß es auch gar nichts mehr zu hoffen und zu fürchten, zu schmieden und zu spekulieren gab. Indem er sich so nach neuer Tätigkeit umsah, wollte es ihn bedünken, daß die Gemahlin des Hausherrn ein etwas unzufriedenes und verdächtiges Gesicht gegen ihn zeige; es dünkte ihn nur, bestimmt konnte er es nicht behaupten. Er hatte diese Frau, welche fast immer schlief oder, wenn sie wachte, etwas Gutes aß, über seinen anderweitigen Bestrebungen wenig beachtet, da sie sich in nichts mischte und mit allem zufrieden schien, wenn ihre Ruhe nicht gestört wurde. Jetzt fürchtete er plötzlich, sie könnte ihm irgend eine nachteilige Wandlung der Dinge bereiten, ihren Mann umstimmen und dergleichen.

Er legte den Finger an die Nase und sagte: Halt! Hier dürfte es geraten sein, dem Werke noch die letzte Feile zu geben! Wie konnte ich nur diese wichtige Partie so lange aus den Augen setzen! Gut ist gut, aber besser ist besser!

Der Alte war eben fort, um im stillen an der Ausmittelung einer zweckmäßigen Gattin für seinen Stammhalter tätig zu sein, wovon er selbst diesem nichts verriet. John beschloß unverweilt, sich zu der Dame zu begeben mit der unbestimmten Vorstellung, ihr auf irgend eine Weise den Hof zu machen und sich bei ihr einzuschmeicheln, um das Versäumte nachzuholen. Er säuselte ehrbarlich die Treppe hinunter bis zu dem Gemach, wo sie sich aufzuhalten pflegte, und fand wie gewöhnlich die Türe halb offen stehen; denn sie war bei aller Trägheit neugierig und liebte immer gleich zu hören, was vorging.

Er trat vorsichtig hinein und sah sie wieder schlummernd daliegen, ein halb aufgegessenes Himbeertörtchen in der Hand. Ohne recht zu wissen, was eigentlich beginnen, ging er endlich auf den Zehen hin, ergriff ihre runde Hand und küßte sie ehrerbietig. Sie regte sich nicht im mindesten; doch öffnete sie die Augen zur Hälfte und sah ihn, ohne den Mund zu verziehen, mit einem höchst seltsamen Blick an, solang er dastand. Verblüfft und stotternd zog er sich endlich zurück und lief in sein Zimmer. Dort setzte er sich in eine Ecke, jenen Blick aus schmaler Augenzwinkerung immer vor sich. Er eilte wieder hinunter, die Frau verhielt sich unbeweglich wie vorhin, und wie er näher trat, taten sich die Augen wieder halb auf. Wiederum zog er sich zurück, wiederum saß er in der Ecke seiner Kammer, zum dritten Mal fuhr er in die Höhe, stieg die Treppe hinunter, huschte hinein und blieb nun dort, bis der Patriarch nach Hause kehrte.

Es verging nun kaum ein Tag, wo die zwei Leute sich nicht zusammenzutun und den Alten zu hintergehen wußten, daß es eine Art hatte. Die schläfrige Frau wurde auf einmal munter in ihrer Weise; John aber ergab sich dem leidenschaftlichsten Undank gegen seinen Wohltäter, immer in der Absicht, seine Stellung zu befestigen und das Glück recht an die Wand zu nageln.

Beide Sünder taten indessen nur um so freundlicher und ergebener gegen den betrogenen Litumlei, der dabei sich ganz behaglich fühlte und sein Haus auf das beste bestellt zu haben glaubte, so daß man nicht entscheiden konnte, welcher von beiden Herren mehr mit sich zufrieden war. Eines Morgens schien jedoch der Alte den Sieg davonzutragen infolge einer vertraulichen Unterredung, welche seine Frau mit ihm gepflogen; denn er ging ganz sonderbar herum, stand keinen

Augenblick still und suchte fortwährend allerlei Sätzchen zu pfeifen, was aber wegen Mangels an Zähnen nicht gelang. Er schien um mehrere Zoll gewachsen zu sein über Nacht, kurz, er war der Inbegriff der Selbstzufriedenheit. Aber denselben Tag noch neigte sich der Sieg wieder auf die Seite des Jüngeren, als ihn der Alte unversehens frug, ob er nicht Lust habe, eine tüchtige Reise zu machen, um auch noch die Welt ein wenig kennen zu lernen und besonders auch, indem er sich selber bilde, die verschiedenen Arten der Jugenderziehung in den Ländern in Betracht zu nehmen und sich über die diesfalls herrschenden Grundsätze zu unterrichten, namentlich mit Bezug auf die vornehmeren Stände?

Nichts konnte ihm willkommener sein als solch herrlicher Antrag, und freudig genehmigte er denselben. Er wurde schnell für die Reise ausgerüstet und mit Wechseln versehen, und er fuhr in höchster Gloria davon. Zuerst bereiste er Wien, Dresden, Berlin und Hamburg; dann wagte er sich nach Paris, und überall führte er ein prächtiges und weises Leben. Er patroullierte alle Vergnügungsorte, Sommertheater und Spektakelplätze ab, lief durch die Raritätenkammern der Schlösser und stand allmittags in der Sonnenhitze auf den Paradeplätzen, um die Musik zu hören und die Offiziere anzugaffen, eh er zur Tafel ging. Wenn er all die Herrlichkeiten unter tausend anderen Menschen mit ansah, so wurde er ganz stolz und schrieb sich von allem Glanz und Getön das alleinige Verdienst zu, jeden für einen unwissenden Tropf haltend, der nicht dabei war. Mit dem behenden Genießen verband er aber die größe Weisheit, um seinem Wohltäter zu zeigen, daß er keinen Hasen auf Reisen geschickt habe. Keinem Bettler gab er etwas, keinem armen Kinde kaufte er je etwas ab, den Dienstbaren in den Gasthäusern wußte er beharrlich mit dem Trinkgelde durchzugehen, ohne Schaden zu leiden, und um jeden Dienst feilschte er lange, ehe er ihn annahm. Am meisten Spaß machte ihm das Vexieren und Foppen der verlorenen Wesen, mit denen er sich im Vereine mit zwei oder drei Gleichgesinnten auf den öffentlichen Bällen unterhielt. Mit einem Wort: er lebte so sicher und vergnügt wie ein alter Weinreisender.

Zum Schlusse konnte er sich nicht versagen, einen Abstecher nach seiner Heimat Seldwyla zu machen. Dort logierte er im ersten Gasthof, saß geheimnisvoll und einsilbig an der Mittagstafel und ließ seine Mitbürger sich die Köpfe darüber zerbrechen, was aus ihm geworden sei. Sie waren überzeugt, daß nicht viel hinter der Sache stecke, und doch lebte er zur Zeit unzweifelhaft im Wohlstand, so daß sie einstweilen ihren Spott zurückhielten und mit krausen Nasenflügeln nach dem Golde blinzelten, das er sehen ließ. Er aber regalierte sie nicht mit einer einzigen Flasche Wein, obgleich er vor ihren Augen vom besten trank und sann, wie er ihnen noch weiteres antun könne.

Da gedachte er, am Ende seiner Reise, plötzlich des Auftrages, der ihm zur Erforschung des Erziehungswesens in den durchreisten Ländern geworden, um die Grundsätze festzustellen, nach welchen die Kinder des von Litumlei gegründeten und von Kabys fortzupflanzenden Geschlechtes erzogen werden sollten. Diese Aufgabe in Seldwyla zu lösen kam ihm nun trefflich zustatten, da er in den Mantel einer höheren Mission gehüllt als eine Art Edukationsrat auftreten und die Seldwyler noch mehr foppen konnte. Er kam auch gerade vor die rechte Schmiede. Denn seit einiger Zeit schon waren sie auf einen herrlichen Erwerbszweig geraten, indem sie alle ihre Mädchen zu Erzieherinnen machten und versandten. Kluge und unkluge, gesunde und kränkliche Kinder wurden in dieser Weise zubereitet in eigenen Anstalten und für alle Bedürfnisse. Wie man Forellen verschiedentlich behandelt, sie blau absiedet oder backt oder spickt usw., so wurden die guten Mädchen entweder mehr positiv christlich oder mehr weltlich, mehr für die Sprachen oder mehr für die Musik, für vornehme Häuser oder für mehr bürgerliche Familien zugerichtet, je nach der Weltgegend, für welche sie bestimmt waren und von wo die Nachfrage kam. Das Seltsame dabei war, daß die Seldwyler für alle diese verschiedenen Zweckbestimmungen sich vollkommen neutral und gleichgültig verhielten und auch von den betreffenden Lebenskreisen durchaus keine Kenntnis besaßen, und der gute Absatz ließ sich nur dadurch erklären, daß die Abnehmer des Exportartikels ebenso gleichgültig und kenntnislos waren. Ein Seldwyler, der den unversöhnlichsten Kirchenfeind spielte, konnte seine nach England bestimmten Kinder auf Gebet und Sonntagsheiligung einüben lassen; ein anderer, der in öffentlichen Reden von der edlen Stauffacherin, der Zierde des freien Schweizerhauses, schwärmte, hatte seine fünf oder sechs Töchter nach den russischen Steppen oder in andere unwirtliche Gegenden verbannt, wo sie in ferner Trostlosigkeit schmachteten.

Die Hauptsache war, daß die wackeren Bürger die armen Wesen so bald als möglich, mit einem Reisepaß und Regenschirm versehen, hinausjagen und mit dem heimgesandten Erwerbe derselben sich gütlich tun konnten.

Aus alledem war aber bald eine gewisse Überlieferung und Geschicklichkeit für die äußerliche Zurichtung der Mädchen entstanden und John Kabys hatte vollauf zu tun, die kuriosen Grundsätze, die hierin walteten, mit noch kurioserer Auffassungsgabe einzusammeln und sich zu notieren. Er ging in den verschiedenen Fabriklein herum, wo die Mädchen zubereitet wurden, befragte Vorsteherinnen und Lehrer und suchte sich vorzüglich ein Bild davon zu entwerfen, wie die Erziehung eines Knäbchens in einem großen Hause von Anfang an standesmäßig betrieben würde und zwar so recht auf Kosten der hiefür bezahlten Leute und ohne Mühsal noch Verdruß der Eltern.

Hierüber fertigte er ein merkwürdiges Memorandum an, welches in einigen Tagen, dank seiner fleißigen Notizen, zu mehreren Bogen anschwoll und mit dem er sich Aufsehen erregend beschäftigte. Er verwahrte die Schrift zusammengerollt in einer runden Blechkapsel und trug dieselbe an einem Lederriemchen beständig an der Hüfte. Als aber die Seldwyler das bemerkten, glaubten sie, er sei abgesandt, ihnen das Geheimnis ihrer Industrie abzustehlen und in das Ausland zu verpflanzen. Sie erbosten sich über ihn und trieben ihn drohend und scheltend davon.

Erfreut, daß er sie habe ärgern können, reiste er ab und langte endlich in Augsburg an, gesund und fröhlich wie ein junger Hecht. Er trat wohlgemut ins Haus und fand dasselbe ebenso froh belebt. Eine muntere schöne Landfrau mit hohem Busen war das erste, was er antraf; sie trug eine Schüssel mit warmem Wasser und er hielt sie für eine neue Köchin und betrachtete sie vorläufig nicht ohne Wohlgefallen. Doch drängte es ihn, die Hausfrau schnell zu begrüßen; allein sie war nicht zu sprechen und lag im Bett, obgleich das Haus von einem seltsamen Geräusch widerhallte. Dieses rührte vom alten Litumlei her, welcher herumrannte, sang, rief, lachte und krakeelte und endlich zum Vorschein kam, blasend, pustend, die Augen rollend und ganz rot vor Freude, Stolz und Hochmut. Ausgelassen und würdeatmend zugleich hieß er seinen Günstling willkommen und eilte wieder davon, um etwas anderes zu verrichten; denn er schien alle Hände voll zu tun zu haben.

Zwischendurch ließ sich von einer Gegend her wiederholt ein gedämpftes Quieken vernehmen wie von einem Kreuzertrompetchen; die vollbusige Bäuerin ging wieder über die Szene mit einer Handvoll weißer Tüchelchen und rief aus ihrer weißen Kehle: »Gleich, mein Schätzchen! gleich, mein Bübchen!«

»Daß dich!« sagte John, »was ist das für ein leckerer Bissen!«

Aber er horchte wieder auf jenes Quieken, das sich fort und fort vernehmen ließ.

»Nun?« rief Litumlei, der wieder hergeträppelt kam, »singt der Vogel nicht schön? Was sagst du dazu, mein Bursche?«

»Welcher Vogel?« fragte John.

»Ei, Herr Jesus! Du weißt am Ende noch gar nichts?« rief der Alte; »ein Sohn ist uns allendlich geboren, ein Stammhalter, so munter wie ein Ferkel, liegt uns in der Wiege! Alle meine Wünsche, meine alten Pläne sind erfüllt!«

Der Schmied seines Glückes stand wie eine Bildsäule, ohne jedoch die Folgen des Ereignisses schon zu übersehen, so einfach sie auch sein mochten; er fühlte nur, daß es ihm höchst widerstrebend zu Mute war, machte ganz runde Augen und spitzte den Mund, wie wenn er einen Igel küssen müßte.

»Nun«, fuhr der vergnügte Alte fort, »sei nur nicht zu verdrießlich! Etwas verändert wird allerdings unser Verhältnis, habe auch bereits das Testament umgestoßen und verbrannt sowie jenen lustigen Roman, dessen wir nun nicht mehr bedürfen! Du aber bleibst im Hause, du sollst bei der Erziehung meines Sohnes die Oberleitung übernehmen, du sollst mein Rat sein und mein Helfer in allen Dingen und es soll dir nichts abgehen, solang ich lebe! Nun ruh dich aus, ich muß dem kleinen Kreuzkerl einen rechten Namen zusammensuchen! Schon dreimal hab ich den Kalender durchgesehen, will jetzt noch eine alte Chronik durchstöbern, dort gibts so alte Stammbäume mit ganz merkwürdigen Taufnahmen!«

John begab sich endlich auf sein Zimmer und setzte sich in jene Ecke; die Blechkapsel mit der Erziehungsdenkschrift hatte er noch umhängen und er hielt sie unbewußt zwischen den Knieen. Er sah die Sachlage ein, er verwünschte die böse Frau, welche ihm diesen Steich gespielt und einen Erben untergeschoben; er verwünschte den Alten, der da glaubte, er hätte einen rechtmäßigen Sohn; nur sich selbst verwünschte er nicht, der doch der wirkliche und alleinige Urheber des kleinen Schreiers war und sich so selbst enterbt hatte. Er zappelte in einem unzerreißlichen Netze, rannte aber wieder nach dem Alten, um ihm törichterweise die Augen zu öffnen.

»Glauben Sie denn wirklich«, sagte er mit gedämpfter Stimme zu ihm, »daß das Kind das ihrige sei?«

»Wie, was?« sagte Herr Litumlei und sah von seiner Chronik auf.

John fuhr fort, in abgebrochenen Redensarten ihm zu verstehen zu geben, daß er selbst ja nie imstande gewesen sei,

Vater zu werden, daß seine Frau wahrscheinlich sich eine Untreue habe zuschulden kommen lassen usf.

Sobald ihn das kleine Männchen ganz verstand, fuhr es wie besessen in die Höhe, stampfte auf den Boden, schnaubte und schrie endlich: »Aus den Augen mir, undankbares Scheusal, verleumderischer Schuft! Warum sollte ich nicht imstande sein, einen Sohn zu haben? Sprich, Elender! Ist das der Dank für meine Wohltaten, daß du die Ehre meines Weibes und meine eigene Ehre begeiferst mit deiner niederträchtigen Zunge? Welch ein Glück, daß ich noch rechtzeitig erkenne, welch eine Schlange ich an meinem Busen genährt habe! Wie werden doch solche große Stammhäuser gleich in der Wiege schon vom Neid und von der Selbstsucht attackiert! Fort! aus dem Hause mit dir von Stund an!«

Er lief zitternd vor Wut nach seinem Schreibtische, nahm eine Handvoll Goldstücke, wickelte sie in ein Papier und warf es dem Unglücklichen vor die Füße.

»Hier ist noch ein Zehrpfennig und damit fort auf immer!« Hiemit entfernte er sich, immer zischend wie eine Schlange.

John hob das Päckchen auf, ging aber nicht aus dem Hause, sondern schlich auf seine Kammer, mehr tot als lebendig, zog sich aus bis auf das Hemde, obschon es noch nicht Abend war, und legte sich ins Bett, schlotternd und erbärmlich stöhnend. In allem Jammer zählte er, da er keinen Schlaf finden konnte, das erhaltene Geld und das, welches er auf der Reise in oben beschriebener Weise erspart. »Unnütz!« sagte er, »ich denke nicht daran, fortzugehen, ich will und muß hier bleiben!«

Da klopften zwei Polizeimänner an die Türe, traten herein und hießen ihn aufstehen und sich anziehen. Voll Angst und Schrecken tat er es; sie befahlen ihm, seine Sachen zusammenzupacken; es war aber alles noch auf das schönste beisammen, da er seine Reisekoffer noch gar nicht geöffent hatte. Darauf führten sie ihn aus dem Hause; ein Knecht trug die Sachen nach, setzte sie auf die Straße und schloß die Türe vor seiner Nase zu. Hierauf lasen ihm die Männer von einem Papier ein Verbot vor, bei Strafe nicht mehr dies Haus zu betreten. Dann gingen sie fort; aber er blickte nochmals an das Haus seines verlorenen Glückes hinauf, als eben einer der hohen Fensterflügel sich ein wenig öffnete, jene hübsche Amme eine in ländlicher Weise dort getrocknete Windel hereinlangte und gleichzeitig das Stimmchen des Kindes sich wieder vernehmen ließ.

Da floh er endlich mit seiner Habe in einen Gasthof, zog sich dort wiederum aus und legte sich nun ungestört ins Bett.

Am andern Tage lief er aus Verzweiflung noch zu einem Advokaten, um zu erfahren, ob denn gar nichts mehr zu machen sei? Sobald der aber seine Rede halb angehört, rief er zornig: »Machen Sie, daß Sie fortkommen, Sie Esel, mit Ihrer einfältigen Erbschleicherei, oder ich lasse Sie verhaften!«

Ganz verstürmt reiste er allendlich nach seinem guten Seldwyla, wo er erst vor einigen Tagen gewesen war. Er setzte sich wieder in den Gasthof und zehrte einige Zeit nachdenklich von seiner Barschaft, und je mehr sie sich verminderte, desto kleinlauter wurde er. Humoristisch gesellten sich die Seldwyler zu ihm, und als sie, da er nun zugänglicher geworden, sein Schicksal so ziemlich erforscht hatten und ihn im Besitze seines abnehmenden kleinen Vermögens sahen, verkauften sie ihm eine kleine alte Nagelschmiede vor dem Tore, die gerade feil stand und, wie sie sagten, ihren Mann nährte. Er mußte aber, um den Kaufschilling voll zu machen, alle seine Attribute und Kleinode veräußern, was er um so leichter tat, als er nun keine Hoffnung mehr auf diese Dinge setzte; sie hatten ihn ja immer betrogen und er mochte nicht mehr um sie Sorge tragen.

Mit der Nagelschmiede, in der zwei oder drei Arten einfacher Nägel gemacht wurden, ging ein alter Geselle in den Kauf, von dem der neue Inhaber die Hantierung selbst ohne viel Mühe erlernte und dabei noch ein wackerer Nagelschmied wurde, der erst in leidlicher, dann in ganzer Zufriedenheit so dahin hämmerte, als er das Glück einfacher und unverdrossener Arbeit spät kennen lernte, das ihn wahrhaft aller Sorge enthob und von seinen schlimmen Leidenschaften reinigte.

Dankbarlich ließ er schöne Kürbisstauden und Winden an dem niedrigen schwärzlichen Häuschen emporranken, das außerdem von einem großen Holunderbaum überschattet war und dessen Esse immer ein freundliches Feuerlein hegte.

Nur in stillen Nächten bedachte er etwa noch sein Schicksal, und einige Mal, wenn der Jahrestag wiederkehrte, wo er die Dame Litumlei bei dem Himbeertörtchen gefunden hatte, stieß der Schmied seines Glückes den Kopf gegen die Esse, aus Reue über die unzweckmäßige Nachhilfe, welche er seinem Glück hatte geben wollen.

Allein auch diese Anwandlungen verloren sich allmählich, je besser die Nägel gerieten, welche er schmiedete.

GOTTFRIED KELLER

Gold und Silber habe ich nicht;
was ich aber habe, gebe ich Dir.

Lieber Johannes!
Die Zeit kommt allgemach heran, daß ich den Weg gehen muß, den man nicht wieder kömmt. Ich kann Dich nicht mitnehmen; und lasse Dich in einer Welt zurück, wo guter Rat nicht überflüssig ist.

Niemand ist weise von Mutterleibe an; Zeit und Erfahrung lehren hier und fegen die Tenne.

Ich habe die Welt länger gesehen als Du.

Es ist nicht alles Gold, lieber Sohn, was glänzet, und ich habe manchen Stern vom Himmel fallen und manchen Stab, auf den man sich verließ, brechen sehen.

Darum will ich Dir einigen Rat geben und Dir sagen, was ich funden habe und was die Zeit mich gelehret hat.

Es ist nichts groß, was nicht gut ist; und nichts wahr, was nicht bestehet.

Der Mensch ist hier nicht zu Hause, und er geht hier nicht von ungefähr in dem schlechten Rock umher. Denn siehe nur, alle andre Dinge hier mit und neben ihm sind und gehen dahin, ohne es zu wissen; der Mensch ist sich bewußt, und wie eine hohe bleibende Wand, an der die Schatten vorüber gehen. Alle Dinge mit und neben ihm gehen dahin, einer fremden Willkür und Macht unterworfen, er ist sich selbst anvertraut und trägt sein Leben in seiner Hand. Und es ist nicht für ihn gleichgültig, ob er rechts oder links gehe.

Laß Dir nicht weismachen, daß er sich raten könne und selbst seinen Weg wisse.

Diese Welt ist für ihn zu wenig, und die unsichtbare siehet er nicht und kennet sie nicht.

Spare Dir denn vergebliche Mühe, und tue Dir kein Leid, und besinne Dich Dein.

Halte Dich zu gut, Böses zu tun.

Hänge Dein Herz an kein vergänglich Ding.

Die Wahrheit richtet sich nicht nach uns, lieber Sohn, sondern wir müssen uns nach ihr richten.

Was Du sehen kannst, das siehe, und brauche Deine Augen, und über das Unsichtbare und Ewige halte dich an Gottes Wort.

Bleibe der Religion Deiner Väter getreu und hasse die theologischen Kannengießer.

Scheue niemand so viel als Dich selbst. Inwendig in uns wohnet der Richter, der nicht trügt, und an dessen Stimme uns mehr gelegen ist als an dem Beifall der ganzen Welt und der Weisheit der Griechen und Egypter. Nimm es Dir vor, Sohn, nicht wider seine Stimme zu tun; und was Du sinnest und vorhast, schlage zuvor an Deine Stirne und frage ihn um Rat. Er spricht anfangs nur leise und stammelt wie ein unschuldiges Kind; doch wenn Du seine Unschuld ehrst, löset er gemach seine Zunge und wird Dir vernehmlicher sprechen.

Lerne gerne von andern, und wo von Weisheit, Menschenglück, Licht, Freiheit, Tugend etc. geredet wird, da höre fleißig zu. Doch traue nicht flugs und allerdings, denn die Wolken haben nicht alle Wasser, und es gibt mancherlei Weise. Sie meinen auch, daß sie die Sache hätten, wenn sie davon reden können und davon reden. Das ist aber nicht, Sohn. Man hat darum die Sache nicht, daß man davon reden kann und davon redet. Worte sind nur Worte, und wo sie so gar leicht und behende dahin fahren, da sei auf Deiner Hut, denn die Pferde, die den Wagen mit Gütern hinter sich haben, gehen langsameren Schrittes.

Erwarte nichts vom Treiben und den Treibern; und wo Geräusch auf der Gassen ist, da gehe fürbaß.

Wenn Dich jemand will Weisheit lehren, da siehe in sein Angesicht. Dünket er sich noch, und sei er noch so gelehrt und noch so berühmt, laß ihn und gehe seiner Kundschaft müßig. Was einer nicht hat, das kann er auch nicht geben. Und der ist nicht frei, der da will tun können, was er will, sondern der ist frei, der da wollen kann, was er tun soll. Und der ist nicht weise, der sich dünket, daß er wisse; sondern der ist weise, der seiner Unwissenheit innegeworden und durch die Sache des Dünkels genesen ist.

Was im Hirn ist, das ist im Hirn; und Existenz ist die erste aller Eigenschaften.

Wenn es Dir um Weisheit zu tun ist, so suche *sie* und nicht das Deine, und brich Deinen Willen und erwarte geduldig die Folgen.

Denke oft an heilige Dinge und sei gewiß, daß es nicht ohne Vorteil für Dich abgehe und der Sauerteig den ganzen Teig durchsäuere.

Verachte keine Religion, denn sie ist dem Geist gemeint, und Du weißt nicht, was unter unansehnlichen Bildern verborgen sein könne. Es ist leicht zu verachten, Sohn; und verstehen ist viel besser.

Lehre nicht andre, bis Du selbst gelehrt bist.

Nimm Dich der Wahrheit an, wenn Du kannst, und laß Dich gerne ihrentwegen hassen; doch wisse, daß Deine Sache nicht die Sache der Wahrheit ist, und hüte, daß sie nicht in einander fließen, sonst hast Du Deinen Lohn dahin.

Tue das Gute vor Dich hin, und bekümmre Dich nicht, was daraus werden wird.

Wolle nur einerlei, und das wolle von Herzen.

Sorge für Deinen Leib, doch nicht so, als wenn er Deine Seele wäre.

Gehorche der Obrigkeit, und laß die andern über sie streiten.

Sei rechtschaffen gegen jedermann, doch vertraue Dich schwerlich.

Mische Dich nicht in fremde Dinge, aber die Deinigen tue mit Fleiß.

Schmeichle niemand, und laß Dir nicht schmeicheln.

Ehre einen jeden nach seinem Stande, und laß ihn sich schämen, wenn er's nicht verdient.

Werde niemand nichts schuldig; doch sei zuvorkommend, als ob sie alle Deine Gläubiger wären.

Wolle nicht immer großmütig sein, aber gerecht sei immer.

Mache niemand graue Haare, doch wenn Du Recht tust, hast Du um die Haare nicht zu sorgen.

Mißtraue der Gestikulation, und geberde Dich schlecht und recht.

Hilf und gib gerne, wenn Du hast, und dünke Dir darum nicht mehr; und wenn Du nicht hast, so habe den Trunk kalten Wassers zur Hand, und dünke Dir darum nicht weniger.

Tue keinem Mädchen Leides und denke, daß Deine Mutter auch ein Mädchen gewesen ist.

Sage nicht alles, was Du weißt, aber wisse immer, was Du sagest.

Hänge Dich an keinen Großen.

Sitze nicht, wo die Spötter sitzen, denn sie sind die elendesten unter allen Kreaturen.

Nicht die frömmelnden, aber die frommen Menschen achte und gehe ihnen nach. Ein Mensch, der wahre Gottesfurcht im Herzen hat, ist wie die Sonne, die da scheinet und wärmt, wenn sie auch nicht redet.

Tue was des Lohnes wert ist, und begehre keinen.

Wenn Du Not hast, so klage sie Dir und keinem andern.

Habe immer etwas Gutes im Sinn.

Wenn ich gestorben bin, so drücke mir die Augen zu und beweine mich nicht.

Stehe Deiner Mutter bei und ehre sie so lange sie lebt, und begrabe sie neben mir.

Und sinne täglich nach über Tod und Leben, ob Du es finden möchtest, und habe einen freudigen Mut; und gehe nicht aus der Welt, ohne Deine Liebe und Ehrfurcht für den Stifter des Christentums durch irgendetwas öffentlich bezeuget zu haben.

Dein treuer Vater.

MATTHIAS CLAUDIUS

Hans im Glück

Hans hatte sieben Jahre bei seinem Herrn gedient, da sprach er zu ihm: »Herr, meine Zeit ist herum, nun wollte ich gerne wieder heim zu meiner Mutter, gebt mir meinen Lohn.« Der Herr antwortete: »du hast mir treu und ehrlich gedient, wie der Dienst war, so soll der Lohn sein«, und gab ihm ein Stück Gold, das so groß als Hansens Kopf war. Hans zog sein Tüchlein aus der Tasche, wickelte den Klumpen hinein, setzte ihn auf die Schulter und machte sich auf den Weg nach Haus. Wie er so dahin ging und immer ein Bein vor das andere setzte, kam ihm ein Reiter in die Augen, der frisch und fröhlich auf einem muntern Pferd vorbeitrabte. »Ach«, sprach Hans ganz laut, »was ist das Reiten ein schönes Ding! Da sitzt einer wie auf einem Stuhl, stößt sich an keinen Stein, spart die Schuh und kommt fort, er weiß nicht wie.« Der Reiter, der das gehört hatte, hielt an und rief: »ei, Hans, warum laufst du auch zu Fuß?« »Ich muß ja wohl«, antwortete er, »da habe ich einen Klumpen heim zu tragen: es ist zwar Gold, aber ich kann den Kopf dabei nicht gerad halten, auch drückt mir's auf die Schulter.« »Weißt du was«, sagte der Reiter, »wir wollen tauschen: ich gebe dir mein Pferd, und du gibst mir deinen Klumpen.« »Von Herzen gern«, sprach Hans, »aber ich sage Euch, Ihr müßt Euch damit schleppen.« Der Reiter stieg ab, nahm das Gold und half dem Hans hinauf, gab ihm die Zügel fest in die Hände und sprach: »wenn's nun recht geschwind soll gehen, so mußt du mit der Zunge schnalzen und hopp hopp rufen.«

Hans war seelenfroh, als er auf dem Pferde saß und so frank und frei dahinritt. Über ein Weilchen fiel's ihm ein, es sollte noch schneller gehen, und fing an, mit der Zunge zu schnalzen und hopp hopp zu rufen. Das Pferd setzte sich in starken Trab, und ehe sich's Hans versah, war er abgeworfen und lag in einem Graben, der die Äcker von der Landstraße trennte. Das Pferd wäre auch durchgegangen, wenn es nicht ein Bauer aufgehalten hätte, der des Weges kam und eine Kuh vor sich her trieb. Hans suchte seine Glieder zusammen und machte sich wieder auf die Beine. Er war aber verdrießlich und sprach zu dem Bauer: »es ist ein schlechter Spaß, das Reiten, zumal, wenn man auf so eine Mähre gerät wie diese, die stößt und einen herabwirft, daß man den Hals brechen kann; ich setze mich nun und nimmermehr wieder auf. Da lob' ich mir Eure Kuh, da kann einer mit Gemächlichkeit hinterher gehen und hat obendrein seine Milch, Butter und Käse jeden Tag gewiß. Was gäb' ich darum, wenn ich so eine Kuh hätte!« – »Nun«, sprach der Bauer, »geschieht Euch so ein großer Gefallen, so will ich Euch wohl die Kuh für das Pferd vertauschen.« Hans willigte mit tausend Freuden ein: der Bauer schwang sich aufs Pferd und ritt eilig davon.

Hans trieb seine Kuh ruhig vor sich her und bedachte den glücklichen Handel. »Hab' ich nur ein Stück Brot, und daran wird mir's doch nicht fehlen, so kann ich, sooft mir's beliebt, Butter und Käse dazu essen; hab' ich Durst, so melk' ich meine Kuh und trinke Milch. Herz, was verlangst du mehr?« Als er zu einem Wirtshaus kam, machte er Halt, aß in der großen Freude alles, was er bei sich hatte, sein Mittags- und Abendbrot, rein auf und ließ sich für seine letzten paar Heller ein halbes Glas Bier einschenken. Dann trieb er seine Kuh weiter, immer nach dem Dorfe seiner Mutter zu. Die Hitze ward drückender, je näher der Mittag kam, und Hans befand sich in einer Heide, die wohl noch eine Stunde dauerte. Da ward es ihm ganz heiß, so daß ihm vor Durst die Zunge am Gaumen klebte. »Dem Ding ist zu helfen«, dachte Hans, »jetzt will ich meine Kuh melken und mich an der Milch laben.« Er band sie an einen dürren Baum, und da er keinen Eimer hatte, so stellte er seine Ledermütze unter, aber wie er sich auch bemühte, es kam kein Tropfen Milch zum Vorschein. Und weil er sich ungeschickt dabei anstellte, so gab ihm das ungeduldige Tier endlich mit einem der Hinterfüße einen solchen Schlag vor den Kopf, daß er zu Boden taumelte und eine Zeitlang sich gar nicht besinnen konnte, wo er war. Glücklicherweise kam gerade ein Metzger des Weges, der auf einem

Schubkarren ein junges Schwein liegen hatte. »Was sind das für Streiche!« rief er und half dem guten Hans auf. Hans erzählte, was vorgefallen war. Der Metzger reichte ihm seine Flasche und sprach: »da trinkt einmal und erholt Euch. Die Kuh will wohl keine Milch geben, das ist ein altes Tier, das höchstens noch zum Ziehen taugt oder zum Schlachten.« »Ei, ei«, sprach Hans und strich sich die Haare über den Kopf, »wer hätte das gedacht! Es ist freilich gut, wenn man so ein Tier ins Haus abschlachten kann, was gibt's für Fleisch! Aber ich mache mir aus dem Kuhfleisch nicht viel, es ist mir nicht saftig genug. Ja, wer so ein junges Schwein hätte! Das schmeckt anders, dabei noch die Würste.« »Hört, Hans«, sprach da der Metzger, »Euch zuliebe will ich tauschen und will Euch das Schwein für die Kuh lassen.« »Gott lohn Euch Eure Freundschaft«, sprach Hans, übergab ihm die Kuh, ließ sich das Schweinchen vom Karren losmachen und den Strick, woran es gebunden war, in die Hand geben.

Hans zog weiter und überdachte, wie ihm doch alles nach Wunsch ginge, begegnete ihm ja eine Verdrießlichkeit, so würde sie doch gleich wieder gut gemacht. Es gesellte sich danach ein Bursch zu ihm, der trug eine schöne weiße Gans unter dem Arm. Sie boten einander die Zeit, und Hans fing an, von seinem Glück zu erzählen, und wie er immer so vorteilhaft getauscht hätte. Der Bursch erzählte ihm, daß er die Gans zu einem Kindtaufschmaus brächte. »Hebt einmal«, fuhr er fort und packte sie bei den Flügeln, »wie schwer sie ist, die ist aber auch acht Wochen lang genudelt worden. Wer in den Braten beißt, muß sich das Fett von beiden Seiten abwischen.« »Ja«, sprach Hans und wog sie mit der einen Hand, »die hat ihr Gewicht, aber mein Schwein ist auch keine Sau.« Indessen sah sich der Bursch nach allen Seiten ganz bedenklich um, schüttelte auch wohl mit dem Kopf. »Hört«, fing er darauf an, »mit Eurem Schweine mag's nicht ganz richtig sein. In dem Dorfe, durch das ich gekommen bin, ist eben dem Schulzen eins aus dem Stalle gestohlen worden. Ich fürchte, Ihr habt's da in der Hand. Sie haben Leute ausgeschickt, und es wäre ein schlimmer Handel, wenn sie Euch mit dem Schwein erwischten: das Geringste ist, daß Ihr ins finstere Loch gesteckt werdet.« Dem guten Hans ward bang: »ach Gott«, sprach er, »helft mir aus der Not, Ihr wißt hier herum bessern Bescheid, nehmt mein Schwein da und laßt mir Eure Gans.« »Ich muß schon etwas aufs Spiel setzen«, antwortete der Bursche, »aber ich will doch nicht schuld sein, daß Ihr ins Unglück geratet.« Er nahm also das Seil in die Hand und trieb das Schwein schnell auf einen Seitenweg fort: der gute Hans aber ging, seiner Sorgen entledigt, mit der Gans unter dem Arme der Heimat zu. »Wenn ich's recht überlege«, sprach er mit sich selbst, »habe ich noch Vorteil bei dem Tausch: erstlich den guten Braten, hernach die Menge von Fett, die heraustraufeln wird, das gibt Gänsefettbrot auf ein Vierteljahr: und endlich die schönen weißen Federn, die lass' ich mir in mein Kopfkissen stopfen, und darauf will ich wohl ungewiegt einschlafen. Was wird meine Mutter eine Freude haben!«

Als er durch das letzte Dorf gekommen war, stand da ein Scherenschleifer mit seinem Karren, sein Rad schnurrte, und er sang dazu:

»Ich schleife die Schere und drehe geschwind
und hänge mein Mäntelchen nach dem Wind.«

Hans blieb stehen und sah ihm zu; endlich redete er ihn an und sprach: »Euch geht's wohl, weil Ihr so lustig bei Eurem Schleifen seid.« »Ja«, antwortete der Scherenschleifer, »das Handwerk hat einen güldenen Boden. Ein rechter Schleifer ist ein Mann, der, sooft er in die Tasche greift, auch Geld darin findet. Aber wo habt Ihr die schöne Gans gekauft?« »Die hab' ich nicht gekauft, sondern für mein Schwein eingetauscht.« »Und das Schwein?« »Das hab' ich für eine Kuh gekriegt.« »Und die Kuh?« »Die hab' ich für ein Pferd bekommen.« »Und das Pferd?« »Dafür hab' ich einen Klumpen Gold, so groß als mein Kopf, gegeben.« »Und das Gold?«

»Ei, das war mein Lohn für sieben Jahre Dienst.« »Ihr habt Euch jederzeit zu helfen gewußt«, sprach der Schleifer, »könnt Ihr's nun dahin bringen, daß Ihr das Geld in der Tasche springen hört, wenn Ihr aufsteht, so habt Ihr Euer Glück gemacht.« »Wie soll ich das anfangen?« sprach Hans. »Ihr müßt ein Schleifer werden wie ich; dazu gehört eigentlich nichts als ein Wetzstein, das andere findet sich schon von selbst. Da hab' ich einen, der ist zwar ein wenig schadhaft, dafür sollt Ihr mir aber auch weiter nichts als Eure Gans geben; wollt Ihr das?« »Wie könnt Ihr noch fragen«, antwortete Hans, »ich werde ja zum glücklichsten Menschen auf Erden; habe ich Geld, sooft ich in die Tasche greife, was brauche ich da länger zu sorgen?« reichte ihm die Gans hin und nahm den Wetzstein in Empfang. »Nun«, sprach der Schleifer und hob einen gewöhnlichen schweren Feldstein, der neben ihm lag, auf, »da habt Ihr noch einen tüchtigen Stein dazu, auf dem sich's gut schlagen läßt, und Ihr Eure alten Nägel gerade klopfen könnt. Nehmt hin und hebt ihn ordentlich auf.«

Hans lud den Stein auf und ging mit vergnügtem Herzen weiter; seine Augen leuchteten vor Freude: »ich muß in einer Glückshaut geboren sein«, rief er aus, »alles, was ich wünsche, trifft mir ein wie einem Sonntagskind.« Indessen, weil er seit Tagesanbruch auf den Beinen gewesen war, begann er müde zu werden; auch plagte ihn der Hunger, da er allen Vorrat auf einmal in der Freude über die erhandelte Kuh aufgezehrt hatte. Er konnte endlich nur mit Mühe weitergehen und mußte jeden Augenblick haltmachen; dabei drückten ihn die Steine ganz erbärmlich. Da konnte er sich des Gedankens nicht erwehren, wie gut es wäre, wenn er sie gerade jetzt nicht zu tragen brauchte. Wie eine Schnecke kam er zu einem Feldbrunnen geschlichen, wollte da ruhen und sich mit einem frischen Trunk laben: damit er aber die Steine im Niedersitzen nicht beschädigte, legte er sie bedächtig neben sich auf den Rand des Brunnens. Darauf setzte er sich nieder und wollte sich zum Trinken bücken, da versah er's, stieß ein klein wenig an, und beide Steine plumpten hinab. Hans, als er sie mit seinen Augen in die Tiefe hatte versinken sehen, sprang vor Freuden auf, kniete dann nieder und dankte Gott mit Tränen in den Augen, daß er ihm auch diese Gnade noch erwiesen und ihn auf eine so gute Art und, ohne daß er sich einen Vorwurf zu machen brauchte, von den schweren Steinen befreit hätte, die ihm allein noch hinderlich gewesen wären. »So glücklich wie ich«, rief er aus, »gibt es keinen Menschen unter der Sonne.« Mit leichtem Herzen und frei von aller Last sprang er nun fort, bis er daheim bei seiner Mutter war.

BRÜDER GRIMM

III.

URSPRÜNGE

Der Mensch ist weder Engel noch Tier,
und das Unglück will es,
daß, wer den Engel spielen will,
das Tier spielt.

BLAISE PASCAL

Kungfutse beim weisen Laotse

Kungfutse besuchte den weisen Laotse. Eifrig legte er seine zwölf klassischen Bücher vor ihm nieder.

»Ich glaube, du willst zuviel auf einmal«, sagte der Alte.

»Was ist der Kernpunkt deiner Lehre?«

»Ich lehre Nächstenliebe und Gerechtigkeit«, antwortete Kungfutse.

»Sind dies Teile der menschlichen Natur?«

»Der Charakter eines Menschen ist nicht gut ohne Nächstenliebe und sein Leben nicht vollkommen ohne Gerechtigkeit. Also sind Nächstenliebe und Gerechtigkeit ein Teil seiner Natur. Was sonst könnten sie sein?« sagte Kungfutse beredt. Doch Laotse fragte still: »Was verstehst du unter Nächstenliebe und Gerechtigkeit?«

»Gleiches Glück allen Menschen zu bieten und alle Menschen ohne Unterschied und ungeteilt zu lieben: das ist die Essenz von Nächstenliebe und Gerechtigkeit.«

»Du redest, wie man heutzutage so redet«, sagte der Alte.

»Du sagst: ›ohne Unterschied‹ und ›ungeteilt‹ und setzest damit ›geteilt‹ und ›Unterschied‹ voraus. Wer war es denn, der Unterschiede schuf und zerteilte?

Wenn du die Menschen lehren willst, ihren verlorenen Hirten wiederzufinden, erinnere dich bitte daran, daß das Universum bereits ein ungeteiltes Ganzes *ist*. Sonne und Mond scheinen gerecht und unterschiedslos für alle, ihre Bahn verläuft regelmäßig und am vorgezeichneten Platz. Die Tiere leben schon immer in Herden beieinander oder auch einzeln. Die Bäume wachsen an dem für sie geeigneten Ort, und niemand braucht ihnen zu sagen, wie sie es richtig und gerecht machen sollen. Warum siehst du dir nicht einfach dieses Leben (Tao) und diese Gerechtigkeit (Te) an?

Du schwenkst deine Fahne von Nächstenliebe und Gerechtigkeit und verwirrst damit alles nur noch mehr. Du kommst mir vor wie ein Mann, dessen Sohn gestorben ist, und nun geht er herum und schlägt ungeduldig die Trommel in der Hoffnung, ihn dadurch wiederzufinden. Ach lehre doch lieber die Menschen, zu ihrer eigenen vollkommenen Einfachheit zurückzufinden. Das ist nämlich schon das höchste, Tao.

Der Schwan ist weiß, ohne daß ihn jemand künstlich reinigt. Der Rabe ist schwarz, ohne daß ihn jemand ›angeschwärzt‹ hat. Hell und Dunkel, Weiß und Schwarz, alles ist von selbst an seinem natürlichen Platz. Das ist gut.

All dieses Streben der Menschen nach gutem Ruf und organisierter Gerechtigkeit ist hoffnungslos. Weißt du, an was mich das erinnert? Wenn ein Teich ausgetrocknet ist und die Fische auf dem Trockenen liegen, versuchen sie sich gegenseitig mit ihren Mäulern zu befeuchten. Aber was ihnen wirklich helfen würde, wäre einzig und allein, wenn jemand sie zurückwürfe in die Flüsse und Meere.«

Kungfutse ging nach Hause und konnte drei Monate nicht reden; in tiefes Nachdenken versunken. Dann besuchte er den Alten noch einmal. Sie saßen lange schweigend beieinander, vielleicht tranken sie Tee oder kochten sich Reis. Sie betrachteten die Pflanzen des Gartens, sahen die Sonne kommen und gehen, die Tiere aufstehen und sich schlafenlegen. Es war alles sehr still, sehr einfach und in seiner Ordnung, sehr liebevoll und sehr gerecht. Laotse lächelte, und Kungfutse sagte: »Jetzt verstehe ich es.«

TSCHUANG-TSE

Das ganze Leben

Die Sonnen des Halbschlafs sind blau wie dein Haar eine
Stunde vor Morgen.
Auch sie wachsen rasch wie das Gras überm Grab eines
Vogels.
Auch sie lockt das Spiel, das wir spielten als Traum auf den
Schiffen der Lust.
Am Kreidefelsen der Zeit begegnen auch ihnen die Dolche.

Die Sonnen des Tiefschlafs sind blauer: so war deine Locke
nur einmal.
Ich weilt als ein Nachtwind im käuflichen Schoß deiner
Schwester.
Dein Haar hing im Baum über uns, doch warst du nicht da.
Wir waren die Welt und du warst ein Gesträuch vor den
Toren.

Die Sonnen des Todes sind weiß wie das Haar unsres Kindes:
es stieg aus der Flut, als du aufschlugst ein Zelt auf der Düne.
Es zückte das Messer des Glücks über uns mit erloschenen
Augen.

PAUL CELAN

Das Glück des Menschen besteht in einem richtigen Verhältnis seiner Gemütseigenschaften und seiner Affekte; wenn eine wächst, so leiden alle anderen, daraus entstehen unzählige Mischungen. Das, was man einen großen Geist nennt, kann so gut eine Mißgeburt sein, als es ein großer Spieler ist, aber eine nützliche Mißgeburt, so waren Savage und Günther wahrhaftige Mißgeburten. Der Mann, der ruhig und vergnügt lebt, ist der eigentliche Mensch, und ein solcher Mensch wird es selten sehr weit in seiner Wissenschaft bringen, weil jede Maschine, die zu vielem nützen soll, selten zu jedem so stark nützen kann als eine, die nur allein zu einer einzigen Absicht gemacht ist. Deswegen ist es ebenso weise eingerichtet, daß wenige Leute Genie haben, als es weislich ist, daß nicht alle Leute taub oder blind sind. Newton war an Geist ein Großhändler, er konnte höher hinauflangen; die Offenbarung Johannis erklärt er schlecht, weil vielleicht dazu eine große Nase nötig war.

GEORG CHRISTOPH LICHTENBERG

Der *höhere* Mensch unterscheidet sich von dem *niederen* in Hinsicht auf die Furchtlosigkeit und die Herausforderung des Unglücks. [. . .]

Ist man über das »Warum?« seines Lebens mit sich im reinen, so gibt man dessen »Wie?« leichten Kaufs dahin. Es ist selbst schon ein Zeichen von Unglauben an Warum, an Zweck und Sinn, ein *Mangel an Willen,* wenn der Wert von Lust und Unlust in den Vordergrund tritt und hedonistisch-pessimistische Lehren Gehör finden; und Entsagung, Resignation, Tugend, »Objektivität« *können* zum mindesten schon Zeichen davon sein, daß es an der Hauptsache zu mangeln beginnt.

FRIEDRICH NIETZSCHE

Seltsamer Spazierritt

Ein Mann reitet auf seinem Esel nach Haus und läßt seinen Buben zu Fuß nebenher laufen. Kommt ein Wanderer und sagt: »Das ist nicht recht, Vater, daß ihr reitet und laßt Euern Sohn laufen; ihr habt stärkere Glieder.« Da stieg der Vater vom Esel herab und ließ den Sohn reiten. Kommt wieder ein Wandersmann und sagt: »Das ist nicht recht, Bursche, daß Du reitest und lässest Deinen Vater zu Fuß gehen. Du hast jüngere Beine.« Da saßen beide auf und ritten eine Strekke. Kommt ein dritter Wandersmann und sagt: »Was ist das für ein Unverstand: Zwei Kerle auf einem schwachen Tiere? Sollte man nicht einen Stock nehmen, und euch beide hinabjagen?« Da stiegen beide ab und gingen selbdritt zu Fuß, rechts und links der Vater und Sohn, und in der Mitte der Esel. Kommt ein vierter Wandersmann und sagt: »Ihr seid drei kuriose Gesellen. Ist's nicht genug, wenn zwei zu Fuß gehen? Geht's nicht leichter, wenn einer von euch reitet?« Da band der Vater dem Esel die vordern Beine zusammen, und der Sohn band ihm die hintern Beine zusammen, zogen einen starken Baumpfahl durch, der an der Straße stand, und trugen den Esel auf der Achsel heim.

So weit kann's kommen, wenn man es allen Leuten will recht machen.

JOHANN PETER HEBEL

Am *Vormittag* Besuch bei Onkel Wilhelm. Sie haben nun ein ernstes Gespräch über seine Studien. Bruder Heinrich wird in seinen Schwächen und Vorzügen charakterisiert. Der Lebensplan des Neffen wird festgestellt. »Prüf dich. Es ist ganz gleich, wo man im Leben steht, nur voll und ganz und freudig muß man an seiner Stelle stehn. Die Stelle selbst ist gleichgültig. Daß man die rechte Stelle trifft, darauf kommt es an. Die *rechte* Stelle ist allemal auch die gute. Was ist Glück. Es gibt *allerlei Glück*. Hundert und tausenfältiges. Es heißt nicht: Wenn du das und das Äußerliche erwischst, bist du glücklich; nein, ein Innerliches muß man erreichen, *da* liegt das Glück. Es braucht nicht einmal immer mit der Moral zu stimmen; freilich darf es sich auch nicht zu sehr in Gegensatz dazu stellen.

THEODOR FONTANE

Glück

Ich hatte Glück, Fjodor Iwanowitsch, ich wage kaum dran zu denken. Ein unheimliches Glück. Sie sehen, ich fahre in der ersten Klasse. Ich habe einen Paß, ich habe einen Titel, ich bin frei. Warum ich nicht nach Sibirien gekommen bin, verstehe ich heute noch nicht, denn es fehlte wenig, Gott weiß es, sehr wenig«, sagt er, indem er Tabak nicht in die Nase stopft, sondern in eine Charatan-Pfeife; es summt auch kein Samowar, aber es ist Winter und in der Eisenbahn, und nachdem die Pfeife endlich zieht, sagt der Reisende, indem er zum Fenster hinausschaut: »Es schneit.« Es ist aber nicht Rußland, was man da draußen sieht. »Ich hatte keinen Grund zur Eifersucht«, sagte er, als wolle jemand seine Geschichte hören, »nicht den mindesten Grund. Natascha war verheiratet, aber das wußte ich von Anfang an. Vielleicht war ich sogar froh, daß Natascha verheiratet war. Jetzt denken Sie gewiß, das gehört sich nicht, weil Natascha verheiratet war. Aber das ist heutzutage anders, Fjodor Iwanowitsch. Ihr Mann war ein stiller und sanftmütiger Mensch, sogar jünger als ich, ein gerechter und bedrückter Mensch. Mag sein, daß Natascha ihn verkannt hat. Ihretwegen aber hatte ich Weib und Kinder verlassen. Das hielt ich damals nicht für moralisch, aber es machte mich doch glücklich. Ich liebte sie, Fjodor Iwanowitsch, ich liebte Natascha.« Es ist auch niemand im Abteil, der Fjodor Iwanowitsch heißen könnte oder Wassily Wassilikow oder irgendwie, und trotzdem muß er es einmal erzählen. »Sehen Sie, ich denke selten daran, um nicht zu erschrekken, eigentlich nie«, sagt er: »Ich war damals ein erwachsener Mensch, ein geachteter Mensch sozusagen, und ich glaube, Sie haben es erraten, Fjodor Iwanowitsch, ich könnte sehr wohl ein Mörder sein!« Auch der Schaffner, der einmal vorbeikommt und ins Abteil schaut, ist offenkundig kein Russe, sondern ein Kondukteur, ein junger und rosiger Bursche mit einer roten Tasche, die um sein Knie baumelt, kein unfreundlicher Mensch, aber auch er hat keine Zeit wie einst die Menschen in den russischen Eisenbahnen, die sich halbe Romane anhörten, und nachdem er das Abteil verlassen hat, sagt der Reisende: »Aber interessiert es Sie auch wirklich?« Vorher war er im Speisewagen; da blicken sie auf den Teller oder am andern vorbei, und wenn sie dann die Rechnung beglichen haben, nicken sie vielleicht, aber dann ist es zu spät, um sagen zu können: »Ich bin ein kranker Mensch ... ein schlechter Mensch ... Ein abstoßender Mensch bin ich. Ich glaube, ich bin leberleidend.« Wer will das wissen? »Gott weiß es, ich hatte das kleine Beil schon erhoben, und Natascha saß vor mir, ich wollte sie spalten wie ein Scheit. Ich wollte es natürlich nicht, aber das Beil wollte es, das kleine Beil, Fjodor Iwanowitsch, in meiner Hand.« Das sagt man nicht in einem Speisewagen, auch nicht im Abteil, nachdem ein Herr zugestiegen ist, der kaum Gutentag sagt und seine Zeitung lesen möchte. Vielleicht heißt er Hubacher oder Vogelsanger, ein einheimischer Herr, und es war ja auch nicht in Rußland, wo das Entsetzliche stattgefunden hat, sondern in Graubünden. »Kennen Sie die Gegend von Bivio?« Das läßt sich sagen, auch wenn der andere sich dann wundert und sagt: Wieso? Es summt kein Samowar, wie gesagt, es bruzzelt nur in seiner Charatan-Pfeife. »Eine schöne Pfeife«, sagt er, »nicht wahr?« Sicher ist der Herr, der hinter seiner offenen Zeitung nicht zu sehen ist, kein schlechter Mensch; sein Mantel ist ein guter Mantel mit feinem Futter. »Ich bin ein kranker Mensch, was ich vielleicht gar nicht bin, ich bin ein lächerlicher Mensch«, sagt er draußen im Korridor: »Übrigens habe ich vorher gelogen, Fjodor Iwanowitsch. Vielleicht haben Sie es bemerkt. Nicht ihretwegen habe ich Weib und Kind verlassen. Das ist Unsinn. Sondern meinetwegen! – später habe ich ja auch Natascha verlassen – und Wassa ... Sie halten mich jetzt für einen gewissenlosen Menschen, Fjodor Iwanowitsch, aber das Gegenteil ist wahr. Sie war zu gut für mich, ich meine jetzt meine erste Frau. Ich prügelte sie nie, Gott sei mein Zeuge, aber es war ein Segen für sie, daß ich sie verlassen hatte. Heute geben alle es zu. Sie waren immer zu gut für mich, und ich mußte eines Tages erkennen, daß sie litten, Sie verstehen, früher oder später. Jedesmal gab es Geschwätz, das gleiche Geschwätz. Drum bin ich viel gereist. Heute weiß ich: Das Gegenteil ist wahr. Was heißt Gewissen! Im Gegenteil, die Frauen wurden entweder glücklicher, nachdem ich sie verlassen hatte, oder zumindest nicht unglücklicher – so viele sind es übrigens nicht gewesen, Fjodor Iwanowitsch, falls Sie das meinen ... Jetzt sind wir in Biel, glaube ich«, sagt er und verbessert sich: »Bienne.« Es schneit noch immer. Heutzutage halten die Züge nicht lange; die Reisenden können nicht aussteigen, um sich heißes Wasser zu holen, und im Speisewagen gibt es auch keinen Tee mehr, nur noch das Menü. »Ich hatte keinen Grund zur Eifersucht«, sagt er, um in seiner Erzählung fortzufahren, »denn es waren ihre Brüder ... Ich weiß nicht, wie es in jener Nacht über mich kam. Es war in einer Ski-Hütte. Sie machte also ihren Brüdern einen Glühwein, weil es kalt war, sie redete diesen ganzen Abend nur zu ihren Brüdern und die Brüder redeten nur zu ihr, denn ich gehörte nicht zur Familie. Ich fand es komisch, das heißt, ich versuchte es komisch zu finden, es war komisch, Fjodor Iwanowitsch, aber ich bin ein eitler Mensch. Denn ich konnte es nicht haben, daß Natascha ihren Brüdern verbundener wäre als mir. Bin ich ein habsüchtiger Mensch? Ich war nicht betrunken, denn sie machte ja den Glühwein für ihre Brüder; ich wollte nichts davon. Sie können sich denken, wie fröhlich es zuging. Ich sagte kein Wort, denn sie redeten jetzt nur französisch, Sie verstehen, das kam noch hinzu. Es ist lächerlich. Plötzlich haßte ich sie, beobachtete sie von der Seite und haßte sie vollkommen nüchtern. Oder so meinte ich wenigstens; tatsächlich liebte ich sie, aber ich haßte die Sippe in ihr. Die Sippe! – ich finde eine Sippe immer gemein, zum Umbringen ... Es kam über mich, als wir uns zum Schlafen legten, alle nebeneinander, Natascha und ihre Brüder und ich. Genau gesagt: Natascha zwischen ihren Brüdern und mir. Es war kalt. Ich hatte den ganzen langen Abend das Holzfeuer besorgt, aber den Glühwein machte sie für ihre Brüder. Sie schnarchten bereits, als die Wut mich packte, ich spürte, wie sie plötzlich meine Decke wegriß und mich packte wie von außen, die Wut, und wie sie mich aufsetzte im Dunkeln ... Sagte ich schon, daß ihr Bruder, der ältere, ein Offizier war? Er war der dümmere, aber Natascha wies ihn nie zurecht. Der jüngere aber war ein Tänzer, Choreograph oder so etwas, ein Artist also. Vor allem ihn bewunderte Natascha sehr – ich begriff zum ersten Mal, wer ich war: ihr Liebhaber ... Es ist wohl möglich, daß Natascha jetzt im Dunkeln fragte, ob mir unwohl sei, im Flüsterton, damit die Brüder weiter schnarchen konnten; ich hörte sie nicht. ich bin auf hohe Schulen gegangen, aber ich bin und bleibe ein primitiver Mensch. Natascha traute es mir nicht zu. Und ihre Brüder, ohne mehr zu wissen als die Tatsache, daß ich Natascha liebte, trauten es mir ebenfalls nicht zu ... Es war Winter, das sagte ich schon, und es war Nacht, ich wußte nicht wohin. Hinaus in den tiefen Schnee. Ich wollte erfrieren, Sie verstehen, während sie in der Hütte schnarchten«, sagt er und hält inne, da wieder jemand durch den engen Korridor geht. »Fjodor Iwanowitsch, glauben Sie an Gott?« fragt er, ohne eine Antwort zu erwarten: »Jetzt wäre ich schon fünfzehn Jahre in Sibirien für einen blöden Mord. Vielleicht hätte ich's gelernt. Es braucht wenig, das ist alles, was ich genau weiß. Vielleicht hätte ich gelernt, Fjodor Iwanowitsch, an die Gnade zu glauben. Jetzt glaube ich bloß an Glück«, sagt er und kratzt die Charatan-Pfeife aus, während der Herr, der Vogelsanger heißen könnte oder Bärlocher oder so, seine Ledermappe nimmt und das Abteil freigibt, nicht ohne zu nicken. »Kurz und gut«, sagt er, als er sich wieder ins gepolsterte Abteil gesetzt hat, »ich wollte also erfrieren. Ich haßte mich, Fjodor Iwanowitsch, ich schämte mich. Es war nicht kalt genug, um zu erfrieren, nur unerträglich. Sternennacht. Meine steife Leiche im Schnee am andern Morgen, das war nicht nur ein lächerlicher und niederträchtiger Vorsatz, sondern auch undurchführbar, denn ich schlotterte bloß, als es im Osten über den Bergen schon dämmerte. Natascha schlief. Sie

wußte nichts von meinem Vorsatz, niemand unter dem Sternenhimmel wußte von meiner Lächerlichkeit. Nur ich! ... Jetzt sind wir in Brugg, glaube ich«, sagt er, Blick zum Fenster hinaus, »Brugg oder Baden«. Das sind keine epischen Distanzen. »Ich langweile Sie vielleicht, Fjodor Iwanowitsch, aber Sie sind der erste Mensch, dem ich meine Geschichte erzähle ... Als ich endlich in die Hütte zurückging, dünkte ich mich vollkommen bei Sinnen, vernünftig und kalt in meinem Entschluß, lautlos meine Skier zu nehmen und in der ersten Dämmerung abzufahren ins Tal, um Natascha einen Brief zu schreiben. Auch sie war zu gut für mich. Ein Engel! ... Ich weiß ja nicht, Fjodor Iwanowitsch, ob sie es kennen, dieses Bewußtsein der Lächerlichkeit, dieses Bewußtsein der Niedrigkeit, das grimmiger ist als eine Sternennacht im Schnee, oder so empfand ich es wenigstens, als ich die Brüder über mir schnarchen hörte. Was hatten sie mir denn getan, der Offizier und der Artist?
Ihre Schwester hatte sie mit Glühwein bedient, und ich verstehe einigermaßen französisch ... Ich nahm also das kleine Beil, um Holz zu hacken, weil ich fror in meiner Lächerlichkeit nach zwei Stunden im Schnee. Ich fror in den Knochen. Ich hatte Feuer gemacht für sie, jetzt machte ich Feuer für mich. Das kracht natürlich, so ein Kloben, wenn das Beil drin stecken bleibt und wenn man den Kloben mit Beil auf den Block haut. Das Schnarchen der Sippe ließ nach. Ich freute mich jetzt, daß ich schlotterte, denn das gab mir das Recht, die Kloben zu hauen und Scheite zu machen, Brennholz, wie unsereiner das tut, nicht ohne Selbstgefährdung. Es muß lustig ausgesehen haben, aber es war gar nicht lustig, Fjodor Iwanowitsch. Als Natascha herunter kam und fragte, was ich um Gotteswillen denn mache, sagte ich: Glühwein. Sie war schläfrig und nicht so schön wie sonst, wie am ganzen Abend zuvor, und da sie schläfrig war, wurde ich deutlicher: Glühwein für mich! Dabei schämte ich mich. Ihre Vernünftigkeit, Fjodor Iwanowitsch, ihre weibliche Vernünftigkeit! – Sie kennen Natascha ja nicht. Wir liebten uns schon

drei Jahre, ich meine, sie ist die Unvernunft in Person, ein wahrer Mensch, aber jetzt ihre Vernünftigkeit um fünf Uhr morgens war aufreizend. Glühwein, schrie ich, geh weg! Natascha meinte mich zu kennen, sonst hätte sich Natascha nicht auf den Block gesetzt, als sei er dafür gemacht, Natascha in einem blauen Overall und mit offenem Haar und schlafwarm. Die Brüder, nachdem meine Hackerei sie geweckt hatte, hörten natürlich zu; sie sagte: Qu'est-ce que tu fais? Ich sagte es noch einmal: Glühwein! so mit einer Betonung, Sie kennen das, Natascha hielt es für Ulk, ich weiß nicht, oder für eine sture Rücksichtslosigkeit gegenüber den andern, nicht nur gegenüber ihren beiden Brüdern. Ich habe vergessen zu sagen, daß auch noch andere in der Hütte waren, Töchter und Söhne und was weiß ich, eine ganze Sippe, als ich sagte: Geh weg! und das kleine Beil erhob«, sagt er, »um Brennholz zu machen, Kleinholz –«, sagt er und kratzt wieder die Pfeife aus, um zu schweigen, aber dann kann er's doch nicht: »Jetzt sind wir in Schlieren«, sagt er, Blick zum Fenster hinaus: »Fjodor Iwanowitsch, haben Sie schon einen Sessel auf die Straße hinuntergeworfen? und dann noch einen und noch einen? – ich habe mich nie gebessert, sehen Sie, das war mit Wassa, das war später, ich hatte Grund zur Eifersucht und war besoffen, ein besoffenes Schwein, es waren Sessel aus Eisen, die meine Wut packte und von der Terrasse hinunterschleuderte auf die Straße, und ich wurde kein Mörder, Fjodor Iwanowitsch. Wie erklären Sie das?« Er schweigt, bis die Pfeife wieder zieht. »Sie glauben an Gott, Fjodor Iwanowitsch, sonst würden Sie nicht über mich lächeln. Sagen Sie's ehrlich, daß ich Ihnen leidtue, Fjodor Iwanowitsch, als ein dummer und oberflächlicher Mensch. Ich tue mir nicht leid ... Ich war nicht wahnsinnig, ich wußte in diesem Augenblick genau, daß alle meine Lächerlichkeit nichts zu tun hatte mit Natascha, die mich anblickte, und nichts mit ihren Brüdern, nur konnte ich das kleine Beil jetzt nicht mehr halten, obschon Natascha vor mir saß und mich anblickte. Ich glaube, ich konnte nicht einmal ihren Namen aussprechen, ihren so geliebten Namen, ich hörte bloß: Qu'est-ce que tu fais? Dann stak das kleine Beil in dem Block, sie stand daneben, ich hatte das Scheit noch in der Hand, das ich hatte spalten wollen – das war alles, Fjodor Iwanowitsch: Glück!« sagt er und blickt noch immer zum Fenster hinaus, wo die gelben Lichter einer Station vorüberfliehen: »Das war schon Altstetten«, sagt er gleichgültig, und es wird langsam Zeit, den Mantel herunterzuholen und was der Reisende sonst noch hat, nicht viel, ein kleines Paketchen, Parfum für seine Frau. Sein Mantel hat nie oder selten einen Aufhänger, so daß er ihn ins Gepäcknetz zu werfen pflegt, und als er sich umsieht, wo sein Mantel sich befinde, scheint es ihn zu verwundern, daß Fjodor Iwanowitsch gegenüber sitzt, gerade unter seinem Mantel, etwas lächelnd: »Väterchen, das ist deine ganze Geschichte?« Im Korridor drängen sich schon die Leute. »Nein«, sagt der Reisende, ohne jetzt seinen Mantel herunterzuholen, ebenfalls spöttisch: »Fjodor Iwanowitsch.« Dieser ist ein kleiner Herr, noch nicht alt, aber mit offenbar vorzeitig ergrautem krausem Haar und mit auffallend blitzenden Augen; er sitzt in einem abgetragenen, doch offenbar von einem sehr guten Schneider angefertigten Mantel mit Pelz am Kragen, Persianer, und trägt die Pelzmütze auf dem Kopf; wenn er den Mantel aufgeknöpft hat, sieht man darunter eine Poddiowka und ein russisches Hemd mit bunten Stickereiborten: »Ich heiße Posdnyschew«, sagt er, als müßte man den Namen kennen, und dann: »Darf ich Ihnen meinen Tee anbieten? Er ist allerdings sehr stark.« Der Tee, den er auf der vorletzten Station aufgebrüht hat, ist wirklich wie Bier. »Posdnyschew«, wiederholt er bitter; er spricht mit einer hüstelnden Stimme: »Väterchen, warum erzählst du nicht deine ganze Geschichte, deine wirkliche Geschichte, wenn du doch siehst, daß jemand zuhört?« Man spürt jetzt in den Füßen, daß der Zug zu bremsen beginnt. »Gut«, sagt der Reisende, »ich will's Ihnen erzählen«, als habe er den Kondukteur nicht gehört, der in jedes Abteil sagt: Zürich Hauptbahnhof, alles aussteigen! – er schweigt einen Augenblick, reibt sich das Gesicht mit den Händen und fängt an: »Wenn ich erzählen soll, muß ich alles von Anfang an erzählen. Ich muß erzählen, wo ich geboren bin und wer mich erzogen hat, wer meine Freunde gewesen sind, was ich gelernt habe und alles, was zu meiner armseligen Geschichte geführt hat –«

MAX FRISCH

Gott, was ist glücklich:
eine Grießsuppe,
eine Schlafstelle,
keine körperlichen Schmerzen –
das ist schon viel!

THEODOR FONTANE

Das Morgen im Heute lebt, es wird immer nach ihm gefragt. Die Gesichter, die sich in die utopische Richtung wandten, waren zwar zu jeder Zeit verschieden, genauso wie das, was sie darin im Einzelnen, von Fall zu Fall, zu sehen meinten. Dagegen die *Richtung* ist hier überall verwandt, ja in ihrem noch verdeckten Ziel die gleiche; sie erscheint als das einzig Unveränderliche in der Geschichte. Glück, Freiheit, Nicht-Entfremdung, Goldenes Zeitalter, Land, wo Milch und Honig fließt, das Ewig-Weibliche, Trompetensignal im Fidelio und das Christförmige des Auferstehungstags danach: es sind so viele und verschiedenwertige Zeugen und Bilder, doch alle um das her aufgestellt, was für sich selber spricht, indem es noch schweigt. Die Richtung auf dies materiell und nicht nur logisch Einleuchtende muß invariant sein; das ist an jedem Ort erkennbar, wo Hoffnung ihr Überhaupt aufschlägt und darin zu lesen versucht. Kein Zweifel allemal, und es wurde auch keiner daran gelassen: eine unerhellte, ungelenkte Hoffnung führt leicht nur abseits, denn der wahre Horizont reicht nicht über die *Erkenntnis der Realitäten,* aber gerade diese Erkenntnis, wenn anders sie marxistisch ist und nicht mechanistisch, zeigt die *Realität selber als eine – des Horizonts* und die informierte Hoffnung als eine dieser Realität gemäße. Das Ziel insgesamt ist und bleibt noch verdeckt, das Überhaupt des Willens und der Hoffnung noch ungefunden, im Agens des Existierens ist das Licht seiner Washeit, seines Wesens, seines intendierten Grundinhalts selber noch nicht aufgegangen, und doch steht das Nunc stans des treibenden Augenblicks, des mit seinem Inhalt erfüllten Strebens utopisch-deutlich voran. »Terminus«, sagte der unruhige Scholastiker Abälard, »est illa civitas, ubi non praevenit rem desiderium nec desiderio minus est praemium«, Ziel ist jene Gemeinschaft, wo die Sehnsucht der Sache nicht zuvorkommt, noch die Erfüllung geringer ist als die Sehnsucht. Das ist Sein wie Hoffnung, ist der schließlich manifestierte Was- und Wesens-Inhalt unseres strebenden Daß-Faktors, ein »Quid« pro »Quod«, das heißt ein solches Was und Wesen, daß die Intention darin aufgehoben werden mag. Gerade aber auch das menschliche Vermögen zu solch absolutem Zielbegriff ist das Ungeheure in einem Dasein, wo das Beste noch Stückwerk bleibt, wo jeder Zweck immer wieder Mittel wird, um dem noch gänzlich unsichtigen, ja an und für sich selbst noch unvorhandenen Grundziel, Endziel zu dienen. Marx bezeichnet als sein letztes Anliegen »die Entwicklung des Reichtums der menschlichen Natur«; dieser *menschliche* Reichtum wie der von *Natur* insgesamt liegt einzig in der Tendenz-Latenz, worin die Welt sich befindet – vis-à-vis de tout. Mit diesem Blick also gilt: Der Mensch lebt noch überall in der Vorgeschichte, ja alles und jedes steht noch vor Erschaffung der Welt, als einer rechten. *Die wirkliche Genesis ist nicht am Anfang, sondern am Ende,* und sie beginnt erst anzufangen, wenn Gesellschaft und Dasein radikal werden, das heißt sich an der Wurzel fassen. Die Wurzel der Geschichte aber ist der arbeitende, schaffende, die Gegebenheiten umbildende und überholende Mensch. Hat er sich erfaßt und das Seine ohne Entäußerung und Entfremdung in realer Demokratie begründet, so entsteht in der Welt etwas, das allen in die Kindheit scheint und worin noch niemand war: Heimat.

ERNST BLOCH

IV.

SPUREN

Nur, wer nicht in der Zeit,
sondern in der Gegenwart lebt,
ist glücklich.

LUDWIG WITTGENSTEIN

Wie alt bist du jetzt?« fragte Sali voll Vergnügen und Zufriedenheit, »du mußt ungefähr siebzehn sein?« »Siebzehn und ein halbes Jahr bin ich alt!« erwiderte Vrenchen, »und wie alt bist du? Ich weiß aber schon, du bist bald zwanzig!« »Woher weißt du das?« fragte Sali. »Gelt, wenn ich es sagen wollte!« »Du willst es nicht sagen?« »Nein!« »Gewiß nicht?« »Nein, nein!«: »Du sollst es sagen!« »Willst du mich etwa zwingen?« »Das wollen wir sehen!« Diese einfältigen Reden führte Sali, um seine Hände zu beschäftigen und mit ungeschickten Liebkosungen, welche wie eine Strafe aussehen sollten, das schöne Mädchen zu bedrängen. Sie führte auch, sich wehrend, mit vieler Langmut den albernen Wortwechsel fort, der trotz seiner Leerheit beide witzig und süß genug dünkte, bis Sali erbost und kühn genug war, Vrenchens Hände zu bezwingen und es in die Mohnblumen zu drücken. Da lag es nun und zwinkerte in der Sonne mit den Augen; seine Wangen glühten wie Purpur und sein Mund war halb geöffnet und ließ zwei Reihen weiße Zähne durchschimmern. Fein und schön flossen die dunklen Augenbrauen ineinander und die junge Brust hob und senkte sich mutwillig unter sämtlichen vier Händen, welche sich kunterbunt darauf streichelten und bekriegten. Sali wußte sich nicht zu lassen vor Freuden, das schlanke schöne Geschöpf vor sich zu sehen, es sein eigen zu wissen, und es dünkte ihm ein Königreich. »Alle deine weißen Zähne hast du noch!« lachte er, »weißt du noch, wie oft wir sie einst gezählt haben? Kannst du jetzt zählen?« »Das sind ja nicht die gleichen, du Kind!« sagte Vrenchen, »jene sind längst ausgefallen!« Sali wollte nun in seiner Einfalt jenes Spiel wieder erneuern und die glänzenden Zahnperlen zählen; aber Vrenchen verschloß plötzlich den roten Mund, richtete sich auf und begann einen Kranz von Mohnrosen zu winden, den es sich auf den Kopf setzte. Der Kranz war voll und breit und gab der bräunlichen Dirne ein fabelhaftes reizendes Ansehen, und der arme Sali hielt in seinem Arm, was reiche Leute teuer bezahlt hätten, wenn sie es nur gemalt an ihren Wänden hätten sehen können. Jetzt sprang sie aber empor und rief: »Himmel, wie heiß ist es hier! Da sitzen wir wie die Narren und lassen uns versengen! Komm, mein Lieber! laß uns ins hohe Korn sitzen!« Sie schlüpften hinein so geschickt und sachte, daß sie kaum eine Spur zurückließen, und bauten sich einen engen Kerker in den goldenen Ähren, die ihnen hoch über den Kopf ragten, als sie drin saßen, so daß sie nur den tiefblauen Himmel über sich sahen und sonst nichts von der Welt. Sie umhalsten sich und küßten sich unverweilt und so lange, bis sie einstweilen müde waren, aber wie man es nennen will, wenn das Küssen zweier Verliebter auf eine oder zwei Minuten sich selbst überlebt und die Vergänglichkeit alles Lebens mitten im Rausche der Blütezeit ahnen läßt. Sie hörten die Lerchen singen hoch über sich und suchten dieselben mit ihren scharfen Augen, und wenn sie glaubten, flüchtig eine in der Sonne aufblitzen zu sehen, gleich einem plötzlich aufleuchtenden oder hinschießenden Stern am blauen Himmel, so küßten sie sich wieder zur Belohnung und suchten einander zu übervorteilen und zu täuschen, soviel sie konnten. »Siehst du, dort blitzt eine!« flüsterte Sali und Vrenchen erwiderte ebenso leise: »Ich höre sie wohl, aber ich sehe sie nicht!« »Doch, paß nur auf, dort wo das weiße Wölkchen steht, ein wenig rechts davon!« Und beide sahen eifrig hin und sperrten vorläufig ihre Schnäbel auf, wie die jungen Wachteln im Neste, um sie unverzüglich aufeinander zu heften, wenn sie sich einbildeten, die Lerche gesehen zu haben. Auf einmal hielt Vrenchen inne und sagte: »Dies ist also eine ausgemachte Sache, daß jedes von uns einen Schatz hat, dünkt es dich nicht so?« »Ja«, sagte Sali, »es scheint mir auch so!« »Wie gefällt dir denn dein Schätzchen«, sagte Vrenchen, »was ist es für ein Ding, was hast du von ihm zu melden?« »Es ist ein gar feines Ding«, sagte Sali, »es hat zwei braune Augen, einen roten Mund und läuft auf zwei Füßen; aber seinen Sinn kenn ich weniger als den Papst zu Rom! Und was kannst du von deinem Schatz berichten?« »Er hat zwei blaue Augen, einen nichtsnutzigen Mund und braucht zwei verwegene starke Arme; aber seine Gedanken sind mir unbekannter als der türkische Kaiser!« »Es ist eigentlich wahr«, sagte Sali, »daß wir uns weniger kennen als wenn wir uns nie gesehen hätten, so fremd hat uns die lange Zeit gemacht, seit wir groß geworden sind! Was ist alles vorgegangen in deinem Köpfchen, mein liebes Kind?« »Ach, nicht viel! Tausend Narrenspossen haben sich wollen regen, aber es ist mir immer so trübselig ergangen, daß sie nicht aufkommen konnten!« »Du armes Schätzchen«, sagte Sali, »ich glaube aber, du hast es hinter den Ohren, nicht?« »Das kannst du ja nach und nach erfahren, wenn du mich recht lieb hast!« »Wenn du einst meine Frau bist?« Vrenchen zitterte leis bei diesem letzten Worte und schmiegte sich tiefer in Salis Arme, ihn von neuem lange und zärtlich küssend. Es traten ihr dabei Tränen in die Augen, und beide wurden auf einmal traurig, da ihnen ihre hoffnungsarme Zukunft in den Sinn kam und die Feindschaft ihrer Eltern. Vrenchen seufzte und sagte: »Komm, ich muß nun gehen!« Und so erhoben sie sich und gingen Hand in Hand aus dem Kornfeld, als sie Vrenchens Vater spähend vor sich sahen.

GOTTFRIED KELLER

Das Klima in dieser Gegend schwankt sehr: kalte Winter und schwüle Sommer, aber bei Sonnenuntergang oder auch nur im Laubschatten fing man zu frösteln an. Viel Regen; schon Anfang September oft tagelang nasser Nebel vor den viel zu kleinen Fenstern, die auch heute kaum größer gebaut werden; Wassertropfen auf den Wäscheleinen, Kröten, die vor einem im Finstern über den Weg sprangen, Mücken, Insekten, Nachtfalter sogar am Tag, unter jedem Scheit in der Holzhütte Würmer und Asseln: davon mußte man abhängig werden, anderes gab es ja nicht. Selten wunschlos und irgendwie glücklich, meistens wunschlos und ein bißchen unglücklich.

PETER HANDKE

Es begann nun eine merkwürdige Zeit. In meinem und Mathildens Leben war ein Wendepunkt eingetreten. Wir hatten uns nicht verabredet, daß wir unsere Gefühle geheim halten wollen; dennoch hielten wir sie geheim, wir hielten sie geheim vor dem Vater, vor der Mutter, vor Alfred und vor allen Menschen. Nur in Zeichen, die sich von selbst gaben, und in Worten, die nur uns verständlich waren, und die wie von selber auf die Lippen kamen, machten wir sie uns gegenseitig kund. Tausend Fäden fanden sich, an denen unsere Seelen zu einander hin und her gehen konnten, und wenn wir in dem Besitze von diesen tausend Fäden waren, so fanden sich wieder tausend, und mehrten sich immer. Die Lüfte, die Gräser, die späten Blumen der Herbstwiese, die Früchte, der Ruf der Vögel, die Worte eines Buches, der Klang der Saiten, selbst das Schweigen waren unsere Boten. Und je tiefer sich das Gefühl verbergen mußte, desto gewaltiger war es, desto drängender loderte es in dem Innern. Auf Spaziergänge gingen wir drei, Mathilde, Alfred und ich, jetzt weniger als sonst, es war, als scheuten wir uns vor der Anregung. Die Mutter reichte oft den Sommerhut und munterte auf. Das war dann ein großes, ein namenloses Glück. Die ganze Welt schwamm vor den Blicken, wir gingen Seite an Seite, unsere Seelen waren verbunden, der Himmel, die Wolken, die Berge lächelten uns an, unsere Worte konnten wir hören, und wenn wir nicht sprachen, so konnten wir unsere Tritte vernehmen, und wenn auch das nicht war, oder wenn wir stille standen, so wußten wir, daß wir uns besaßen, der Besitz war ein unermeßlicher, und wenn wir nach Hause kamen, war es, als sei er noch um ein Unsägliches vermehrt worden. Wenn wir in dem Hause waren, so wurde ein Buch gereicht, in dem unsere Gefühle standen, und das andere erkannte die Gefühle, oder es wurden sprechende Musiktöne hervorgesucht, oder es wurden Blumen in den Fenstern zusammengestellt, welche von unserer Vergangenheit redeten, die so kurz und doch so lang war. Wenn wir durch den Garten gingen, wenn Alfred um einen Busch bog, wenn er in dem Gange des Weinlaubes vor uns lief, wenn er früher aus dem Haselgebüsche war als wir, wenn er uns in dem Innern des Gartenhauses allein ließ, konnten wir uns mit den Fingern berühren, konnten uns die Hand reichen, oder konnten gar Herz an Herz fliegen, uns einen Augenblick halten, die heißen Lippen an einander drücken und die Worte stammeln: ›Mathilde, dein auf immer und auf ewig, nur dein allein, und nur dein, nur dein allein!‹

›O ewig dein, ewig, ewig. Gustav, dein, nur dein, und nur dein allein.‹

Diese Augenblicke waren die allerglückseligsten.

So war der tiefe Herbst gekommen. Wir hatten in dem Reste des Sommers ein Äußeres nicht vermißt. Mathilde und Alfred hatten immer weniger verlangt, in die Nachbarschaft zu fahren, und so war es gekommen, daß auch die Eltern weniger fuhren, und daß auch Fremde weniger zu uns kamen. Wenn sie aber da waren, wenn auch Alfred an den Spielen und Ergötzungen der Kinder Teil nahm, so war Mathilde doch teilnahmsloser als je. Sie hielt sich ferne, wie eine, die nicht hieher gehört. Auch in ihrem körperlichen Wesen war in dieser kurzen Zeit eine große Veränderung vorgegangen. Sie war stärker geworden, ihre Wangen waren purpurner, ihre Augen glänzender geworden. Alfred liebte mich sehr. Neben seinen Eltern und seiner Schwester liebte er vielleicht nichts so sehr als mich, und ich vergalt es ihm mit ganzer Seele.

Der späte Herbst war endlich dem Beginne des Winters gewichen. Wie wir sehr früh von der Stadt auf das Land gingen, so blieben wir auch sehr tief in die sinkende Jahreszeit hinein auf demselben. Alfreds Erwartung war in Erfüllung gegangen. Das Obst und die Trauben waren abgenommen worden. Auf den Zweigen der Bäume war kein Blatt mehr, und der Nebel und der Frost zogen sich durch die Gründe des Tales. Da gingen wir in die Stadt. Dort war Mathilde enger umgrenzt. Lehrer, Erziehungsstunden, Unterricht, Arbeiten drängten sich an sie heran. Ihr ganzes Wesen aber war begeisterter und getragener, und ich erschien mir reich, um vieles reicher als die Besitzer all der Häuser, der Paläste und des Glanzes der ungeheuren Stadt. Wir konnten uns nur seltener sprechen; aber wenn sie mir auf dem Gange begegnete, wenn sie mir in dem Zimmer der Mutter einige Worte sagen konnte, wenn in der Menge das Geschick uns an einander vorüberführte, oder wenn uns ein anderer günstiger Augenblick gegeben war: dann sagten mir ihre schönen Augen, dann sagten einige Worte, wie sehr wir uns liebten.

ADALBERT STIFTER

Aufs Glücklichsein
paßt das Glück
ganz einfach gar nicht auf.

ROBERT WALSER

Tage, Wochen, zwei Monate einsamen Landlebens vergingen unmerklich, wie es uns damals schien, und doch hätten die Gefühle, die Erregungen und das Glück dieser beiden Monate für ein ganzes Leben ausgereicht. Meine und seine Träume, wie unser ländliches Leben sich gestalten werde, gingen in ganz andrer Weise in Erfüllung, als wir es erwartet hatten. Aber unser Leben war nicht schlechter als unsere Träume. Von ernster Arbeit, Pflichterfüllung, Selbstverleugnung und einem Leben für andere, das ich mir in meiner Brautzeit vorgestellt hatte, war nichts zu merken; im Gegenteil: da war nur ein selbstsüchtiges Gefühl der Liebe zueinander, der Wunsch, geliebt zu werden, eine grundlose, immerwährende Fröhlichkeit und ein Vergessen von allem, was es außer uns auf der Welt gab. Allerdings zog er sich manchmal auf sein Zimmer zurück, um etwas zu arbeiten; manchmal fuhr er in Geschäften in die Stadt und sah in unserer Landwirtschaft nach dem Rechten; aber ich merkte, wie schwer es ihm fiel, sich von mir loszureißen. Und er gestand mir nachher, daß ihm alles auf der Welt, wo ich nicht war, so unsinnig vorkam, daß er nicht verstand, wie man sich damit beschäftigen konnte. Und mir ging es nicht anders. Ich las, ich befaßte mich mit Musik, mit seiner Mutter und mit der Schule, aber nur deshalb, weil diese Beschäftigungen mit ihm verbunden waren und seinen Beifall fanden; sobald aber irgendeine Tätigkeit nicht mit dem Gedanken an ihn verknüpft war, sanken mir die Arme herab, und es kam mir komisch vor, daß es außer ihm noch etwas auf der Welt geben sollte. Das war vielleicht ein schlechtes, selbstsüchtiges Gefühl, aber es machte mich glücklich und hob mich hoch über die ganze Welt hinaus. Nur er allein war für mich vorhanden, ich hielt ihn für den besten, vortrefflichsten Menschen auf Erden; daher konnte ich auch für nichts anderes leben als für ihn und lebte nur, um in seinen Augen das zu sein, wofür er mich hielt. Und er hielt mich für die vortrefflichste und schönste

Frau der Welt und meinte, daß ich mit allen erdenklichen Tugenden begabt sei; und ich bemühte mich, in den Augen des vortrefflichsten, besten Mannes auf der Welt diese Frau zu sein.

Eines Tages kam er in mein Zimmer, als ich gerade betete. Ich sah mich nach ihm um und fuhr fort zu beten. Er setzte sich an den Tisch, um mich nicht zu stören, und schlug ein Buch auf. Aber mir war, als sähe er mich an, und ich wandte mich wieder um. Er lächelte; ich fing an zu lachen und konnte nicht weiterbeten.

»Hast du schon gebetet?« fragte ich ihn.

»Ja. Laß dich nicht stören, ich gehe.«

»Aber du betest doch, hoffe ich?«

Er wollte, ohne zu antworten, hinausgehen, aber ich hielt ihn zurück.

»Bitte, mein Herz, tue es mir zuliebe, sprich mit mir die Gebete!«

Er stellte sich neben mich, ließ unbeholfen die Arme sinken und begann mit ernstem Gesicht und stockend zu beten. Hin und wieder wandte er sich zu mir und suchte Beifall und Hilfe in meinem Gesicht.

Als er zu Ende war, fing ich an zu lachen und umarmte ihn.

»Was du alles mit mir anstellst! Als ob ich wieder zehn Jahre alt wäre!« sagte er errötend und küßte mir die Hände.

Unser Haus war eines jener alten Gutshäuser, in denen mehrere Generationen eines Geschlechts in gegenseitiger Achtung und Liebe gelebt hatten. Hier roch es überall nach guten, ehrbaren Familienerinnerungen, die plötzlich, sobald ich dieses Haus betreten hatte, auch die meinen geworden waren. Die Einrichtung der Zimmer und die Ordnung im Hause wurde nach altem Herkommen von Tatjana Semjonowna bestimmt. Man konnte nicht sagen, daß alles elegant und schön gewesen wäre; aber von der Dienerschaft angefangen bis zu den Möbeln und Speisen war alles reichlich, sauber, solide, ordentlich und konnte einem Achtung einflößen. Im Salon war alles symmetrisch angeordnet – die Möbel, die

Porträts an den Wänden und die im Hause angefertigten Teppiche und Läufer. Im Diwanzimmer standen ein alter Flügel, zwei Vertikos von verschiedener Form, Sofas und Tischchen mit Messingrändern und Intarsien. In meinem Zimmer, mit dessen Einrichtung Tatjana Semjonowna sich besondere Mühe gegeben hatte, standen die besten Möbel, die aus verschiedenen Jahrhunderten stammten; unter anderem stand dort ein alter Pfeilerspiegel, den ich zuerst nicht ohne Scheu ansehen konnte, der mir aber später so teuer wurde wie ein alter Freund. Tatjana Semjonowna waltete unmerklich im Hause, aber alles ging wie ein aufgezogenes Uhrwerk, obwohl viele überflüssige Dienstboten da waren. Aber alle diese Leute, die weiche Stiefel ohne Absätze trugen – Tatjana Semjonowna hielt knarrende Sohlen und klappernde Absätze für die unangenehmsten Dinge der Welt –, alle diese Leute schienen auf ihren Beruf stolz zu sein, zitterten vor der alten Gnädigen, sahen mich und meinen Mann mit gönnerhafter Freundlichkeit an und taten ihre Arbeit anscheinend mit ganz besonderem Vergnügen. Jeden Samstag wurden die Fußböden gescheuert und die Teppiche geklopft, an jedem Monatsersten wurde ein Gottesdienst mit Wasserweihe abgehalten, an jedem Namenstag Tatjana Semjonownas, ihres Sohnes – und zum ersten Mal in diesem Herbst auch an meinem – wurden Feste für die ganze Umgegend gegeben. Und das alles war schon immer so gewesen, solange Tatjana Semjonowna zurückdenken konnte. Mein Mann kümmerte sich nicht um Haushaltsangelegenheiten, er beschäftigte sich nur mit der Landwirtschaft und den Bauern, und zwar sehr viel. Er stand sogar im Winter früh auf, so daß ich ihn nicht mehr vorfand, wenn ich erwachte. Er kam gewöhnlich zum Tee zurück, den wir allein tranken, und war um diese Zeit, nach den Mühen und Unannehmlichkeiten in der Wirtschaft, fast immer in jener besonders heiteren Stimmung, die wir das ›wilde Entzücken‹ nannten. Oft bat ich ihn, er möchte mir erzählen, was er am Morgen getan habe, und er erzählte mir dann so unsinnige Dinge, daß wir uns vor Lachen schüttelten;

manchmal verlangte ich auch einen ernsthaften Bericht, und er erstattete ihn mit unterdrücktem Lachen. Ich schaute in seine Augen, auf die sich bewegenden Lippen und verstand nichts von dem, was er sagte, ich freute mich nur, ihn zu sehen und seine Stimme zu hören. [. . .]

Es ging mir gut, aber ich meinte, daß eben alles so und nicht anders sein müsse und daß es allen Menschen so gehe, daß es aber irgendwo noch ein anderes Glück geben müsse, kein größeres, aber doch ein anderes.

So vergingen zwei Monate; der Winter kam mit seiner Kälte und seinen Schneestürmen, und obwohl mein Mann bei mir war, begann ich doch mich einsam zu fühlen; ich hatte die Empfindung, daß das Leben sich immer wiederhole, daß weder bei mir noch bei meinem Mann etwas Neues zum Vorschein komme, daß wir im Gegenteil gleichsam zum alten zurückkehrten. Er fing an, sich mehr als bisher mit seinen Angelegenheiten zu beschäftigen, ohne mit mir darüber zu sprechen, und ich hatte wiederum den Eindruck, daß es in seiner Seele eine besondere Welt gebe, in die er mich nicht einlassen wolle. Ich liebte ihn nicht weniger als vorher und fühlte mich nicht weniger als vorher durch seine Liebe beglückt; aber meine Liebe war zum Stillstand gekommen und wuchs nicht weiter, und neben der Liebe begann sich ein neues unruhiges Gefühl in mein Herz einzuschleichen. Es genügte mir nicht mehr, ihn zu lieben, nachdem ich das Glück, ihn liebzugewinnen, erfahren hatte. Was ich wünschte, war Bewegung und nicht ein ruhiges Dahinfließen des Lebens. Es verlangte mich nach Aufregungen, nach Gefahren, nach Selbstaufopferung um eines Gefühles willen. In mir war ein Überschuß von Kraft, der in unserem stillen Leben keinen Raum zur Betätigung fand. Ich hatte Anfälle von Schwermut, die ich wie etwas Schlechtes vor ihm zu verbergen suchte, und dann wieder Anfälle von ungestümer Zärtlichkeit und Heiterkeit, die ihn erschreckten. Er erkannte meinen Zustand früher als ich und schlug mir vor, in die Stadt zu ziehen; aber ich bat ihn, er möchte es nicht tun, unsere bisherige Lebensweise nicht ändern und unser Glück nicht stören. Ich war wirklich glücklich, aber dieses Glück kostete mich weder Mühe noch Opfer. Dabei besaß ich die Kraft für Mühe und Opfer, konnte sie aber nicht anwenden, und das quälte mich. Ich liebte ihn und sah, daß ich sein ein und alles war; aber ich wünschte, daß alle Menschen unsere Liebe sähen, mich in meiner Liebe irrezumachen suchten und ich ihn dennoch weiterliebte. Mein Verstand und sogar meine Gefühle waren beschäftigt; aber da war noch ein anderes Gefühl – die Jugend, das Bedürfnis, sich zu regen, das in unserem stillen Leben keine Befriedigung fand. Warum hatte er zu mir gesagt, wir könnten in die Stadt ziehen, sobald ich es nur wünschte? Hätte er mir das nicht gesagt, so hätte ich vielleicht eingesehen, daß das Gefühl, das mich peinigte, ein schädlicher Unsinn und meine eigene Schuld war und daß das Opfer, nach dem ich suchte, hier vor mir lag und in der Unterdrückung dieses Gefühls bestand. Der Gedanke, daß ich mich von meiner Schwermut befreien könnte, wenn wir in die Stadt übersiedelten, beschäftigte mich nun unwillkürlich, und gleichzeitig wollte ich ihn nicht um meinetwillen von allem losreißen, was er liebte; ich schämte mich, und er tat mir leid. Aber die Zeit ging dahin, der Schnee wehte die Mauern unseres Hauses immer mehr zu, und wir waren immer allein, und wir waren stets dieselben voreinander; dort aber, irgendwo, in Glanz und Lärm, litten und freuten sich Scharen von Menschen, ohne an uns und unser dahinfließendes Dasein zu denken. Das Schlimmste war für mich, daß ich fühlte, wie die Lebensgewohnheiten unser Dasein mit jedem Tage mehr in eine bestimmte Form zwangen, wie unser Gefühl unfrei wurde und sich dem gleichmäßigen, leidenschaftslosen Lauf der Zeit unterwarf. Morgens waren wir heiter, mittags respektvoll, abends zärtlich. ›Gutes tun! . . .‹ sagte ich zu mir selbst; ›nun ja, es ist ja ganz schön, Gutes zu tun und ehrenhaft zu leben, wie er sagt; doch dazu haben wir immer noch Zeit; aber es gibt etwas, wozu ich nur jetzt die Kraft besitze.‹ Das brauchte ich nicht, ich brauchte Kampf, ich wollte, daß das Gefühl unser Leben bestimme und nicht das Leben unser Gefühl bestimme. Ich wollte mit ihm zusammen an einen Abgrund gehen und sagen: ›Ein Schritt, und ich stürze mich hinunter, eine Bewegung, und ich bin verloren‹; und dann sollte er mich erbleichend am Rande des Abgrunds in seine starken Arme nehmen, mich über dem Abgrund halten, so daß mir das Herz zu Eis erstarrte, und mich forttragen, wohin er wollte. [. . .]

Aber wie hätte ich ihm meinen Seelenzustand schildern können? Der Umstand, daß er mich sogleich verstanden hatte, daß ich wieder wie ein kleines Kind vor ihm stand, daß ich nichts tun konnte, was er nicht verstanden und vorausgesehen hätte, steigerte meine Erregung noch mehr.

»Gar nichts habe ich gegen dich«, versetzte ich. »Ich langweile mich einfach und möchte, daß es nicht langweilig ist. Aber du sagst, daß es so sein muß, und hast wieder einmal recht.«

Bei diesen Worten sah ich ihn an. Ich hatte meine Absicht erreicht: seine Ruhe war verschwunden; Angst und Schmerz malten sich auf seinem Gesicht.

»Mascha«, begann er mit leiser, erregter Stimme, »was wir jetzt tun, ist kein Scherz. Jetzt entscheidet sich unser Schicksal. Ich bitte dich, mir nichts zu antworten und mich anzuhören. Warum willst du mich quälen?«

Aber ich unterbrach ihn.

»Ich weiß, du wirst recht haben. Sprich lieber nicht; du hast recht«, sagte ich kalt, als spräche nicht ich, sondern ein böser Geist in mir.

»Wenn du wüßtest, was du tust!« erwiderte er mit zitternder Stimme.

Ich brach in Tränen aus, und es wurde mir leichter ums Herz. Er saß neben mir und schwieg. Er tat mir leid, und ich schämte mich und ärgerte mich über das, was ich getan hatte. Ich sah ihn nicht an. Ich glaubte, er müsse mich in diesem Augenblick entweder streng oder erstaunt ansehen. Zuletzt wandte ich mich doch zu ihm hin: ich sah einen milden, zärtlichen, wie um Verzeihung bittenden Blick auf mich gerichtet. Ich nahm seine Hand und sagte:

»Verzeih mir, ich weiß selbst nicht, was ich gesagt habe.«

»Ja, aber ich weiß, was du gesagt hast, und du hast die Wahrheit gesagt.«

»Wieso?« fragte ich.

»Daß wir nach Petersburg fahren müssen«, antwortete er. »Hier können wir jetzt nichts tun.«

»Wie du willst«, sagte ich.

Er umarmte und küßte mich.

»Verzeihe du mir«, sagte er. »Ich bin schuld.«

An diesem Abend spielte ich ihm lange vor; er aber ging im Zimmer auf und ab und flüsterte vor sich hin. Er hatte die Gewohnheit, so zu flüstern; ich fragte ihn oft, was er eigentlich flüstere, und er sagte mir nach einigem Nachdenken immer, was es gewesen war: meistens waren es Verse gewesen und manchmal schrecklicher Unsinn, aber ein Unsinn, an dem ich seine Gemütsstimmung erkannte.

»Was flüsterst du jetzt?« fragte ich ihn.

Er blieb stehen, dachte einen Augenblick nach und antwortete lächelnd mit zwei Versen von Lermontow:

›Doch er, der Tor, verlangt nach Stürmen,
als brächten je die Stürme Ruh.‹

›Nein, er ist ein Übermensch; er weiß alles!‹ dachte ich. ›Wie sollte ich ihn nicht lieben!‹

Ich stand auf, faßte ihn unter den Arm und begann im gleichen Schritt mit ihm durchs Zimmer zu gehen.

»Ja?« fragte er lächelnd und sah mich an.

»Ja«, antwortete ich flüsternd, und eine heitere Stimmung kam über uns beide; unsere Augen lachten, und wir machten immer größere Schritte und gingen auf den Zehenspitzen. In diesem Schritt wanderten wir zum großen Mißvergnügen Grigorijs und zum Erstaunen der Mama, die im Salon Patience legte, durch alle Zimmer bis in das Eßzimmer; dort blieben wir stehen, sahen einander an und brachen in ein lautes Gelächter aus.

Vierzehn Tage darauf, noch vor dem Fest, waren wir schon in Petersburg.

2

Unsere Reise nach Petersburg, ein einwöchiger Aufenthalt in Moskau, die Besuche bei seinen und meinen Verwandten, die Einrichtung der neuen Wohnung, die Fahrt, die neuen Städte und die neuen Gesichter, alles das zog an mir vorüber wie ein Traum. All das war so mannigfaltig, so neu und heiter, und alles war von seiner Gegenwart und von seiner Liebe so warm und hell beleuchtet, daß das stille Landleben mir als etwas längst Vergangenes und Wertloses erschien. Eines erregte mein großes Erstaunen: statt des Stolzes und der Kälte, die ich bei den Mitgliedern der vornehmen Gesellschaft zu finden erwartet hatte, kamen mir alle mit einer so ungeheuchelten Freundlichkeit und Freude entgegen – und zwar nicht nur unsere Verwandten, sondern auch Unbekannte –, als hätten sie alle nur an mich gedacht und nur auf mich gewartet, damit ihnen wohl ums Herz werde. Ebenso überraschend war es für mich, in dem Gesellschaftskreis, den ich für den allerbesten hielt, viele Bekannte meines Mannes zu finden, von denen er mir nie erzählt hatte, und ich fühlte mich oft seltsam und unangenehm berührt, wenn ich aus seinem Munde strenge Urteile über einige dieser Menschen hörte, die mir so gut zu sein schienen. Ich konnte nicht begreifen, warum er sie so kühl behandelte und vielen Bekanntschaften aus dem Wege zu gehen suchte, die mir schmeichelhaft vorkamen. Ich meinte, je mehr gute Menschen man kenne, um so besser sei es, und sie waren alle gut. [. . .]

»Du willst am Sonnabend zu dem Rout fahren?« fragte er.

»Ich wollte es«, antwortete ich; »aber du hast es ja nicht gern. Zudem ist auch alles schon gepackt«, fügte ich hinzu.

Noch nie hatte er mich so kalt angesehen, noch nie so kalt mit mir gesprochen.

»Ich werde nicht vor Dienstag reisen und werde befehlen, die Sachen wieder auszupacken«, erwiderte er. »Daher kannst du den Rout besuchen, wenn du Lust dazu hast. Tu mir den Gefallen und fahre hin. Ich reise noch nicht ab.«

Wie immer, wenn er aufgeregt war, begann er mit ungleichmäßigen Schritten im Zimmer hin und her zu gehen und sah mich nicht an.

»Ich verstehe dich durchaus nicht«, entgegnete ich; ich blieb auf meinem Platz stehen und folgte ihm mit den Augen. »Du sagst, du seist immer so ruhig« (er hatte das niemals gesagt). »Warum sprichst du so sonderbar mit mir? Ich bin bereit, dir dieses Vergnügen zu opfern; du aber verlangst in einem ironischen Ton, in dem du noch nie mit mir gesprochen hast, daß ich es mitmachen soll.«

»Na also! Du bringst mir ein *Opfer*«, er betonte dieses Wort ganz besonders, »und ich bringe dir ein Opfer; was kann es Schöneres geben? Ein Wettstreit der Großmut! Kann man sich ein schöneres Familienglück denken?«

Es war das erste Mal, daß ich so bittere, spöttische Worte von ihm zu hören bekam. Aber sein Spott beschämte mich nicht, sondern brachte mich auf, und seine Bitterkeit erschreckte mich nicht, sondern teilte sich mir mit. Er, der in unseren Beziehungen immer die Phrasen gefürchtet hatte, er, der immer aufrichtig und natürlich war, er redete so? Wofür hatte ich das verdient? Dafür, daß ich ihm ein Vergnügen zum Opfer bringen wollte, in dem ich nichts Schlechtes sehen konnte, und dafür, daß ich ihn einen Augenblick vorher so verstanden und geliebt hatte! Wir hatten unsere Rollen vertauscht: er vermied die offenen, schlichten Worte, und ich suchte sie.

»Du hast dich sehr verändert«, sagte ich seufzend. »Was habe ich dir gegenüber verschuldet? Was du gegen mich auf dem Herzen hast, das ist nicht der Rout, sondern irgend etwas anderes, Älteres. Wozu diese Unaufrichtigkeit?

Hast du sie nicht selbst früher gefürchtet? Sage mir offen, was du gegen mich hast!« – ›Irgend etwas wird er doch sagen‹, dachte ich und erinnerte mich selbstzufrieden, daß er mir diesen ganzen Winter über keinen Vorwurf hatte machen können.

Ich trat in die Mitte des Zimmers, so daß er nahe an mir vorübergehen mußte, und sah ihn an. ›Er wird auf mich zukommen, mich umarmen, und alles wird gut sein‹, ging es mir durch den Kopf, und es tat mir sogar leid, daß ich keine Gelegenheit haben würde, ihm zu beweisen, daß er im Unrecht sei. Aber er blieb am Ende des Zimmers stehen und sah mich an.

»Du verstehst immer noch nicht?« sagte er.

»Nein.«

»Nun, dann werde ich es dir sagen. Ich habe ein Gefühl des Ekels, zum ersten Mal, und ich kann mich dieses Gefühls nicht erwehren.« Er hielt inne, sichtlich erschrocken über den scharfen Klang seiner Stimme.

»Aber was ist denn?« fragte ich mit Tränen der Entrüstung in den Augen.

»Es ist mir ekelhaft, daß der Prinz dich schön gefunden hat und daß du deswegen hinläufst, um mit ihm zusammenzutreffen, und deinen Mann und dich selbst und deine Frauenwürde vergißt und nicht verstehen willst, was dein Mann für dich empfinden muß, wenn du selbst kein Gefühl für Würde hast. Im Gegenteil, du gehst so weit, deinem Mann zu sagen, du brächtest ihm ein *Opfer*, das heißt: ›Mich Seiner Hoheit zu zeigen, wäre für mich ein großes Glück – aber ich bringe es dir zum Opfer.‹«

Je länger er sprach, um so mehr geriet er durch den Klang seiner Stimme in Hitze, und diese Stimme klang böse, hart und scharf. Ich hatte ihn nie so gesehen und nicht geglaubt, daß ich ihn je so sehen würde; das Blut strömte mir zum Herzen; ich fürchtete mich; aber gleichzeitig erregte mich das Gefühl unverdienter Kränkung und beleidigten Ehrgefühls, und ich wollte mich rächen.

»Das habe ich längst erwartet«, sagte ich. »Sprich nur weiter, sprich nur weiter!«

»Ich weiß nicht, was du erwartet hast«, fuhr er fort; »ich konnte das Schlimmste erwarten, als ich dich Tag für Tag in dem Schmutz, dem Müßiggang, dem Luxus dieser dummen Gesellschaft sah; und was ich erwartet habe, ist eingetroffen. Heute habe ich Scham und Schmerz empfunden wie nie zuvor; tiefen Schmerz, als mir deine Freundin mit ihren unsauberen Händen ans Herz griff und von meiner Eifersucht zu reden begann, von meiner Eifersucht auf wen? Auf einen Menschen, den ich nicht kenne und den du nicht kennst. Du aber willst mich wie absichtlich nicht verstehen und willst mir ein Opfer bringen, was für ein Opfer? ... Ich schäme mich für dich, schäme mich deiner Erniedrigung! ... Ein Opfer!« sagte er noch einmal.

›Ah, das ist also die Macht des Gatten!‹ dachte ich. ›Er darf die Frau, die nichts begangen hat, beleidigen und demütigen. Dazu also ist der Mann berechtigt; aber ich werde mich nicht fügen.‹

»Nein, ich werde dir kein Opfer bringen«, sagte ich und fühlte, wie sich meine Nasenflügel unnatürlich weiteten und das Blut aus meinem Gesicht wich. »Ich werde am Sonnabend den Rout besuchen, unter allen Umständen besuchen.«

»Gott schenke dir viel Vergnügen, aber zwischen uns ist alles aus!« schrie er in einem Anfall unbeherrschter Wut. »Aber du wirst mich nicht länger quälen. Ich war ein Narr, daß ich ...« begann er von neuem; aber seine Lippen fingen an zu zucken, und er beherrschte sich mit sichtbarer Anstrengung, um den begonnenen Satz nicht zu Ende zu sprechen.

Ich fürchtete und haßte ihn in diesem Augenblick. Ich wollte ihm noch vieles sagen und mich für alle Kränkungen rächen, aber wenn ich den Mund geöffnet hätte, wäre ich in Tränen ausgebrochen und hätte mich dadurch vor ihm erniedrigt. Ich verließ schweigend das Zimmer. Doch sobald ich seine Schritte nicht mehr hörte, entsetzte ich mich plötzlich vor dem, was wir getan hatten. Ich fürchtete, daß dieses Band, das mein ganzes Glück bedeutete, für immer zerreißen könnte, und wollte umkehren. ›Hat er sich aber schon genügend beruhigt, um mich zu verstehen, wenn ich ihm schweigend die Hand hinstrecke und ihn ansehe?‹ dachte ich. ›Wird er meine Großmut verstehen? Was aber, wenn er meinen Kummer Heuchelei nennt oder im Bewußtsein seines Rechts meine Reue mit stolzer Ruhe hinnimmt und mir verzeiht? Und wofür, wofür hat er, den ich so innig liebe, mich so grausam gekränkt?‹

Ich ging nicht zu ihm, sondern in mein Zimmer, wo ich lange allein saß und weinte und mir voller Entsetzen jedes einzelne Wort unseres Gesprächs ins Gedächtnis zurückrief, diese Worte durch andere ersetzte, andere, gütige Worte hinzufügte und mich dann wieder entsetzt und gekränkt an alles erinnerte, was vorgefallen war. Als ich am Abend zum Tee erschien und in Gegenwart von S., der bei uns war, mit meinem Mann zusammentraf, fühlte ich, daß sich mit dem heutigen Tag eine tiefe Kluft zwischen uns aufgetan hatte. S. fragte mich, wann wir abreisen würden. Ich fand keine Zeit, ihm zu antworten.

»Am Dienstag«, antwortete mein Mann. »Wir wollen noch den Rout bei der Gräfin R. besuchen. Du wirst doch hinfahren?« wandte er sich an mich.

Ich erschrak über den Ton dieser sonst so natürlichen Stimme und sah meinen Mann schüchtern an. Seine Augen waren gerade auf mich gerichtet, ihr Blick war böse und spöttisch, seine Stimme klang ruhig und kalt.

»Ja«, erwiderte ich.

Am Abend, als wir miteinander allein waren, trat er auf mich zu und streckte mir die Hand hin.

»Bitte, vergiß, was ich zu dir gesagt habe«, sagte er.

Ich ergriff seine Hand; ein zitterndes Lächeln überzog mein Gesicht, und Tränen traten mir in die Augen; aber er entzog mir seine Hand und setzte sich ziemlich weit von mir entfernt in einen Lehnstuhl, als befürchte er eine gefühlvolle Szene.

›Glaubt er sich wirklich immer noch im Recht?‹ dachte ich, und die beabsichtigte Erklärung und die Bitte, nicht an dem Rout teilzunehmen, gingen mir nicht über die Lippen.

»Ich muß an meine Mutter schreiben, daß wir unsere Abreise verschoben haben», sagte er, »sonst beunruhigt sie sich.«

»Wann gedenkst du denn zu reisen?« fragte ich.

»An dem Dienstag nach dem Rout«, antwortete er.

»Ich hoffe, daß du das nicht um meinetwillen tust«, sagte ich und sah ihm in die Augen; aber seine Augen sahen mich nur an, ohne mir etwas zu sagen, als wären sie mit einem Schleier verhüllt. Sein Gesicht erschien mir plötzlich alt und unangenehm.

Wir fuhren zu dem Rout, und es schienen wieder gute, freundliche Beziehungen zwischen uns zu bestehen; aber diese Beziehungen waren ganz anders als früher.

Auf dem Rout saß ich zwischen anderen Damen, als der Prinz zu mir trat, so daß ich aufstehen mußte, um mit ihm zu sprechen. Während ich aufstand, suchte ich unwillkürlich mit den Augen meinen Mann und sah, daß er vom anderen Ende des Saales her mich beobachete und sich dann abwandte. Ich war plötzlich so beschämt und traurig, daß ich schrecklich verlegen wurde und unter dem Blick des Prinzen über das ganze Gesicht und den Hals errötete. Aber ich mußte stehen bleiben und anhören, was er zu mir sagte, während er mich herablassend betrachtete. Unser Gespräch dauerte nicht lange; er konnte sich nicht neben mich setzen und fühlte wahrscheinlich, daß es mir sehr peinlich war, so mit ihm dazustehen. Das Gespräch drehte sich um den letzten Ball, und wo ich den Sommer verleben würde, und so weiter. Als er sich von mir verabschiedete, sprach er den Wunsch aus, mit meinem Mann bekannt zu werden, und ich sah, wie sie am anderen Ende des Saales zusammentrafen und sich unterhielten. Der Prinz sagte wohl etwas über mich, denn er wandte sich mitten im Gespräch lächelnd nach unserer Seite um.

Mein Mann wurde auf einmal dunkelrot, verbeugte sich

tief und ging von dem Prinzen fort. Ich errötete ebenfalls; ich schämte mich bei dem Gedanken, was für einen Begriff der Prinz von mir und besonders von meinem Mann bekommen haben mußte. Ich glaubte, daß alle meine unbeholfene Schüchternheit bemerkt hätten und auch das sonderbare Benehmen meines Mannes. Ich dachte: ›Gott weiß, wie sie das deuten mögen, und vielleicht wissen sie schon von meinem Gespräch mit meinem Mann.‹ Die Cousine brachte mich in ihrem Wagen nach Hause, und unterwegs sprach ich mit ihr über meinen Mann. Ich konnte mich nicht halten und erzählte ihr alles, was anläßlich dieses unglückseligen Routs zwischen uns vorgefallen war. Sie beruhigte mich und sagte, das sei ein völlig unbedeutendes, ganz gewöhnliches Zerwürfnis, das keinerlei Spuren hinterlassen werde; sie erklärte mir von ihrem Gesichtspunkt aus den Charakter meines Mannes und fand, daß er sehr verschlossen und stolz geworden sei. Ich stimmte ihr bei, und es schien mir, daß ich ihn besser und ruhiger beurteilen könne.

Aber nachher, als ich mit meinem Mann unter vier Augen war, lastete dieses Urteil, das ich über ihn gefällt hatte, wie ein Verbrechen auf meinem Gewissen. Ich fühlte, daß die Kluft, die uns jetzt voneinander trennte, noch größer geworden war.

3

Von diesem Tage an änderten sich unser Leben und unsere wechselseitigen Beziehungen völlig. Wir fühlten uns, wenn wir allein waren, nicht mehr so wohl wie früher. Es gab Fragen, die wir umgingen, und es fiel uns in Gegenwart eines dritten leichter zu reden als unter vier Augen. Sobald das Gespräch auf das Landleben oder auf Bälle kam, flimmerte es uns vor den Augen, und es war uns peinlich, einander anzusehen. Wir fühlten beide, an welcher Stelle sich die Kluft befand, die uns voneinander trennte, und fürchteten, ihr nahe zu kommen. Ich war davon überzeugt, daß er stolz und auffahrend sei und daß ich große Vorsicht anwenden müsse, um nicht an seine schwache Seite zu rühren. Er war der festen Meinung, ich könne ohne das gesellschaftliche Treiben nicht bestehen, das Landleben sage mir nicht zu und er müsse sich diesem unglücklichen Geschmack fügen. Und wir vermieden beide eine offene Aussprache über diese Dinge und beurteilten einander völlig falsch. Wir hatten schon längst aufgehört, die vollkommensten Menschen auf der Welt füreinander zu sein, stellten Vergleiche mit anderen an und verurteilten einander im stillen. Vor der Abreise erkrankte ich, und statt aufs Land zu fahren, bezogen wir eine Sommerwohnung, von wo aus mein Mann allein zu seiner Mutter reiste. Als er wegfuhr, war ich schon so weit wiederhergestellt, daß ich hätte mit ihm fahren können; aber er überredete mich zu bleiben, scheinbar aus Besorgnis um meine Gesundheit. Ich fühlte, daß er nicht um meine Gesundheit besorgt war, sondern daß er fürchtete, das Leben auf dem Lande werde uns belasten; deshalb bestand ich nicht darauf mitzukommen und blieb da. Während seiner Abwesenheit war mir leer und einsam zumute, aber als er wiederkam, sah ich, daß er mein Leben nicht mehr in der Weise bereicherte wie vorher. Unsere früheren Beziehungen, da jeder Gedanke, jeder Eindruck, den ich ihm nicht mitteilte, wie ein Verbrechen auf meiner Seele lastete, da jede seiner Handlungen, jedes seiner Worte mir als Inbegriff der Vollkommenheit erschien, da wir vor Freude lachten, wenn wir uns ansahen – diese Beziehungen gingen so unmerklich in andere über, daß wir kaum fühlten, daß sie nicht mehr bestanden. Jeder von uns hatte nun seine eigenen Interessen und Sorgen, und wir bemühten uns nicht mehr, sie gemeinsam zu haben. Wir grämten uns auch nicht mehr darüber, daß jeder von uns seine besondere, dem andern fremde Welt hatte. Wir gewöhnten uns an diesen Gedanken, und nach einem Jahre flimmerte es uns nicht mehr vor den Augen, wenn wir einander ansahen. Verschwunden waren seine Anfälle von Heiterkeit, seine kindliche Ausgelassenheit, verschwunden seine alles verzeihende Nachsicht und seine Gleichgültigkeit gegen alles, die mich früher so aufgeregt hatte, verschwunden war der tiefe Blick, der mich früher verwirrt und gefreut hatte, es gab keine gemeinsamen Gebete und Schwärmereien mehr; wir sahen uns nicht sehr oft, er war beständig in Geschäften unterwegs und fürchtete und bedauerte nicht, mich allein zu lassen; ich war immer in Gesellschaft, wobei ich ihn nicht brauchte.

Es gab keine Szenen und Zerwürfnisse mehr zwischen uns, ich bemühte mich, ihn zufriedenzustellen, er erfüllte alle meine Wünsche, und es sah aus, als liebten wir einander.

Wenn wir allein waren, was selten vorkam, empfand ich in seiner Gegenwart weder Freude noch Erregung oder Verwirrung; es war, als sei ich mit mir selbst allein. Ich wußte sehr wohl, daß er mein Mann war, nicht irgendein neuer, unbekannter Mensch, sondern ein guter Mensch – mein Mann, den ich kannte wie mich selbst. Ich war davon überzeugt, daß ich alles wisse, was er tun und sagen und wie er eine Sache ansehen werde: und wenn er anders handelte oder anderer Ansicht war, als ich erwartet hatte, so glaubte ich, daß er es sei, der sich geirrt habe. Ich erwartete nichts von ihm. Kurz, er war mein Mann und weiter nichts. Ich glaubte, daß es so sein müsse, daß es keine anderen Beziehungen zwischen Eheleuten gebe und daß auch zwischen uns nie andere Beziehungen bestanden hätten. Wenn er verreiste, fühlte ich mich, namentlich in der ersten Zeit, einsam; es war mir ängstlich zumute; es kam mir in seiner Abwesenheit stärker zum Bewußtsein, was er als Stütze für mich zu bedeuten hatte; wenn er wiederkam, fiel ich ihm voller Freude um den Hals; aber nach zwei Stunden hatte ich diese Freude schon wieder vollständig vergessen und wußte nichts mehr mit ihm zu reden. Nur in Augenblicken stiller, maßvoller Zärtlichkeit, die ab und zu zwischen uns vorkamen, schien es mir, daß etwas nicht so sei, wie es sein sollte, daß ich einen Schmerz im Herzen spürte; und in seinen Augen glaubte ich dasselbe zu lesen. Ich fühlte die Grenze der Zärtlichkeit, über die er jetzt anscheinend nicht hinausgehen wollte und über die ich nicht hinausgehen konnte. Manchmal stimmte mich das traurig; aber ich hatte keine Zeit, über irgend etwas lange nachzudenken, und versuchte diese Trauer über eine unklar empfundene Veränderung in Zerstreuungen zu vergessen, die stets für mich bereit waren. Das gesellschaftliche Leben, das mich anfangs durch seinen Glanz berauscht und meiner Eitelkeit geschmeichelt hatte, bemächtigte sich meiner Neigungen bald vollständig, wurde mir zur Gewohnheit, legte mir seine Fesseln an und nahm in meiner Seele allen Raum ein, der den Gefühlen vorbehalten sein sollte. Ich blieb nie mehr mit mir allein und fürchtete mich, über meine Lage tiefer nachzudenken. Meine ganze Zeit, vom späten Morgen bis zum späten Abend, war besetzt und gehörte nicht mir, selbst wenn ich einmal nicht ausfuhr. Diese Lebensweise war mir bereits weder vergnüglich noch langweilig, sondern es schien mir, als müsse es immer so und nicht anders sein.

So vergingen drei Jahre, in deren Verlauf unser Verhältnis dasselbe blieb, als wäre es stehengeblieben, erstarrt und könnte weder schlechter noch besser werden. [...]

»Laß uns nach Hause fahren, nach Rußland, meinetwegen gleich morgen.«

Er sah mich ziemlich lange schweigend und prüfend an.

»So erzähle doch, was dir begegnet ist«, sagte er.

Ich errötete unwillkürlich und schlug die Augen nieder. Seine Augen blitzten zornig und gekränkt. Ich erschrak über die Gedanken, die ihm gekommen sein mochten, und sagte mit einer Fähigkeit der Verstellung, die ich mir selbst nicht zugetraut hätte:

»Nichts ist mir begegnet; es ist mir einfach langweilig und bange geworden so allein, und ich habe viel über unser Leben und über dich nachgedacht. Ich habe mir schon längst deinetwegen Vorwürfe gemacht! Warum fährst du mit mir hierher, wo es dir nicht gefällt? Schon längst habe ich mir deinetwegen Vorwürfe gemacht«, sagte ich noch einmal, und wieder kamen mir die Tränen in die Augen. »Laß uns auf unser Gut fahren, und zwar für immer.«

»Ach, liebes Kind, erspare mir solche gefühlvollen Szenen«, sagte er kalt. »Daß du aufs Land willst, ist prächtig, weil wir wenig Geld haben, aber wenn du sagst: ›für immer‹, so ist das ein Hirngespinst. Ich weiß, daß du das Leben dort auf die Dauer nicht aushältst. Trink jetzt eine Tasse Tee; das wird das beste sein«, schloß er und stand auf, um dem Kellner zu klingeln.

Ich stellte mir alles vor, was er möglicherweise von mir dachte, und ich fühlte mich beleidigt durch die furchtbaren Gedanken, die ich ihm zuschrieb, als ich seinen ungläubigen und wie von Scham erfüllten Blick auf mir ruhen fühlte. ›Nein, er will und kann mich nicht verstehen!‹ Ich sagte, ich wolle nach dem Kind sehen, und ging hinaus. Ich hatte das Verlangen, allein zu sein und zu weinen, zu weinen, zu weinen . . .

4

Das seit langer Zeit nicht mehr geheizte Haus in Nikolskoje war wieder von Leben erfüllt, aber das, was darin gelebt hatte, erwachte nicht wieder. Mama war nicht mehr da, und wir waren allein miteinander. Aber jetzt verlangten wir kein Alleinsein mehr, im Gegenteil, es war uns peinlich. Der Winter verlief für mich um so schlechter, als ich krank war und mich erst nach der Geburt meines zweiten Sohnes wieder erholte. Mein Verhältnis zu meinem Mann blieb dasselbe kühlfreundliche wie zur Zeit unseres Aufenthaltes in der Stadt; aber auf dem Lande erinnerte mich jede Diele, jede Wand, jedes Sofa an das, was früher gewesen war und was ich verloren hatte. Es war, als stände eine unverziehene Beleidigung zwischen uns; es war, als bestrafte er mich für etwas und gäbe sich den Anschein, es selbst nicht zu bemerken. Ich hatte keinen Grund, ihn um Verzeihung zu bitten, ihn um Gnade anzuflehen: er bestrafte mich nur dadurch, daß er mir nicht sein ganzes Selbst, seine ganze Seele hingab, wie er es früher getan hatte; aber er gab sie auch keinem andern hin, gerade als ob er keine Seele mehr hätte. Manchmal kam mir der Gedanke, daß er sich nur verstellte, um mich zu quälen, daß das frühere Gefühl aber noch in ihm lebendig sei, und ich bemühte mich, es wachzurufen. Aber er wich jedesmal einer offenen Aussprache aus, als verdächtige er mich der Heuchelei und fürchte jede Gefühlsäußerung als etwas Lächerliches. Sein Blick und sein Ton sagten: ›Ich weiß, ich weiß alles, du brauchst mir nichts zu sagen. Ich weiß schon im voraus, was du sagen wirst, ich weiß auch, daß du anders sprechen als handeln wirst.‹ Anfangs kränkte mich diese Furcht vor einer offenen Aussprache, dann aber gewöhnte ich mich an den Gedanken, daß ihm eben das Bedürfnis, offen zu sein, fehlte. Ich selbst hätte jetzt die Zunge nicht bewegen können, wenn ich ihm hätte sagen wollen, daß ich ihn liebte, wenn ich ihn hätte bitten wollen, mit mir zu beten oder meinem Klavierspiel zuzuhören. In unseren Beziehungen waren bereits gewisse Anstandsregeln zu fühlen. Jeder von uns lebte für sich, er mit seiner Arbeit, an der ich nicht mehr teilnehmen wollte, ich in meinem Müßiggang, der ihn nicht mehr ärgerte und betrübte wie früher. Die Kinder waren noch zu klein und konnten uns noch nicht verbinden.

Aber dann kam der Frühling. Katja und Sonja zogen für den Sommer auf das Land; unser Haus in Nikolskoje sollte umgebaut werden, und so siedelten wir nach Pokrowskoje über. Es war noch dasselbe alte Haus mit seiner Veranda, mit dem Ausziehtisch und dem Klavier in dem hellen Saal, mit meinem früheren Zimmer mit den weißen Gardinen und meinen dort vergessenen Mädchenträumen. In diesem Zimmer standen zwei Betten; in dem einen, das ehemals mir gehört hatte, bekreuzigte ich abends den bloßgestrampelten dicken Kokoschka, in dem anderen, kleineren schaute Wanjas Gesichtchen aus den Windeln hervor. Wenn ich sie bekreuzigt hatte, blieb ich oft mitten in dem hellen Zimmerchen stehen, und plötzlich lösten sich aus allen Ecken, von den Wänden, von den Vorhängen die alten, vergessenen Phantasiegebilde der Jugend, und alte Stimmen begannen Mädchenlieder zu singen. Und wo waren diese Phantasiegebilde? Wo waren diese lieben, süßen Lieder? Alles, was ich kaum zu hoffen gewagt hatte, hatte sich verwirklicht. Die unklaren, verschwommenen Träumereien waren Wirklichkeit geworden; aber diese Wirklichkeit war ein schweres, drückendes, freudloses Leben geworden. Und doch war alles noch ebenso wie früher: da sah man denselben Garten durch das Fenster; da war derselbe Rasenplatz, derselbe Weg, dieselbe Bank dort oberhalb der Schlucht, dieselben Nachtigallenlieder klangen vom Teich herüber, derselbe Flieder stand in voller Blüte, und derselbe Mond leuchtete über dem Haus; und dennoch hatte sich alles so furchtbar, so unglaubhaft verändert! So kalt war alles, was so teuer und vertraut hätte sein können!

Wie in alter Zeit sitze ich mit Katja im Salon, wir sprechen leise und sprechen über ihn. Aber Katja ist runzlig und gelb geworden, ihre Augen leuchten nicht mehr in Freude und Hoffnung, sondern drücken Trauer und Mitgefühl aus. Wir sind nicht mehr entzückt von ihm wie früher, wir kritisieren ihn, wir wundern uns nicht mehr, warum und weshalb wir so glücklich sind, und wir wollen nicht mehr wie früher aller Welt erzählen, was wir denken; wir flüstern miteinander wie Verschwörerinnen und fragen uns zum hundertsten Mal, warum sich alles so traurig verändert hat. Auch er ist immer noch derselbe, nur die Falte zwischen seinen Augenbrauen ist tiefer geworden, er hat mehr graue Haare an den Schläfen, aber der tiefe, aufmerksame Blick ist mir immer wie durch eine Wolke verschleiert. Auch ich bin noch dieselbe, aber in mir ist keine Liebe mehr und kein Verlangen nach Liebe, kein Bedürfnis nach Tätigkeit und keine Zufriedenheit mit mir selber. Und wie fern und unmöglich erscheinen mir das frühere fromme Entzücken, die frühere Liebe zu ihm, die frühere Fülle des Lebens! Ich hätte jetzt das, was mir früher so einfach und richtig erschien, nicht begriffen: das Glück, für einen andern zu leben. Warum sollte man für einen andern leben, wenn man nicht einmal für sich selbst leben wollte.

Die Musik hatte ich seit der Zeit, da wir nach Petersburg gezogen waren, vollständig aufgegeben; aber jetzt erweckten das alte Klavier und die alten Noten wieder mein Interesse.

Eines Tages fühlte ich mich nicht ganz wohl und blieb allein zu Hause, während Katja und Sonja mit ihm zusammen nach Nikolskoje gefahren waren, um den Neubau anzusehen. Der Teetisch war gedeckt; ich ging hinunter und setzte mich in Erwartung der drei ans Klavier. Ich schlug die Sonate ›Quasi una fantasia‹ auf und begann zu spielen. Niemand war zu hören und zu sehen; die Fenster nach dem Garten waren geöffnet, und die wohlbekannten, ernstfeierlichen Töne erfüllten das Zimmer. Ich hatte den ersten Satz beendet und sah mich ganz unbewußt aus alter Gewohnheit nach der Ecke um, in der er früher immer gesessen und mir zugehört hatte. Aber er war nicht da; der Stuhl, der schon lange nicht vom Fleck gerückt worden war, stand in seiner Ecke; durch das Fenster sah ich einen Fliederstrauch gegen den hellen Sonnenuntergang, und die frische Abendluft strömte durch die offenen Fenster herein. Ich stützte die Ellbogen auf das Klavier, bedeckte das Gesicht mit beiden Händen und versank in Gedanken. So saß ich lange da, gedachte voller Schmerz des Vergangenen, Unwiederbringlichen und dachte zaghaft an Neues. Aber mir war, als hätte ich nichts mehr vor mir, als wünschte und hoffte ich nicht mehr. ›Bin ich wirklich schon mit dem Leben fertig?‹ dachte ich, hob erschrocken den Kopf, und um zu vergessen und nicht zu denken, begann ich wieder zu spielen, und zwar noch einmal dasselbe Andante. ›Mein Gott‹, dachte ich, ›vergib mir, wenn ich schuldig bin, oder gib mir alles zurück, was so schön in meiner Seele war, oder lehre mich, was ich tun soll, wie ich jetzt leben soll!‹

Auf dem Rasen und vor der Auffahrt hörte man Räderrollen, dann erklangen behutsame, wohlbekannte Schritte auf der Veranda und verhallten. Aber in meiner Seele regte sich nicht mehr das frühere Gefühl als Antwort auf den Klang dieser wohlbekannten Schritte. Als ich geendet hatte, hörte ich die Schritte hinter mir, und eine Hand legte sich auf meine Schulter.

»Sehr nett von dir, daß du diese Sonate gespielt hast«, sagte er.

Ich schwieg.

»Du hast noch nicht Tee getrunken?«

Ich schüttelte verneinend den Kopf und sah mich nicht nach ihm um, damit er die Spuren der Erregung, die auf meinem Gesicht zurückgeblieben waren, nicht sähe.

»Sie werden gleich kommen«, sagte er, »das Pferd ist unruhig geworden, und da sind sie ausgestiegen und kommen von der Landstraße zu Fuß her.«

»Wir wollen auf sie warten«, antwortete ich und ging auf die Veranda hinaus, in der Hoffnung, er werde mir folgen; aber er fragte nach den Kindern und ging zu ihnen. Seine Gegenwart, seine schlichte, gütige Stimme schienen mich davon überzeugen zu wollen, daß ich nichts verloren hätte. Was konnte ich noch wünschen? Er war gut, sanft, ein guter Gatte, ein guter Vater, ich wußte selber nicht, was mir noch fehlte.

Ich setzte mich unter der Markise der Veranda auf dieselbe Bank, auf der ich an unserem Verlobungstag gesessen hatte. Die Sonne war schon untergegangen, es begann zu dämmern, eine dunkle Frühlingswolke hing über dem Haus und dem Garten; nur zwischen den Bäumen hindurch war der reine Horizont mit der erlöschenden Abendröte und dem soeben aufleuchtenden Abendstern zu sehen. Über allem lag der Schatten der leichten Wolke, und alles wartete auf einen stillen Frühlingsregen. Der Wind hatte sich gelegt, kein Blatt, kein Hälmchen bewegte sich, der Duft des Flieders und des Faulbaums erfüllte den Garten und die Veranda so stark, als blühe die ganze Luft; bald schwächere, bald stärkere Duftwellen glitten auf mich zu, so daß ich am liebsten die Augen geschlossen hätte, um nichts zu empfinden als diesen süßen Geruch. Die Georginen und Rosenstöcke, noch ohne Blüten ragten unbeweglich auf ihren umgegrabenen, schwarzen

Beeten in die Höhe und schienen langsam an ihren weißen, abgeschälten Stützstäben hinaufzuwachsen; die Frösche in der Schlucht quakten durchdringend und aus Leibeskräften, als spürten sie den kommenden Regen, der sie ins Wasser treiben würde. Nur ein dünnes, ununterbrochenes Rieseln von fließendem Wasser schwebte über diesem Geschrei. Die Nachtigallen riefen einander zu, und man hörte, wie sie unruhig von einem Ort zum andern flogen. Auch in diesem Frühling nistete eine von ihnen wieder in dem Gebüsch unter dem Fenster, und als ich hinaustrat, hörte ich, wie sie nach der anderen Seite der Allee hinüberflog, dort einmal schlug und dann verstummte; auch sie wartete wie ich. Vergebens suchte ich mich zu beruhigen; ich erwartete etwas und beklagte etwas.

Er kam von oben zurück und setzte sich neben mich.

»Ich fürchte, unsere beiden Damen werden noch naß werden«, sagte er.

»Ja«, erwiderte ich, und wir schwiegen beide lange.

Die Wolke senkte sich, ohne daß der Wind sie bewegte, immer tiefer herab, alles wurde still und regungslos, der Duft stärker, und plötzlich fiel ein Tropfen und sprang auf der Leinenmarkise über der Terrasse in die Höhe; ein zweiter zersprühte auf dem Kies des Weges, es begann auf den Huflattich zu klatschen, und ein dichter, frischer, immer stärker werdender Regen ging nieder. Die Nachtigallen und Frösche waren ganz verstummt; nur das leise Wasserrauschen, das jetzt im Regen ferner schien, klang durch die Luft, und ein Vogel, der sich wahrscheinlich unweit der Veranda im trockenen Laub versteckt hatte, ließ gleichmäßig seine zwei einförmigen Töne erklingen. Mein Mann stand auf und wollte weggehen.

»Wo willst du hin?« fragte ich, ihn zurückhaltend. »Es ist doch so schön hier.«

»Ich muß ihnen einen Regenschirm und Überschuhe entgegenschicken«, antwortete er.

»Das ist nicht nötig, es geht gleich vorüber.«

Er stimmte mir zu, und wir blieben zusammen am Geländer der Veranda stehen. Ich stützte mich mit dem Arm auf den schlüpfrigen, nassen Querbalken und streckte den Kopf hinaus. Der frische Regen benetzte mir ungleichmäßig die Haare und den Hals. Die Wolke ergoß sich über uns und wurde heller und durchsichtiger, das gleichmäßige Rauschen des Regens wurde von einzelnen Tropfen abgelöst, die von oben und von den Blättern herabfielen. Die Frösche unten begannen wieder zu quaken, die Nachtigallen regten sich und riefen einander aus dem nassen Gebüsch zu, bald auf dieser, bald auf jener Seite. Alles war vor unseren Augen hell geworden.

»Wie schön!« sagte er, setzte sich auf das Geländer und strich mit der Hand über meine nassen Haare.

Diese einfache Liebkosung wirkte wie ein Vorwurf auf mich; ich hätte am liebsten geweint.

»Was braucht der Mensch noch mehr?« fuhr er fort. »Ich bin jetzt so zufrieden, daß ich mir nichts mehr wünsche, ich bin vollkommen glücklich!«

›Früher hast du anders über das Glück mit mir gesprochen‹, dachte ich. ›So groß es auch war – du sagtest, daß du immer und immer noch etwas wünschtest. Aber jetzt bist du ruhig und zufrieden, während meine Seele voll ist von unausgesprochener Reue und unausgeweinten Tränen.‹

»Auch mir ist wohl«, sagte ich, »aber es stimmt mich traurig, daß alles, was vor meinen Augen liegt, so schön ist. In meinem Innern ist es so verworren und leer, immer wünsche ich mir noch etwas, während hier alles so schön und ruhig ist. Mischt sich nicht auch bei dir in den Naturgenuß eine Art von Wehmut, als ob du dich nach etwas Vergangenem sehntest?«

Er nahm die Hand von meinem Kopf und schwieg eine Weile. »Ja, früher ist es mir auch so gegangen, besonders im Frühling«, sagte er, als erinnerte er sich jetzt daran. »Ich habe auch nächtelang wach gesessen, gewünscht und gehofft, und es waren schöne Nächte ... Aber damals hatte ich alles noch vor mir, während jetzt alles hinter mir liegt. Jetzt bin ich mit dem zufrieden, was ist, und das ist wunderbar«, schloß er so überzeugt und lässig, daß ich glauben mußte, er spräche die Wahrheit, so weh es mir auch tat, das zu hören.

»Und du wünschst nichts weiter?« fragte ich.

»Nichts Unmögliches«, antwortete er; er erriet offenbar mein Gefühl. »Du machst dir den Kopf naß«, fügte er hinzu, indem er mir wie einem Kind noch einmal liebkosend mit der Hand über das Haar strich. »Du beneidest die Blätter und das Gras darum, daß der Regen sie netzt, und möchtst am liebsten das Gras und die Blätter und der Regen sein. Ich aber freue mich nur über sie wie über alles in der Welt, was schön und jung und glücklich ist.«

»Und tut es dir nicht um das Vergangene leid?« fuhr ich fort und fühlte, daß mir immer schwerer ums Herz wurde.

Er wurde nachdenklich und schwieg wieder eine Weile. Ich sah, daß er mir eine vollkommen aufrichtige Antwort geben wollte.

»Nein!« anwortete er kurz.

»Das ist nicht wahr, das ist nicht wahr!« rief ich, wandte mich nach ihm um und sah ihm in die Augen. »Du grämst dich nicht um das Vergangene?«

»Nein!« sagte er noch einmal. »Ich bin dankbar dafür, daß ich es gehabt habe, aber ich trauere ihm nicht nach.«

»Und möchtest du es nicht zurückrufen?« fragte ich.

Er wandte sich ab und blickte in den Garten.

»Ich wünsche es nicht, ebenso wie ich nicht wünsche, daß mir Flügel wüchsen«, erwiderte er. »Es ist unmöglich!«

»Und findest du keine Fehler in der Vergangenheit? Machst du dir oder mir keinen Vorwurf?«

»Durchaus nicht. Alles hat zum besten gedient.«

»Höre«, sagte ich und berührte seine Hand, damit er mich ansähe. »Höre, warum hast du mir denn nie gesagt, daß du wünschst, ich solle so leben, wie du es willst, warum hast du mir eine Freiheit gelassen, die ich nicht zu gebrauchen verstand, warum hast du aufgehört, mich zu unterweisen? Wenn du gewollt hättest, wenn du mich anders geleitet hättest, so wäre nichts, nichts geschehen«, sagte ich mit einer Stimme, in der kalter Unwille und bitterer Vorwurf immer stärker zum Ausdruck kamen, aber nicht die frühere Liebe.

»Was wäre nicht geschehen?« fragte er, sich erstaunt zu mir wendend; »es ist doch auch so nichts geschehen. Alles ist ja gut. Sehr gut«, fügte er lächelnd hinzu.

›Versteht er mich wirklich nicht, oder, was noch schlimmer wäre, will er mich nicht verstehen?‹ dachte ich, und Tränen traten mit in die Augen.

»Es wäre nicht geschehen, daß ich durch deine Gleichgültigkeit, ja Verachtung gestraft würde, obwohl ich mir dir gegenüber nichts zuschulden kommen ließ«, brach es plötzlich aus mir hervor. »Es wäre nicht geschehen, daß du mir ohne jedes Verschulden meinerseits plötzlich alles genommen hast, was mir teuer war.«

»Was redest du da, liebes Kind!« sagte er, als hätte er nicht verstanden, was ich gesagt hatte.

»Nein, laß mich alles sagen . . . Du hast mir dein Vertrauen entzogen, deine Liebe, sogar deine Achtung; denn ich glaube nicht, daß du mich jetzt liebst, nach allem, was früher gewesen ist. Nein, ich muß einmal alles aussprechen, was mich schon lange quält.« Er wollte mich unterbrechen, aber ich ließ ihn nicht zu Worte kommen. »Ist es denn meine Schuld, daß ich das Leben nicht kannte und du mich meinen Weg allein suchen ließest? Ist es denn meine Schuld, daß jetzt, wo ich selbst eingesehen habe, was nötig ist, und wo ich mich seit fast einem Jahr abmühe, zu dir zurückzukehren, du mich zurückstößt, als verstündest du nicht, was ich will, und immer so, daß man dir keinen Vorwurf machen kann und ich als die Schuldige dastehe und unglücklich bin! Ja, du willst mich wieder in jenes Leben stoßen, das mein und dein Unglück werden könnte.«

»Aber wodurch habe ich dir das gezeigt?« fragte er mit aufrichtigem Schrecken und Erstaunenen.

»Hast du nicht erst gestern gesagt und sagst du nicht unaufhörlich, daß ich mich hier nicht einleben könnte und daß wir im Winter wieder nach Petersburg fahren müssen, das mir verhaßt ist?« fuhr ich fort. »Statt mir zu helfen, vermeidest du jede offene Aussprache, jedes aufrichtige, zärtliche Wort mir gegenüber. Und später, wenn ich ganz gefallen sein werde, wirst du mir Vorwürfe machen und dich über meinen Fall freuen.«

»Halt, halt!« sagte er in strengem, kaltem Ton. »Was du da gesagt hast, ist nicht gut. Es beweist nur, daß du nicht gut auf mich zu sprechen bist, daß du mich nicht ...«

»Daß ich dich nicht liebe? Sprich es nur aus, sprich es nur aus!« unterbrach ich ihn, und Tränen strömten mir aus den Augen. Ich saß auf der Bank und bedeckte mein Gesicht mit dem Taschentuch.

›So hat er mich also verstanden!‹ dachte ich und bemühte mich, das Schluchzen zu unterdrücken, das mich zu ersticken drohte. ›Unsere frühere Liebe ist aus, ganz aus‹, sagte eine Stimme in meinem Herzen. ›Er trat nicht zu mir, er tröstete mich nicht. Er war über meine Worte gekränkt. Seine Stimme klang kalt und ruhig.‹

»Ich weiß nicht, was du mir zum Vorwurf machst«, begann er; »wenn es das ist, daß ich dich nicht mehr so liebe wie früher ...«

»Liebe!« murmelte ich in mein Taschentuch, und bittere Tränen näßten es noch mehr.

»... so ist die Zeit daran schuld und wir selber. Jede Zeit hat ihre eigene Art von Liebe ...« Er schwieg einen Augenblick. »Und soll ich dir die volle Wahrheit sagen, wenn du schon eine offene Aussprache wünschst? Wie ich in jenem Jahr, wo ich dich erst ganz kennenlernte, die Nächte in Gedanken an dich schlaflos verbrachte und selbst der Schöpfer meiner Liebe war und diese Liebe in meinem Herzen wuchs und wuchs, so habe ich auch in Petersburg und im Ausland furchtbare Nächte hindurch nicht geschlafen und diese Liebe, die mir eine Qual geworden war, zerstören, vernichten wollen. Aber ich habe nicht die Liebe selbst vernichtet, sondern nur das, was mich peinigte; ich habe mich beruhigt und liebe trotz allem, aber mit einer anderen Liebe.«

»Ja, du nennst das Liebe, aber es ist eine Qual«, erwiderte ich. »Warum hast du mir erlaubt, an dem gesellschaftlichen Leben teilzunehmen, wenn es dir so schädlich schien, daß du seinetwegen aufgehört hast, mich zu lieben?«

»Nicht wegen des gesellschaftlichen Lebens, liebes Kind«, sagte er.

»Warum hast du deine Macht nicht gebraucht«, fuhr ich fort, »mich nicht gebunden, nicht getötet? Das wäre für mich jetzt besser, als daß mir alles genommen ist, was mein Glück ausmachte; dann wäre mir wohl, und ich brauchte mich nicht zu schämen.«

Ich fing wieder an zu schluchzen und verhüllte mein Gesicht. In diesem Augenblick kamen Katja und Sonja, höchst vergnügt und naß, laut redend und lachend auf die Veranda; aber als sie uns erblickten, verstummten sie und gingen sogleich wieder weg.

Wir schwiegen lange, als sie gegangen waren. Ich hatte mich ausgeweint, und es war mit leichter ums Herz. Ich sah ihn an. Er saß da, den Kopf in die Hand gestützt, und wollte als Antwort auf meinen Blick etwas sagen; aber er seufzte nur schwer und stützte den Kopf wieder in die Hand.

Ich trat zu ihm und nahm seine Hand. Sein Blick wandte sich nachdenklich zu mir.

»Ja«, sagte er, als setzte er seine Gedanken fort, »wir alle, und besonders ihr Frauen, müssen erst selbst den ganzen Unsinn des Lebens durchmachen, um zum richtigen Leben zurückzukehren; einem andern wollen wir nicht glauben. Du hattest damals diesen reizenden, netten Unsinn noch lange nicht durchgemacht; ich liebte das an dir und ließ dich das alles durchleben, weil ich fühlte, daß ich kein Recht hatte, dich zu beschränken, obgleich für mich diese Zeit längst vorüber war.«

»Aber warum hast du diesen Unsinn mit mir durchlebt und ihn mich erleben lassen, wenn du mich liebst?« fragte ich.

»Weil du mir wohl hättest glauben wollen, es aber nicht

gekonnt hättest; du hast es selbst erfahren müssen, und das hast du auch getan.«

»Du hast viel überlegt, viel vernünftelt«, erwiderte ich. »Du hast wenig geliebt.«

Wir verstummten wieder.

»Was du eben gesagt hast, ist grausam, aber es ist wahr«, antwortete er, stand plötzlich auf und begann auf der Veranda auf und ab zu gehen. »Ja, es ist wahr. Ich war schuld«, fügte er hinzu. »Entweder durfte ich mir überhaupt nicht erlauben, dich zu lieben, oder ich mußte dich einfach lieben, ja.«

»Laß uns alles vergessen«, sagte ich schüchtern.

»Nein, was vergangen ist, das kehrt nicht mehr wieder, das kann man nie wieder zurückrufen.« Seine Stimme klang weich, als er das sagte.

»Alles ist schon wiedergekehrt«, sagte ich und legte ihm die Hand auf die Schulter.

Er nahm meine Hand und drückte sie.

»Nein, es war eine Unwahrheit, wenn ich sagte, daß ich dem Vergangenen nicht nachtrauere. Doch, ich trauere und weine um die vergangene Liebe, die nicht mehr da ist und nicht wiederkehrt. Wer ist schuld daran? Ich weiß es nicht. Es ist eine Liebe zurückgeblieben, aber eine andere; der Platz, den sie einnahm, ist geblieben, aber sie ist matt geworden, sie hat weder Saft noch Kraft; Erinnerungen und Dankbarkeit sind geblieben, aber ...«

»Sprich nicht so ...« unterbrach ich ihn. »Laß alles wieder so sein, wie es früher war ... Das ist ja doch möglich, nicht wahr?« fragte ich ihn, ihm in die Augen blickend. Aber seine Augen war klar und ruhig, und der Blick, mit dem sie in die meinen sahen, war nicht tief.

Während ich sprach, fühlte ich bereits, daß das, was ich wünschte und worum ich ihn bat, unmöglich war. Auf seinem Gesicht erschien ein ruhiges, mildes und, wie mir schien, fast greisenhaftes Lächeln.

»Wie jung du noch bist, und ich bin schon so alt«, sagte er. »Das, was du suchst, ist nicht mehr in mir lebendig; warum soll ich mich belügen?« fügte er mit demselben Lächeln hinzu.

Ich stand schweigend neben ihm, und in meiner Seele wurde es ruhiger.

»Wir wollen nicht versuchen, das Leben zu wiederholen«, fuhr er fort, »wir wollen uns nicht selbst belügen. Gott sei Dank, daß die alte Unruhe und Aufregung vorbei ist! Wir haben nichts mehr zu suchen und uns nicht mehr aufzuregen. Wir haben schon gefunden, und es ist genug Glück auf unser Teil gekommen. Jetzt müssen wir beiseite treten und diesem hier Platz machen« sagte er und wies auf die Amme, die mit Wanja kam und an der Tür der Veranda stehenblieb. »So ist das, liebe Frau«, schloß er, bog meinen Kopf zu sich heran und küßte ihn. Es war nicht der Geliebte, der mich küßte, sondern ein alter Freund.

Aus dem Garten aber stieg immer stärker und süßer die duftende Kühle der Nacht auf, immer feierlicher wurden die Töne und das Schweigen, und am Himmel flammten immer mehr Sterne auf. Ich sah ihn an, und plötzlich wurde mir leicht ums Herz, als ob mir jener kranke seelische Nerv herausgeschnitten wäre, der mir so viel Schmerzen bereitet hatte. Ich begriff auf einmal mit aller Klarheit und Ruhe, daß die Gefühle jener Zeit unwiederbringlich vergangen waren wie die Zeit selbst und daß es nicht nur unmöglich war, diese Gefühle zu erneuern, sondern daß ihre Wiederkehr qualvoll und bedrückend wäre. Und wirklich, war sie denn so schön gewesen, jene Zeit, die mir jetzt so glücklich erschien? Das war alles schon so lange, so lange her! . . .

»Aber es ist Zeit zum Teetrinken!« sagte er, und wir gingen zusammen in den Salon. In der Tür begegneten wir wieder der Amme mit Wanja. Ich nahm das Kind auf den Arm, deckte seine bloßen roten Füßchen zu, drückte es an mich und küßte es, wobei ich es kaum mit den Lippen berührte. Der Kleine bewegte wie im Schlaf das eine Händchen mit den gespreizten, runzligen Fingerchen und öffnete die trüben Äuglein, wie wenn er etwas suchte oder sich auf etwas besänne; plötzlich blieben diese Äuglein an mir haften, der Funke eines Gedankens blitzte in ihnen auf, die vollen, geöffneten Lippen schlossen sich und verzogen sich zu einem Lächeln. ›Mein, mein, mein!‹ dachte ich und fühlte in allen Gliedern die Spannung eines Glücksgefühls; ich drückte den Kleinen an meine Brust und beherrschte mich nur mit Mühe so weit, daß ich ihm nicht weh tat. Ich begann seine kalten Beinchen, sein Körperchen, seine Händchen und das Köpfchen mit den spärlichen Haaren zu küssen. Mein Mann trat zu mir; ich deckte schnell das Gesicht des Kindes zu und wieder auf.

»Iwan Sergejewitsch!« sagte mein Mann und berührte ihn mit dem Finger unter dem Kinn. Aber ich deckte Iwan Sergejewitsch schnell wieder zu. Niemand außer mir sollte ihn lange ansehen. Ich blickte auf meinen Mann; seine Augen lachten, als sie mich ansahen, und ich konnte zum ersten Mal nach langer Zeit wieder leicht und froh in seine Augen sehen.

Mit diesem Tage endete mein Roman mit meinem Mann; das alte Gefühl wurde zu einer teuren, unwiederbringlichen Erinnerung; aber das neue Gefühl der Liebe zu den Kindern und zu dem Vater meiner Kinder legte den Grund zu einem anderen Leben, zu einem in ganz anderer Weise glücklichen Leben, das ich im gegenwärtigen Augenblick noch nicht zu Ende gelebt habe.

NIKOLAIJ TOLSTOJ

Xaver legte sich so unauffällig als möglich ins Bett. Offenbar hatte sich jetzt wieder die Feindseligkeit ausgebreitet, die zwischen ihnen herrschte, wenn mit einem Kind etwas nicht stimmte. Diese rasch sich verdichtende Katastrophenstimmung ist doch nichts als ein Produkt der Agnes'schen Mutterhysterie. Entweder sieht sie einen Dreck, den sie da nicht liegen lassen kann, oder sie sieht der Kinderkatastrophe entgegen. Der Gesichtsausdruck ist beide Male gleich. Heilandzack. So gut wie heute hätten sie es doch schon lange nicht mehr gehabt. Magdalena hat sich auf imponierende Weise müde geredet. Julia schlendert an den erleuchteten Gewässern Venedigs entlang. Im Arm eines Buben, der uns so angenehm unbekannt ist wie das Leben nach dem Tod. Ja, vielleicht raucht er solches Zeug. Bei dem man nichts spürt. Bitte. Heilandzack!

Warum zeigte Agnes jetzt nicht, daß auch sie den momentanen Zustand für erträglich halte? Die Aussicht, daß er 69 Tage und Nächte hier sein werde, wirkte auf sie überhaupt nicht. Sie schafften es einfach nicht mehr, die täglich eintreffenden Gemeinheiten so zu verarbeiten, daß sie einander nachts noch wie Sorglose berühren konnten. Das heißt, Herr Dr. Gleitze siegt hier in unserem Schlafzimmer ununterbrochen, Heilandzack. Xaver spürte, wie sich seine Innereien hart zusammenzogen. Er sah seinen Darm vor sich wie in Tübingen. Sah ihn zucken, wie verfolgt. Ach du edles Wild, dachte er. Er bewegte, zur Lockerung, alle zehn Finger. Agnes fragte, ob er nicht schlafen könne. Er zuckte die Schultern. Das war eine viel zu große Reaktion. Er hätte, wenn er nicht wollte, daß sie ihm schwesternhaft zu Hilfe komme, nur einen kaum hörbaren Routinelaut ausstoßen dürfen. Dieses wortlose Schulterzucken alarmierte sie, als habe er laut um Hilfe geschrieen. Es war schon zu spät. Sie kam schon. Ihm zu Hilfe. Er wehrte sie ab. Da wurde sie erst recht heftig. Da mußte er sie beleidigen. Er mußte sie, wenn auch leise, anschreien. Da schrie sie ihn auch leise an. Es war, als seien sie in ein paar Minuten weiter auseinandergerissen worden als je zuvor. Aber dadurch hatte sich, weil das Band zwischen ihnen offenbar nicht gerissen war, auch der Zug zueinander hin ungeheuer verstärkt. Deshalb riß es dann beide zueinander hin. Es schlug sie förmlich zusammen. Und im Aufeinanderprallen erörterten sie noch – atemlos und genau – die Schuld, die jeder, nach der Meinung des anderen, an der furchtbaren Entfernungsentwicklung der letzten Minuten, was denn Minuten! Wochen! jawohl, der letzten Monate, hatte. Jeder setzte den anderen so heftig als möglich herab, wies ihm die alleinige Schuld der minuten-, stunden-, wochenlangen, monatelangen Vereisung nach und versuchte, ihn dafür jetzt so gemein als möglich zu verletzen, zu bestrafen, zu quälen. Xaver griff rechtzeitig in sein Nachttischchen, nach dem indischen Parfüm, das seit der Heidelbergreise dalag. Er goß es unvernünftig über Agnes aus. Sie verteilte es vernünftig, verbot ihm aber, je wieder so etwas Süßliches heimzubringen. Er werde, sagte er, sowieso nie mehr nach Heidelberg kommen. Diese Aussicht begeisterte Agnes. Das Indische roch so stark, daß Agnes hinaus mußte unter die Dusche. Xaver mußte auf sie warten. Das war ihm recht. Als alles wieder vorbei war, fragte sich Xaver, woran es liege, daß der Geschlechtsverkehr immer noch das einzige Wohlgefühl erzeuge, das er kenne. Werden eben glückliche Überbleibsel sein von früher, als es noch notwendig war, sich fortzupflanzen. Woher aber diese Empfindung, daß er sich durch Agnes gerechtfertigter vorkommt als ohne sie? Durch Agnes war er möglicher als ohne sie. Ohne sie käme er sich schädlicher vor. Sie macht etwas wieder gut. Da durchströmte ihn schon die schöne Schwere des Schlafs.

Als er erwachte, drang noch kein Tageslicht durch den schweren Vorhang. Die Lieder der Vögel waren aber schon so ineinander verflochten, daß Xaver das Gefühl hatte, er schaue in ein einziges Zwitschergewebe hinein.

Wenn nur Agnes diesen dicken Vorhang aufgeben könnte.

Er hätte jetzt gern ihre Umrisse angeschaut. Einmal waren sie in Zürich in einem Hotel, da drang durch die dünnen Vorhänge das Stadtlicht herein. Da sah er Agnes neben sich liegen. Sie lag auf der Seite, weggedreht von ihm, zugedeckt nur mit einem dünnen Leintuch. Ein Linienschwung wie aus weißem Marmor. Wie eine liegende Statue, die eine Hüfte zeigen soll, sah sie aus. Zuhause will sie's nachts einfach dunkel. Er sah, daß Agnes nicht mehr schlief. Da stand er schnell auf, zog den schweren Vorhang zurück und legte sich neben sie. Das Wetter war wieder viel besser, als er geglaubt hatte. Wie zwei Felder unter der Sonne lagen sie jetzt nebeneinander. Sobald er hinüberschaute, schaute sie herüber. Ihre Augen waren noch nicht ganz offen, noch nicht ganz klar, noch voll Schlaf und Nacht; ihr Blick war weich; was jetzt auf diese Augen traf, mußte in sie hineinsinken; Augen, nicht zum Sehen, sondern zum Empfangen. Es war unmißverständlich, daß Agnes sich an die letzte Nacht erinnerte und ihn daran erinnern wollte. Sie sahen einander nicht lange in die Augen. Das taten sie nie. Das ging nicht. Er hörte ihrem Atem zu. Sie war noch einmal eingeschlafen. Damit war bewiesen, daß sie es gar nicht so dunkel brauchte. Da er auf nichts hören konnte als auf ihren leise anstoßenden Atem, schlief er auch wieder ein.

MARTIN WALSER

Wie lebst du eigentlich in Paris?« Ich duze sie nun auch; nicht der Kaution wegen, weiß Gott, sondern aus holdem Bedürfnis, unwillkürlich. Es ist stets wieder etwas Wunderbares, dieser Schauer erster Vertraulichkeit, etwas wie ein Zauberstab über alle Welt, die plötzlich wie zu schweben beginnt, etwas so Leises, was doch alles übertönt. Unwillkürlich, aber dann von unverhoffter Seligkeit wie betäubt, so daß ich etwas anderes als unsere kleine Berührung kaum wahrzunehmen vermag, habe ich meine Hand auf ihre Schulter gelegt. Eine selige Weile lang, bis das neue Du auch wieder zur Gewöhnung und sozusagen klanglos geworden ist, fühlt man sich ja allen Menschen wie verschwistert, inbegriffen den Kellner, der den Whisky bringt; man hat ein Gefühl, nun bedürfe es in dieser Welt überhaupt keiner Vorstellung mehr, ein Gefühl so friedlichen Übermuts. Man lacht über sein Gefängnis! In Fällen, wo dieses Du eine reifere und doch wohl lebensmutige Frau ist, habe ich dann allerdings ein natürliches, übrigens in meinem Übermut nicht allzu ernstes oder gar dringendes Bedürfnis, eher eine spielerische Neugier, wer sonst noch an Männern mit meinem Du im Spiele steht. In ihren Erzählungen von Paris, von der Ballettschule, die ja vermutlich kein Kloster ist, kommt nie ein Mann vor, kein François, kein André, kein Pierre, kein Jacques und nichts. Ein Paris der Amazonen; was soll das heißen? Schließlich frage ich sie rund heraus: »Bist du sehr glücklich in Paris?« Das darf man doch fragen. »Glücklich!« sagt sie, »was heißt glücklich –«

MAX FRISCH

Geboren sind wir nur einmal; zweimal ist es nicht möglich, geboren zu werden. Notwendig ist es, die Ewigkeit hindurch nicht mehr zu sein. Du aber bist nicht Herr des morgigen Tages und schiebst dennoch das Erfreuliche auf. Das Leben geht unter Zaudern verloren, und jeder einzelne von uns stirbt in seiner Unrast.

EPIKUR

Ich begann nun, meine Lage und den Zustand, in den ich geraten war, ernsthaft zu überlegen, und machte eine schriftliche Übersicht über die Sachlage, weniger, um sie irgendwelchen Nachkommen zu überlassen, denn es sah nicht so aus, als ob ich viele Erben haben würde, sondern vielmehr, um meine Gedanken, die sich täglich damit abquälten und mein Gemüt belasteten, zu befreien. Und da meine Vernunft langsam Herr über meinen Kleinmut wurde, tröstete ich mich selber, so gut ich konnte, und setzte das Gute dem Übel gegenüber, damit ich meinen gegenwärtigen Zustand von einem noch schlimmeren unterscheiden könnte; ich setzte also ganz unparteiisch, wie Soll und Haben, die Annehmlichkeiten meiner Lage den Leiden und Mühseligkeiten entgegen, und zwar wie folgt:

Übel	*Gut*
Ich bin auf eine einsame Insel verschlagen, ohne Hoffnung, je wieder fortzukommen	Aber ich bin doch am Leben, und nicht ertrunken wie alle meine Kameraden.
Ich bin ausgesondert, unter allen Menschen zu lauter Unglück ausgewählt.	Aber ich wurde auch unter der ganzen Schiffsbesatzung ausgesondert, um dem Tod zu entgehen, und er, der mich auf wunderbare Weise vom Tod errettet hat, kann mir auch aus diesem Zustand helfen.
Ich bin von allen Menschen getrennt, ein Einsiedler, verbannt aus aller menschlichen Gesellschaft.	Aber ich bin doch nicht Hungers gestorben und verdorben an einem unfruchtbaren Ort, der keine Nahrung bietet.

Ich habe keine Kleider, mich zu bedecken.

Aber ich bin in einem heißen Landstrich, wo ich kaum Kleider tragen könnte, auch wenn ich welche hätte.

Ich habe nichts, um mich gegen Überfälle von wilden Tieren oder Menschen zu beschützen.

Aber ich bin auf eine Insel verschlagen worden, wo ich keine wilden Tiere erblicke, die mir schaden könnten, wie ich solche an der Küste von Afrika gesehen. Und wie wärs mir ergangen, wenn ich dort Schiffbruch erlitten hätte?

Ich habe keine Menschenseele, zu der ich sprechen und bei der ich Trost finden könnte.

Aber Gott sandte das Schiff auf wunderbare Weise so nahe an die Küste, daß ich mir viele nötige Dinge daraus holen konnte, durch die ich versorgt bin oder mit deren Hilfe ich mich werde versorgen können, solange ich lebe.

DANIEL DEFOE

Das menschliche Leben ist anscheinend gerade so lang, daß man darin, wenn man für etwas lebt, die Laufbahn vom Nachläufer zum Vorgänger zurücklegen kann, und dabei kommt es für die menschliche Zufriedenheit weniger darauf an, wofür man lebt, als daß man überhaupt für etwas zu leben hat: ein Nestor der deutschen Weinbranderzeugung und der Pionier einer neuen Weltanschauung genießen außer ähnlichen Ehren auch noch den gleichen Vorteil, der darin besteht, daß das Leben trotz seinem fürchterlichen Reichtum keine einzige Frage enthält, die nicht einfacher würde, wenn man sie mit einer Weltanschauung, aber auch ebenso, wenn man sie mit der Weinbranderzeugung in Verbindung bringt. Ein solcher Vorteil ist genau das, was man mit einem neueren Wort Rationalisierung nennt, nur werden dabei nicht Handgriffe rationalisiert, sondern Ideen, und wer vermöchte nicht schon heute zu ermessen, was das bedeutet. Noch im geringsten Fall ist dieses Leben »Für etwas« mit dem Besitz eines Notizbuchs zu vergleichen, worin alles eingetragen und Erlebtes ordentlich durchstrichen wird. Wer das nicht tut, lebt unordentlich, wird mit den Dingen nicht fertig, und wird von ihrem Kommen und Gehen geplagt; wer dagegen ein Notizbuch hat, gleich dem ökonomischen Hausvater, der jeden Nagel, jedes Stück Gummi, jeden Fetzen Stoff aufhebt, weil er weiß, daß ihm solcher Fund eines Tags in der Wirtschaft dienen wird. Ein solches bürgerliches »Für etwas«, wie es als Zusammenfassung würdigen Schaffens oft auch als Steckenpferd oder heimliches Pünktchen, das einer beständig im Auge hat, von der Väterzeit überliefert worden, stellte aber damals eigentlich schon etwas Veraltetes dar, denn eine Neigung ins Große, ein Hang zur Entwicklung des Für-etwas-Lebens in mächtigen Verbänden hatte sich bereits an seine Stelle gesetzt [. . .]

Darum ist es das Lebenerhaltende schlechthin, daß es der Menschheit gelungen ist, anstatt dessen »wofür es sich wirklich zu leben lohnt«, das »Dafür« leben zu erfinden, oder mit anderen Worten, an die Stelle ihres Idealzustands den ihres Idealismus zu setzen. Es ist ein Davor-leben; anstatt zu leben »strebt« man nun, und ist seither ein Wesen, das mit allen Kräften ebensowohl zur Erfüllung hindrängt, als es auch des Anlangens enthoben ist. »Für etwas leben« ist der Dauerersatz des »In«. Alle Wünsche, und nicht nur die der Liebe, sind ja nach der Erfüllung traurig; aber in dem Augenblick, wo sich der Tausch des Wünschens mit der Tätigkeit Für den Wunsch vollzogen hat, wird das auf eine sinnreiche Weise aufgehoben, denn nun tritt das unerschöpfliche System der Mittel und Hindernisse an die Stelle des Ziels. Selbst wer ein Monomane ist, lebt da nicht eintönig, sondern hat beständig Neues zu tun, und gar wer *in* seinem Lebensinhalt überhaupt nicht leben könnte – ein Fall, der heute häufiger ist als man denkt, so ein Professor der Landwirtschafts-Hochschule, von dem der Pflege des Stallmists und der Jauche neue Wege gewiesen werden – lebt Für diesen Inhalt ohne Beschwerden und genießt das Anhören von Musik oder ähnliche Erlebnisse, wenn er ein tüchtiger Mensch ist, immer gleichsam zu Ehren der Stallwirtschaft. Dieses »zu Ehren von etwas« etwas anderes tun, ist übrigens von dem Etwas noch ein wenig weiter entfernt (oft nur noch ein beruhigendes Summen) als das Für, und stellt darum die am meisten angewandte, weil sozusagen billigste Methode dar, im Namen eines Ideals alles das zu tun, was sich mit ihm nicht vereinbaren läßt.

ROBERT MUSIL

Ohne Zerbrechung der Ordnung
wird kein Irrsal. Hippokrates führt zwei
Beispiele an, durch welche alle
Disharmonie verstanden werden kann, nämlich:
zuviel voll sein und zuviel leer sein;
das ist, jetzt voll über die Natur,
morgen leer über die Natur.
Das taugt nichts. Denn man soll ein
Maß halten in Zahl und Gewicht, daß
die Leere ein Gleichgewicht habe
mit der Fülle. Wenn eins aber das andere
übertrifft, das ist wider die Natur;
die Natur duldet es nicht.

PARACELSUS

Die unwürdige Greisin

Meine Großmutter war zweiundsiebzig Jahre alt, als mein Großvater starb. Er hatte eine kleine Lithographenanstalt in einem badischen Städtchen und arbeitete darin mit zwei, drei Gehilfen bis zu seinem Tod. Meine Großmutter besorgte ohne Magd den Haushalt, betreute das alte, wacklige Haus und kochte für die Mannsleute und Kinder.

Sie war eine kleine magere Frau mit lebhaften Eidechsenaugen, aber langsamer Sprechweise. Mit recht kärglichen Mitteln hatte sie fünf Kinder großgezogen – von den sieben, die sie geboren hatte. Davon war sie mit den Jahren kleiner geworden.

Von den Kindern gingen die zwei Mädchen nach Amerika, und zwei der Söhne zogen ebenfalls weg. Nur der Jüngste, der eine schwache Gesundheit hatte, blieb im Städtchen. Er wurde Buchdrucker und legte sich eine viel zu große Familie zu.

So war sie allein im Haus, als mein Großvater gestorben war.

Die Kinder schrieben sich Briefe über das Problem, was mit ihr zu geschehen hätte. Einer konnte ihr bei sich ein Heim anbieten, und der Buchdrucker wollte mit den Seinen zu ihr ins Haus ziehen. Aber die Greisin verhielt sich abweisend zu den Vorschlägen und wollte nur von jedem ihrer Kinder, das dazu imstande war, eine kleine geldliche Unterstützung annehmen. Die Lithographenanstalt, längst veraltet, brachte fast nichts beim Verkauf, und es waren auch Schulden da.

Die Kinder schrieben ihr, sie könne doch nicht ganz allein leben, aber als sie darauf überhaupt nicht einging, gaben sie nach und schickten ihr monatlich ein bißchen Geld. Schließlich, dachten sie, war ja der Buchdrucker im Städtchen geblieben.

Der Buchdrucker übernahm es auch, seinen Geschwistern mitunter über die Mutter zu berichten. Seine Briefe an meinen Vater und was dieser bei einem Besuch und nach dem Begräbnis meiner Großmutter zwei Jahre später erfuhr, geben mir ein Bild von dem, was in diesen zwei Jahren geschah.

Es scheint, daß der Buchdrucker von Anfang an enttäuscht war, daß meine Großmutter sich weigerte, ihn in das ziemlich große und nun leerstehende Haus aufzunehmen. Er wohnte mit vier Kindern in drei Zimmern. Aber die Greisin hielt überhaupt nur eine sehr lose Verbindung mit ihm aufrecht. Sie lud die Kinder jeden Sonntagnachmittag zum Kaffee, das war eigentlich alles.

Sie besuchte ihren Sohn ein- oder zweimal in einem Vierteljahr und half der Schwiegertochter beim Beereneinkochen. Die junge Frau entnahm einigen ihrer Äußerungen, daß es ihr in der kleinen Wohnung des Buchdruckers zu eng war. Dieser konnte sich nicht enthalten, in seinem Bericht darüber ein Ausrufezeichen anzubringen.

Auf eine schriftliche Anfrage meines Vaters, was die alte Frau denn jetzt so mache, antwortete er ziemlich kurz, sie besuche das Kino.

Man muß verstehen, daß das nichts Gewöhnliches war, jedenfalls nicht in den Augen ihrer Kinder. Das Kino war vor dreißig Jahren noch nicht, was es heute ist. Es handelte sich um elende, schlecht gelüftete Lokale, oft in alten Kegelbahnen eingerichtet, mit schreienden Plakaten vor dem Eingang, auf denen Morde und Tragödien der Leidenschaft angezeigt waren. Eigentlich gingen nur Halbwüchsige hin oder, des Dunkels wegen, Liebespaare. Eine einzelne alte Frau mußte dort sicher auffallen.

Und so war noch eine andere Seite dieses Kinobesuches zu bedenken. Der Eintritt war gewiß billig, da aber das Vergnügen ungefähr unter den Schleckereien rangierte, bedeutete es »hinausgeworfenes Geld«. Und Geld hinauszuwerfen, war nicht respektabel.

Dazu kam, daß meine Großmutter nicht nur mit ihrem Sohn am Ort keinen regelmäßigen Verkehr pflegte, sondern auch sonst niemanden von ihren Bekannten besuchte oder einlud. Sie ging niemals zu den Kaffeegesellschaften des Städtchens. Dafür besuchte sie häufig die Werkstatt eines Flickschusters in einem armen und sogar etwas verrufenen Gäßchen, in der, besonders nachmittags, allerlei nicht besonders respektable Existenzen herumsaßen, stellungslose Kellnerinnen und Handwerksburschen. Der Flickschuster war ein Mann in mittleren Jahren, der in der ganzen Welt herumgekommen war, ohne es zu etwas gebracht zu haben. Es hieß auch, daß er trank. Er war jedenfalls kein Verkehr für meine Großmutter.

Der Buchdrucker deutete in einem Brief an, daß er seine Mutter darauf hingewiesen, aber einen recht kühlen Bescheid bekommen habe. »Er hat etwas gesehen«, war ihre Antwort, und das Gespräch war damit zu Ende. Es war nicht leicht, mit meiner Großmutter über Dinge zu reden, die sie nicht bereden wollte.

Etwa ein halbes Jahr nach dem Tod des Großvaters schrieb der Buchdrucker meinem Vater, daß die Mutter jetzt jeden zweiten Tag im Gasthof esse.

Was für eine Nachricht! Großmutter, die zeit ihres Lebens für ein Dutzend Menschen gekocht und immer nur die Reste aufgegessen hatte, aß jetzt im Gasthof! Was war in sie gefahren?

Bald darauf führte meinen Vater eine Geschäftsreise in die Nähe, und er besuchte seine Mutter.

Er traf sie im Begriffe auszugehen. Sie nahm den Hut wieder ab und setzte ihm ein Glas Rotwein mit Zwieback vor. Sie schien ganz ausgeglichener Stimmung zu sein, weder besonders aufgekratzt noch besonders schweigsam. Sie erkundigte sich nach uns, allerdings nicht sehr eingehend, und wollte hauptsächlich wissen, ob es für die Kinder auch Kirschen gäbe. Da war sie ganz wie immer. Die Stube war natürlich peinlich sauber, und sie sah gesund aus.

Das einzige, was auf ihr neues Leben hindeutete, war, daß sie nicht mit meinem Vater auf den Gottesacker gehen wollte, das Grab ihres Mannes zu besuchen. »Du kannst allein hingehen«, sagte sie beiäufig, »es ist das dritte von links in der elften Reihe. Ich muß noch wohin.«

Der Buchdrucker erklärte nachher, daß sie wahrscheinlich zu ihrem Flickschuster mußte. Er klagte sehr.

»Ich sitze hier in diesen Löchern mit den Meinen und habe nur noch fünf Stunden Arbeit und schlecht bezahlte, dazu macht mir mein Asthma wieder zu schaffen, und das Haus in der Hauptstraße steht leer.«

Mein Vater hatte im Gasthof ein Zimmer genommen, aber erwartet, daß er zum Wohnen doch von seiner Mutter eingeladen werden würde, wenigstens pro forma, aber sie sprach nicht davon. Und sogar als das Haus voll gewesen war, hatte sie immer etwas dagegen gehabt, daß er nicht bei ihnen wohnte und dazu das Geld für das Hotel ausgab!

Aber sie schien mit ihrem Familienleben abgeschlossen zu haben und neue Wege zu gehen, jetzt, wo ihr Leben sich neigte. Mein Vater, der eine gute Portion Humor besaß, fand sie ›ganz munter‹ und sagte meinem Onkel, er solle die alte Frau machen lassen, was sie wolle.

Aber was wollte sie?

Das nächste, was berichtet wurde, war, daß sie eine Bregg bestellt hatte und nach einem Ausflugsort gefahren war, an einem gewöhnlichen Donnerstag. Eine Bregg war ein großes, hochrädriges Pferdegefährt mit Plätzen für ganze Familien. Einige wenige Male, wenn wir Enkelkinder zu Besuch gekommen waren, hatte Großvater die Bregg gemietet. Großmutter war immer zu Hause geblieben. Sie hatte es mit einer wegwerfenden Handbewegung abgelehnt mitzukommen.

Und nach der Bregg kam die Reise nach K., einer größeren Stadt, etwa zwei Eisenbahnstunden entfernt. Dort war ein Pferderennen, und zu dem Pferderennen fuhr meine Großmutter.

Der Buchdrucker war jetzt durch und durch alarmiert.

Er wollte einen Arzt hinzugezogen haben. Mein Vater

schüttelte den Kopf, als er den Brief las, lehnte aber die Hinzuziehung eines Arztes ab.

Nach K. war meine Großmutter nicht allein gefahren. Sie hatte ein junges Mädchen mitgenommen, eine halb Schwachsinnige, wie der Buchdrucker schrieb, das Küchenmädchen des Gasthofs, in dem die Greisin jeden zweiten Tag speiste.

Dieser ›Krüppel‹ spielte von jetzt ab eine Rolle.

Meine Großmutter schien einen Narren an ihr gefressen zu haben. Sie nahm sie mit ins Kino und zum Flickschuster, der sich übrigens als Sozialdemokrat herausgestellt hatte, und es ging das Gerücht, daß die beiden Frauen bei einem Glas Rotwein in der Küche Karten spielten.

»Sie hat dem Krüppel jetzt einen Hut gekauft mit Rosen drauf«, schrieb der Buchdrucker verzweifelt. »Und unsere Anna hat kein Kommunionskleid!«

Die Briefe meines Onkels wurden ganz hysterisch, handelten nur von der ›unwürdigen Aufführung unserer lieben Mutter‹ und gaben sonst nichts mehr her. Das Weitere hab ich von meinem Vater.

Der Gastwirt hatte ihm mit Augenzwinkern zugeraunt: »Frau B. amüsiert sich ja jetzt, wie man hört.«

In Wirklichkeit lebte meine Großmutter auch diese letzten Jahre keinesfalls üppig. Wenn sie nicht im Gasthof aß, nahm sie meist nur ein wenig Eierspeise zu sich, etwas Kaffee und vor allem ihren geliebten Zwieback. Dafür leistete sie sich einen billigen Rotwein, von dem sie zu allen Mahlzeiten ein kleines Glas trank. Das Haus hielt sie sehr rein, und nicht nur die Schlafstube und die Küche, die sie benutzte. Jedoch nahm sie darauf ohne Wissen ihrer Kinder eine Hypothek auf. Es kam niemals heraus, was sie mit dem Geld machte. Sie scheint es dem Flickschuster gegeben zu haben. Er zog nach ihrem Tod in eine andere Stadt und soll dort ein größeres Geschäft für Maßschuhe eröffnet haben.

Genau betrachtet lebte sie hintereinander zwei Leben. Das eine, erste, als Tochter, als Frau und als Mutter, und das zweite einfach als Frau B., eine alleinstehende Person ohne Verpflichtungen und mit bescheidenen, aber ausreichenden Mitteln. Das erste Leben dauerte etwa sechs Jahrzehnte, das zweite nicht mehr als zwei Jahre.

Mein Vater brachte in Erfahrung, daß sie im letzten halben Jahr sich gewisse Freiheiten gestattete, die normale Leute gar nicht kennen. So konnte sie im Sommer früh um drei Uhr aufstehen und durch die leeren Straßen des Städtchens spazieren, das sie so für sich ganz allein hatte. Und den Pfarrer, der sie besuchen kam, um der alten Frau in ihrer Vereinsamung Gesellschaft zu leisten, lud sie, wie allgemein behauptet wurde, ins Kino ein!

Sie war keineswegs vereinsamt. Bei dem Flickschuster verkehrten anscheinend lauter lustige Leute, und es wurde viel erzählt. Sie hatte dort immer eine Flasche ihres eigenen Rotweines stehen, und daraus trank sie ihr Gläschen, während die anderen erzählten und über die würdigen Autoritäten der Stadt loszogen. Dieser Rotwein blieb für sie reserviert, jedoch brachte sie mitunter der Gesellschaft stärkere Getränke mit.

Sie starb ganz unvermittelt, an einem Herbstnachmittag in ihrem Schlafzimmer, aber nicht im Bett, sondern auf dem Holzstuhl am Fenster. Sie hatte den ›Krüppel‹ für den Abend ins Kino eingeladen, und so war das Mädchen bei ihr, als sie starb. Sie war vierundsiebzig Jahre alt.

Ich habe eine Fotografie von ihr gesehen, die sie auf dem Totenbett zeigt und die für die Kinder angefertigt worden war.

Man sieht ein winziges Gesichtchen mit vielen Falten und einen schmallippigen, aber breiten Mund. Viel Kleines, aber nichts Kleinliches. Sie hatte die langen Jahre der Knechtschaft und die kurzen Jahre der Freiheit ausgekostet und das Brot des Lebens aufgezehrt bis auf den letzten Brosamen.

BERTOLT BRECHT

Das Märchen vom Fräulein Pollinger

Es war einmal ein Fräulein, daß hieß Anna Pollinger und fiel bei den besseren Herren nirgends besonders auf, denn es verdiente monatlich nur hundertundzehn RM und hatte nur eine Durchschnittsfigur und ein Durchschnittsgesicht, nicht unangenehm, aber auch nicht hübsch, nur nett. Sie arbeitete im Kontor einer Autoreparaturwerkstätte, doch konnte sie sich höchstens ein Fahrrad auf Abzahlung leisten. Hingegen durfte sie ab und zu auf einem Motorrad hinten mitfahren, aber dafür erwartete man auch meistens was von ihr. Sie war auch trotz allem sehr gutmütig und verschloß sich den Herren nicht. Oft liebte sie zwar gerade ihren einen nicht, aber es ruhte sie aus, wenn sie neben einem Herrn sitzen konnte, in Schellingsalon oder anderswo. Sie wollte sich nicht sehnen und wenn sie dies trotzdem tat, wurde ihr alles fad. Sie sprach sehr selten, sie hörte immer nur zu, was die Herren untereinander sprachen. Dann machte sie sich heimlich lustig, denn die Herren hatten ja auch nichts zu sagen. Mit ihr sprachen die Herren nur wenig, meistens nur dann, wenn sie gerade mal mußten. Oft wurde sie dann in den Anfangssätzen boshaft und tückisch, aber bald ließ sie sich wieder gehen. Es war ihr fast alles in ihrem Leben einerlei, denn das mußte es ja sein. Nur wenn sie unpäßlich war, dachte sie intensiver an sich.

Einmal ging sie mit einem Herrn beinahe über das Jahr, der hieß Fritz. Ende Oktober sagte sie: »Wenn ich ein Kind bekommen tät, das wär das größte Unglück.« Dann erschrak sie über ihre Worte. »Warum weinst du?« fragte Fritz. »Ich hab es nicht gern, wenn du weinst! Heuer fällt Allerheiligen auf einen Samstag, das gibt einen Doppelfeiertag und wir machen eine Bergtour.« Und er setzte ihr auseinander, daß bekanntlich die Erschütterungen beim Abwärtssteigen sehr gut dafür wären, daß sie kein Kind kriegt.
Sie stieg dann mit Fritz auf die Westliche Wasserkarspitze, 2037 Meter hoch über dem fernen Meer. Als sie auf dem Gip-

fel standen, war es schon ganz Nacht, aber droben hingen die Sterne. Unten im Tal lag der Nebel und stieg langsam zu ihnen empor. Es war sehr still auf der Welt und Anna sagte: »Der Nebel schaut aus, als würden da drinnen die ungeborenen Seelen herumfliegen.« Aber Fritz ging auf diese Tonart nicht ein.

Seit dieser Bergtour hatte sie oft eine kränkliche Farbe. Sie wurde auch nie wieder ganz gesund und ab und zu tat ihrs im Unterleib schon sehr verrückt weh. Aber sie trug das keinem Herrn nach, sie war eben eine starke Natur. Es gibt so Leut, die man nicht umbringen kann. Wenn sie nicht gestorben ist, so lebt sie heute noch.

ÖDÖN VON HORVATH

V.

TRÄUME

Das Furchtbare ist, daß man sich nie
genügend betrinken kann.

ANDRÉ GIDE

Liebe, lüge und sei hübsch!
Denn morgen
müssen wir sterben.

JAMES JOYCE

Die Ballade vom angenehmen Leben

1

Da preist man uns das Leben großer Geister
Das lebt mit einem Buch und nichts im Magen
In einer Hütte, daran Ratten nagen –
Mir bleibe man vom Leib mit solchem Kleister!
Das simple Leben lebe, wer da mag!
Ich habe (unter uns) genug davon.
Kein Vögelchen von hier bis Babylon
Vertrüge diese Kost nur einen Tag.
Was hilft da Freiheit? Es ist nicht bequem.
Nur wer im Wohlstand lebt, lebt angenehm!

2

Die Abenteurer mit dem kühnen Wesen
Und ihrer Gier, die Haut zu Markt zu tragen
Die stets so frei sind und die Wahrheit sagen
Damit die Spießer etwas Kühnes lesen:
Wenn man sie sieht, wie das am Abend friert
Mit kalter Gattin stumm zu Bette geht
Und horcht, ob niemand klatscht und nichts vesteht
Und trostlos in das Jahr 5000 stiert –
Jetzt frag ich Sie nur noch: Ist das bequem?
Nur wer im Wohlstand lebt, lebt angenehm

3

Ich selber könnte mich durchaus begreifen
Wenn ich mich lieber groß und einsam sähe.
Doch sah ich solche Leute aus der Nähe
Da sagt' ich mir: Das mußt du dir verkneifen.
Armut bringt außer Weisheit auch Verdruß
Und Kühnheit außer Ruhm auch bittre Mühn.
Jetzt warst du arm und einsam, weis' und kühn

Jetzt machst du mit der Größe aber Schluß.
Dann löst sich ganz von selbst das Glücksproblem:
Nur wer im Wohlstand lebt, lebt angenehm!

BERTOLT BRECHT

Das Schlaraffenland

Ein Gegend heißt Schlauraffenland,
den faulen Leuten wohlbekannt.
Das liegt drei Meil hinter Weihnachten.
Und welcher darein wölle trachten,
der muß sich großer Dinge vermessen
und durch einen Berg mit Hirsbrei essen,
der ist wohl dreier Meilen dick.
Alsdann ist er im Augenblick
in denselbing Schlauraffenland,
da aller Reichtum ist bekannt.
Da sind die Häuser deckt mit Fladn,
Leckkuchen die Haustür und Ladn,
von Speckkuchen Dielen und Wänd,
die Dräm von Schweinebraten send.
Um jedes Haus so ist ein Zaun
geflochten von Bratwürsten braun.
Von Malvasier so sind die Brunnen,
kommen eim selbs ins Maul gerunnen.
Auf den Tannen wachsen Krapfen,
wie hie zu Land die Tannzapfen.
Auf Fichten wachsen bachen Schnittn.
Eirplätz tut man von Birken schüttn.
Wie Pfifferling wachsen die Fleckn,
die Weintrauben in Dorenheckn,
Auf Weidenkoppen Semmel stehen,
darunter Bäch mit Milich gehn;
die fallen dann in' Bach herab,
daß iedermann zu essen hab.
Auch gehen die Fisch in den Lachn
gesotten, braten, gsulzt und bachn
und gehn mit dem Gestad gar nahen,
lassen sich mit den Händen fahen.
Auch fliegen um (müget ihr glaubn)

gebraten Hühner, Gäns und Taubn.
Wer sie nicht facht und ist so faul,
dem fliegen sie selbs in das Maul.
Die Säu all Jahr gar wohl geratn,
laufen im Land um, sind gebratn.
Jede ein Messer hat im Rück,
darmit ein ieder schneid ein Stück
und steckt das Messer wieder drein.
Die Kreuzkäs wachsen wie die Stein.
So wachsen Bauern auf den Baumen,
gleich wie in unserm Land die Pflaumen.
Wenns zeitig sind, so fallens ab,
ieder in ein Paar Stiefel 'rab.
Wer Pferd hat, wird ein reicher Meier,
wann sie legen ganz Körb voll Eier.
So schütt' man aus den Eseln Feign.
Nicht hoch darf man nach Kersen steign,
wie die Schwarzbeer sie wachsen tun.
Auch ist in dem Land ein Jungbrunn,
darin verjungen sich die Altn.
Viel Kurzweil man im Land ist haltn.
So zu dem Ziel schießen die Gäst,
der weitst vom Blatt gewinnt das Best.
Im Laufen gwinnt der Letzt allein.
Das Polsterschlafen ist gemein.
Ihr Weidwerk ist mit Flöh und Läusn,
mit Wanzen, Ratzen und mit Mäusn.
Auch ist im Land gut Geld gewinnen.
Wer sehr faul ist und schläft darinnen,
dem gibt man von der Stund zween Pfennig,
er schlaf ihr gleich viel oder wenig.
Ein Furz gilt einen Binger Haller,
drei Grölzer einen Joachimstaler.
Und welcher da sein Geld verspielt,
zwiefach man ihm das wiedergilt.

Und welcher auch nicht geren zahlt,
wenn die Schuld wird eins Jahres alt,
so muß ihm jener darzu gebn.
Und welcher geren wol ist lebn,
dem gibt man von dem Trunk ein Batzen.
Und welcher wol die Leut kann fatzen,
dem gibt man ein Plappert zu Lohn.
Für ein groß Lüg geit man ein Kron.
Doch muß sich da hüten ein Mann,
aller Vernunft ganz müßig stahn.
Wer Sinn und Witz gebrauchen wollt,
dem würd kein Mensch im Lande hold,
und wer gern arbeit' mit der Hand,
dem verbeut mans Schlauraffenland.
Wer Zucht und Ehrbarkeit hätt lieb,
denselben man des Lands vertrieb.
Wer unnütz ist, will nichts nit lehrn,
der kommt im Land zu großen Ehrn,
wann wer der Faulest wird erkannt,
derselb ist König in dem Land.
Wer wüst, wild und unsinnig ist,
grob, unverstanden alle Frist,
aus dem macht man im Land ein Fürstn.
Wer geren ficht mit Leberwürstn,
aus dem ein Ritter wird gemacht.
Wer schlüchtisch ist und nichtsen acht,
dann essen, trinken und viel schlafn,
aus dem macht man im Land ein Grafn.
Wer tölpisch ist und nichtsen kann,
der ist im Land ein Edelmann.
Wer also lebt wie obgenannt,
der ist gut ins Schlauraffenland,
das von den Alten ist erdicht,
zu Straf der Jugend zugericht,
die gewöhnlich faul ist und gefräßig,

ungeschickt, heillos und nachlässig,
daß mans weis ins Land zu Schlauraffn,
damit ihr schlüchtisch Weis zu strafn,
daß sie haben auf Arbeit acht,
weil faule Weis nie Gutes bracht.

HANS SACHS

Das Lächeln am Fuße der Leiter

Nichts konnte dieses ungewöhnliche Lächeln trüben, diesen Schimmer über Augusts traurigem Gesicht. Im Ring der Manege begann es aus sich selbst zu leuchten, es löste sich ab und strahlte aus eigener Fülle: Abglanz eines niegesehenen Lichts.

Am Fuße einer Leiter, die er gegen den Mond gelehnt hatte, setzte sich August nieder, in Betrachtung verloren. Sein Lächeln gerann, und seine Gedanken waren weit fort. Mit all der Vollendung, die er nun erreicht hatte, spielte er seine Ekstase und überraschte jedesmal das Publikum mit der äußersten Unbeholfenheit, die ein Mensch zeigen kann. Der große Clown beherrschte viele Tricks, aber seine Ekstase war unnachahmlich. Keinem war es bisher gelungen, die Entrükkung darzustellen.

Abend für Abend wartete er am Fuße der Leiter auf das weiße Pferd, dessen Mähne in goldenen Kaskaden zu Boden fiel. Es kam und berührte ihn mit den Nüstern. Die Zärtlichkeit der Stute, laue, feuchte Wärme in seinem Nacken, war wie der Abschiedskuß einer Geliebten. Zärtlich weckte sie ihn, sanft wie der Tau am Morgen die Grashalme, die unter ihm erzittern.

Jeden Abend wurde er aus der Entzückung wieder hineingeboren in den Kreis des grellen Scheinwerferlichts. Da waren wieder Tisch, Stuhl und Decke; das Pferd, eine Glocke, bunte Pappreifen; und die ewige Leiter, der Mond in der Kuppel, die Bocksblase. Mit diesen Requisiten spielten August und seine Kumpane jeden Abend das Drama menschlichen Martyriums.

In schattenhaften Zirkeln hob sich rings um sie Sitzreihe über Sitzreihe aus dem Dunkel der Arena: Gesichter und große Lücken dazwischen, in denen der Strahl des Scheinwerfers wie eine scharfe Zunge leckte. Die Musiker, verschwimmend im glitzernden Staub und im Flimmern der Magnesiumlichter, klammerten sich wie gebannt an ihre Instrumente. Im Wechselspiel von Schatten und Licht wogten ihre Körper wie Sträucher im Wind. Der Schlangenmensch rollte sich ein und schnellte wieder empor über einem gedämpften Wirbel der Trommeln. Eine Fanfare der Trompeten kündigte den Kunstreiter an – das war die Regel. August begleitete manchmal ein dünnes, spitzes Sägen auf der Violine, manchmal der Spottdrosselton einer Klarinette bei seinen Sprüngen und Narrenpossen. Aber vom Augenblick seines Eintritts in die Trance an verfolgten ihn die Musiker, sogleich inspiriert, von Spirale zu Spirale, von Glückseligkeit zu Glückseligkeit, wie Schlachtrosse eines wildgewordenen Karussells.

Jeden Abend, beim Schminken in der Garderobe, hatte August ein Gespräch mit sich selbst. Die Seehunde, was immer man sie tun ließ, blieben Seehunde. Das Pferd ein Pferd; der Tisch ein Tisch. August dagegen blieb ein Mensch und hatte mehr zu sein: ein ganz besonderes Wesen mit nur ihm eigentümlichen Gaben. Er mußte die Leute zum Lachen bringen. Sie weinen machen, das war nicht schwer, auch ihr Lachen war noch leicht hervorzurufen, das hatte er schon vor Jahren entdeckt, lange bevor er vom Zirkus zu träumen begann. Aber er hatte einen höheren Ehrgeiz: er wünschte den Menschen das Geschenk einer unablässigen, stetig sich neu erweckenden, neu sich speisenden Freude zu geben. Diese fixe Idee hatte ihn zu seiner Finte veranlaßt, zur Ekstase am Fuße der Leiter.

Durch puren Zufall war er in Trance verfallen, hatte das Nächste um sich, und was zu tun war, vergessen. Als er seine Sinne wiedererlangte, verwundert und im höchsten Maße beunruhigt, hörte er frenetischen Applaus. Am nächsten Abend wiederholte er das Experiment, diesmal absichtlich und wohlüberlegt, in der Hoffnung, das rohe, sinnlose Lachen würde endlich der unermeßlichen Freude weichen, die zu erwecken er so innig wünschte. Doch jeden Abend erwartete ihn, seinen fieberhaften Anstrengungen zum Trotz, derselbe irre Beifall.

Je mehr Erfolg er mit dieser Nummer einheimste, desto

glühender wurden seine Anstrengungen. Das Lachen verschärfte sich zur Qual seiner Ohren. Endlich wurde es ganz unerträglich.

Und eines Abends verwandelte sich das Gelächter in Heulen und Pfeifen. Hüte flogen in die Manege, Orangenschalen, Bananen und festere Gegenstände folgten. August erwachte aus seinem ekstatischen Lächeln nicht mehr zur Trauer der Welt. Dreißig Minuten hatte das Publikum gewartet, war unsicher geworden, dann mißtrauisch, und schließlich waren die Nerven gerissen, und es explodierte wie ein überheizter Kessel: Hohn strömte aus wie Dampf.

Als August in seiner Garderobe das Bewußtsein wiedererlangte, staunte er, einen Arzt über sich gebeugt zu sehen. Sein Kopf und sein Gesicht waren völlig zerschnitten und zerschlagen. Blut weichte die bunte Schminke auf und gerann mit der fettigen Farbe. August war vollkommen unkenntlich: er glich einem vergessenen Stück Fleisch am Hackstock des Metzgers.

Als er den Kontrakt zerrissen hatte, floh August aus der Welt, die er kannte. Seinen Beruf wollte er nicht weiter ausüben. Unbekannt und unerkannt trieb er zwischen den Millionen, die er zum Lachen gebracht hatte. Es war keine Bitterkeit in seinem Herzen, nur tiefe Trauer. Und es war ein endloser Kampf, die Tränen zurückzuhalten. Er richtete sich mit diesem Zustand seines Herzens ein.

Es ist nichts, sagte er zu sich selbst, nur ein vorübergehendes Mißbehagen, das jeden ergreift, wenn er plötzlich die gewohnte Bahn verlassen muß, und ich bin ein Leben lang in dieser Bahn gefahren. Was Wunder ...

Die Monate vergingen, und er begriff allmählich, daß er Verlorenem nachtrauerte. Etwas war ihm genommen worden – nicht die Fähigkeit, Menschen zum Lachen zu reizen, das fesselte ihn längst nicht mehr, nein, Tieferes, das nur ihm allein gehörte. Eines Tages dämmerte in ihm die Erkenntnis, daß er seit langer Zeit den Zustand der Glückseligkeit vermißte. Diese Entdeckung machte ihn zittern, er konnte es nicht mehr erwarten, in sein Zimmer zurückzukehren. Aber anstatt das Hotel aufzusuchen, rief er ein Taxi herbei und verlangte vom Fahrer, daß er ihn vor die Stadt führe. Aber wohin? wollte der Chauffeur wissen.

»Überall hin, wo es Bäume gibt«, erwiderte August ungeduldig. »Beeil dich, ich bitte darum – es ist dringend . . .«

Hinter einem Kohlenschuppen fand der Chauffeur einen einzelstehenden Baum. August befahl zu halten.

»Ist es hier?« fragte der Fahrer ahnungslos.

»Ja, und laß mich in Frieden . . .«

Lange Zeit mühte sich August verzweifelt, rund um sich jene Atmosphäre zu schaffen, die ihn umgab, wenn er abends im Zirkus zur Leiter trat. Es war eine Voraussetzung. Aber das Licht blieb hart und unerbittlich; eine schreckliche Sonne brannte in seinen Augen. – Das Einfachste ist, dachte er, ich bleibe hier sitzen, bis die Nacht kommt. Wenn der Mond aufsteigt, wird alles seinen rechten Platz finden.

Wenige Augenblicke später war er bereits eingeschlafen. Es war ein schwerer Schlaf. Er träumte von seiner Rückkehr in die Manege. Nichts hatte sich dort geändert, alles war geblieben, wie es war, nur war es nicht länger ein Zirkus, in dem gespielt wurde. Die Kuppel war verschwunden, die Wände des Zeltes waren fortgestürzt in die Nacht.

Über seinem Haupt stand der wirkliche Mond hoch in den Himmeln, ein Mond, der durch unbewegte Wolken ritt. An Stelle der Sitzreihen dehnte sich in sanfter Steigung Mauer an Mauer, aus Menschen gebildet, wie die Befestigungswälle einer Stadt.

Kein Laut, kein Lachen, kein Murmeln dieses Publikums. Eine unübersehbare Menge von Gespenstern in einem endlosen Raum, und jedes dieser grauen Gespenster hing an einem Kreuz. Erstarrt vor Angst, vergaß August alles, was er hatte tun wollen.

Nach einer unerträglich langen Pause der Unentschlossenheit, während der er sich grausamer verraten und verlassen fühlte als der Erlöser selbst, machte er einen wilden Versuch zu entfliehen. Aber wohin immer er rannte: die Ausgänge waren versperrt. In seiner Verzweiflung stürzte er sich auf die Leiter und begann fieberhaft zu klettern, emporzuklimmen, immer höher und immer noch höher, bis ihn der Atem verließ. Da hielt er inne, atmete und wagte die Augen zu öffnen.

Zuerst blickte er nach unten. Die Leiter verlor sich mit ihrem fast unsichtbaren Fuß auf einer fernen Erde. Dann blickte er empor. Sprosse nach Sprosse stieg da auf, durchstieß in einer endlosen Reihe die Wolken und das Blau des Himmels und führte gerade an den Mond hinan. Es war ein Mond, der unter den Sternen lag, ein Mond, unausdenkbar fern, feuchtschimmernd wie eine Scheibe aus Eis, an das Gewölbe der Welt gefroren. August begann zu weinen und zu seufzen. Echogleich, schwach und verhalten zuerst, aber langsam schwellend bis zur Klage des Ozeans, drangen zu ihm die Seufzer der Menge. »Schrecklich«, murmelte er im Traum. »Schrecklicher als Geburt und Tod. Ich bin gefangen im Fegefeuer.« Darüber schwanden August die Sinne, und er fiel hintenüber ins Nichts. Nur soviel kam ihm noch zum Bewußtsein, daß die Erde seinem Körper in riesiger Masse entgegenwuchs. Und das, wußte er, würde das Ende Augusts sein, das wahre Ende, der Tod aller Tode.

Erinnerung streifte ihn, wie Licht aufblitzt an der Schneide eines Messers. Er hatte nur mehr eine Sekunde, keine zweite, eine halbe Sekunde vielleicht, und dann war unwiderruflich Schluß. Was störte nun die Tiefe seiner Seele, woher kam das jähe stählerne Strahlen? Leuchtete es ihm schon voran in die dunkle Höhle des Todes und der Vergessenheit? Er dachte mit einer so fiebrigen Schnelligkeit, daß sich sein ganzes Leben im Bruchteil einer Sekunde vor ihm versammelte. Aber den wichtigsten Augenblick in diesem Leben, das Kleinod, um das sich alle anderen, kleineren Steine, Stunden und Tage ansetzten – dies wiederzuerleben gelang nicht. Es war das Licht, die Offenbarung selbst, die unterging. Denn er wußte nun: es hatte in seinem Leben einen Augenblick gegeben, in dem sich alles erhellte. Und jetzt, da es zum Sterben ging, wurde er dieser höchsten Gabe heimtückisch beraubt. Mit der Geschicklichkeit eines genialen Geizhalses vesuchte er das Unmögliche: er fing das letzte Glänzen der Sekunde wie einen Spiegel aus Glas und zersplitterte sie in unendlich winzige Teilchen. Nichts in seinem Leben konnte sich mit dem sinnlichen Entzücken vergleichen, das er inmitten dieses zertrümmerten, aufgelösten Bruchteils einer Sekunde schwebend empfand. Inmitten dieser funkelnden Splitter, in einem durchsichtig feinen Netz der Zeit sank er hinab und entdeckte voller Schrecken, daß es die Fähigkeit zur Erinnerung war, die er in sich zerschlagen hatte. Er fiel in die Leere, stürzte in das absolute Nichts, in die Nacht.

Von seinen Träumen sinnlich erschöpft und verwüstet, beschloß August am nächsten Tage, sein Zimmer nicht zu verlassen. Erst gegen Abend zu rührte er sich. Er hatte den ganzen Tag im Bett verbracht, in einem teilnahmslosen Spiel mit den Bruchstücken seiner Erinnerung, die ihn noch wie ein Schwarm von Heuschrecken umschwirrten.

Endlich gelang es ihm, diesem weiten, brodelnden Kessel zu entrinnen. Er zog sich an und ging fort, verlor sich müde in der Menge. Kaum entsann er sich des Namens der Stadt, durch deren Straßen er strolchte.

An ihrem Rande stieß er auf eine Zirkustruppe, eine jener unsteten Banden, die ihr Leben auf der Achse verbringen. Augusts Herz begann stürmisch zu pochen. In großer Erregung näherte er sich einem der Wagen und stieg zaghaft die kleinen Stufen an seiner Rückseite empor. Er wollte an die Tür klopfen. Da hörte er das Wiehern eines Pferdes und hielt inne. Im selben Augenblick spürte er die Nüstern des Tieres in seinem Rücken. Eine tiefe Freude durchschauerte seinen Körper. Die Arme um den Hals des Tieres geschlungen, sprach er zarte, milde Worte, als grüße er einen lange verschollenen Freund.

Die Tür des Wagens wurde mit einem plötzlichen Ruck geöffnet, und eine helle Frauenstimme unterdrückte einen Ausruf der Überraschung.

»Ich bin's nur, August . . .« murmelte er außer Fassung.
»August?« wiederholte die Stimme. »Kenne ich nicht.«
»Entschuldigen Sie!« sagte er leise und schuldbewußt. »Ich gehe auch schon.«
Aber er war noch keine fünf Schritte weit gekommen, als er die Frau rufen hörte.
»He! August! Komm zurück! Warum läufst du weg?«
Er blieb stehen, drehte sich um, zögerte einen Augenblick, dann floß ein Lächeln über sein Gesicht. Die Frau lief mit ausgestreckten Armen auf ihn zu. August erschrak. Für eine kleine Sekunde hatte er das Bedürfnis zu fliehen. Aber es war zu spät. Die Arme der Frau umklammerten ihn bereits und hielten ihn fest.
»August, August!« rief sie immer wieder.
»Daß ich dich nicht gleich erkannt habe!«
August erbleichte bei diesen Worten. Zum erstenmal wurde er auf seiner langen, einsamen, ziellosen Wanderung wiedererkannt. Die Frau hielt ihn wie in einem Schraubstock fest. Nun küßte sie ihn, erst auf eine Wange, dann auf die andere, dann auf die Stirn und schließlich mitten auf den Mund. August bebte wie ein Blatt im Wind.
»Ich möchte gerne ein Stück Zucker«, bettelte er, als er sich befreien konnte.
»Zucker?«
»Ja, für das Pferd«, sagte August.
Während die Frau in den Wagen zurückkehrte und auf der Suche nach Zucker im Innern rumorte, setzte sich August bequem auf den Stufen zurecht. Mit sanfter, zitternder Nüster liebkoste das Pferd seinen Nacken. Seltsames Zusammentreffen: gerade in diesem Augenblick stieg der Mond hinter den Bäumen am Horizont empor. Eine wunderbare Ruhe kam über August. Für einige wenige Sekunden – wenn es Sekunden waren – saß er in einem Halbschlaf der Dämmerung. Dann kam die Frau zurück. Ihr weiter Rock wehte über seine Schulter, als sie leichtfüßig zu Boden sprang.
»Wir glaubten alle, du seist tot«, sagte sie.

Sie setzte sich zu seinen Füßen auf den Rasen.

»Und alle Welt hat dich gesucht«, fügte sie hinzu, während sie ihm Stück für Stück Zucker in die Hand schob.

August lauschte stumm. Die Worte flossen über ihn hin, aber ihren Sinn begriff er nur langsam, so langsam, als kämen die Worte vom fernen Ende der Welt. So oft die Zunge des Pferdes lau und feucht seinen Handballen leckte, durchrann ihn das Entzücken mit köstlichen Schauern. Jetzt erlebte er eindringlich wieder jenen Zustand zwischen Traum und Wachen, den er sonst nur vom Fuße der Leiter her kannte, die Pause zwischen der Entrückung, die ihn kraftlos zurückließ, wenn er ihr langsam entwich, und dem vollen Ausbruch des Beifalls, der in seinen Ohren mählich wie das Rollen eines fernen Donners schwoll.

Keinen einzigen Augenblick lang dachte August daran, in das Hotel zurückzukehren und sein Gepäck zu holen. Eingeschlossen in den magischen Kreis der Räder und Wagen, lag er nahe dem Feuer auf seiner Decke und verfolgte schlaflos die bleiche Bahn des Mondes. Als er endlich die Lider schloß, war sein Entschluß gefaßt: er ging mit der Truppe. Dieser Leute wußte er sich sicher: sie würden das Geheimnis seines Namens wahren.

Die Arbeit beim Aufstellen des Zeltes, das Ausrollen der Teppiche, das Auspacken der Requisiten, das Tränken und Pflegen der Pferde, alle die tausend Dinge zu tun, die man von ihm verlangte – reine Freude war dies für August. Er vergaß sich in der Erfüllung der einfachen und harten Forderungen des Tages. Von Zeit zu Zeit gestattete er sich das Vergnügen, einer Aufführung beizuwohnen. Mit ganz neuen Augen schätzte er den Mut seiner Reisegenossen ein. Besonders die Partie des Clowns erregte ihn: diese stumme Schaustellung, beredter nun in ihrer Sprache als früher, als er noch selbst aufgetreten war. Er fühlte sich frei, so frei, wie er sich als Mitspieler nie gefühlt hatte. Oh, es war wundervoll, der Rolle ledig zu sein und völlig einzutauchen in die gestaltlose Gleichförmigkeit des Lebens, ein Staubkorn zu werden unter

Millionen und dabei . . . ja, und dabei immer noch nützlich zu sein und teilzuhaben, inniger vielleicht als jemals zuvor. Welche Verblendung war es gewesen, zu glauben, daß er den Menschen einen großen Dienst erwies, wenn er sie zum Lachen, Schreien und Weinen brachte! Er empfing nicht länger Applaus; vorbei die Stürme des Lachens, die Schmeicheleien! Er empfing Größeres, feinere Nahrung der Seele – Lächeln. Lächeln der Dankbarkeit? Kein Lächeln der Anerkennung! Er wurde wieder als menschliches Wesen aufgenommen, als ein Wesen, das sich wohl von den anderen unterschied, aber dennoch ihrer Gemeinschaft unauflöslich zugehörte. Das war wie kleine Schlucke eines Labetrunks, die man in Notzeiten erhält und die das Herz köstlicher erfrischen als Fässer Weins in den Jahren des Überflusses.

Unter der Wärme dieses Lächelns, das er wie süße Trauben einer reichen Ernte in die Scheuer fuhr, blühte August Tag für Tag voller und offener auf. Er fühlte sich mit einer unversiegbaren Fülle von Güte begabt, und er war begierig, stets ein übriges zu tun, mehr als man von ihm verlangte. Man konnte niemals zuviel von ihm fordern – so bereit war er nun. Er hatte eine kleine Redewendung für sich gefunden, die er leise vor sich hinmurmelte, wenn er an die Arbeit ging: »A votre service!« Vor den Tieren schämte er sich nicht, ganz laut zu sprechen; ihnen brauchte nichts verheimlicht zu werden. »A votre service«, sagte er zur Stute und hängte ihr den Hafersack über den Kopf. Und so zu den Robben, wenn er ihnen die schimmernden Rücken klopfte. Manchmal, wenn er aus dem Zelt hinaustrat in die sternenflimmernde Nacht, hob er die Augen, so als wolle er den Schleier durchbrechen, der unsere Augen vor dem Universum in seiner ganzen Herrlichkeit beschützt, und flüsterte sanft und verehrungsvoll: »A votre service, Grand Seigneur!«

Niemals hatte August einen ähnlichen Frieden gekannt, eine ähnliche Befriedigung, eine so tiefe und dauernde Freude. An den Zahltagen trug er seinen mageren Lohn in die Stadt, wanderte von Bude zu Bude, auf der Suche nach Geschenken für die Kinder – und für die Tiere! Ihm selbst genügte eine Fingerspitze voll Tabak.

Aber eines Tages erkrankte der Clown. August saß gerade vor einem Wohnwagen und flickte eine alte Hose, als er die Neuigkeit erfuhr. Er murmelte einige Worte des Mitgefühls und setzte seine Arbeit fort. Dennoch hatte er sogleich begriffen, was diese Nachricht für ihn bedeutete: man würde ihn auffordern, Antoine zu ersetzen, darüber konnte kein Zweifel bestehen. Er mühte sich, die aufsteigende Erregung zu unterdrücken, und versuchte, ruhig und nüchtern über die Antwort nachzudenken, die er geben mußte, wenn die Zeit gekommen war.

Lange wartete er so, aber niemand fragte. Er allein war fähig, Antoines Stelle einzunehmen, dessen war er gewiß. Was hielt sie zurück? Auch als er sich erhob und zwischen den Wagen umherstrich, um sie nachdrücklich auf seine Anwesenheit aufmerksam zu machen, um ihnen Gelegenheit zur Frage zu geben, wann und wo immer sie es wünschten, machte niemand Anstalten, mit ihm ins Gespräch zu kommen.

Zuletzt entschloß er sich, das Eis selbst zu brechen. Nach alldem, warum nicht? Warum sollte er seine Dienste nicht anbieten? Er fühlte sich stark und voll guten Willens gegen jedermann. Wieder Clown zu sein, war ein Geringes für ihn, ein Nichts. Ebensowohl konnte er einen Tisch vorstellen, einen Stuhl, die Leiter, ganz nach Bedarf. Er verlangte keinerlei besondere Vorrechte für sich, er war einer der ihren, er teilte ihre Sorgen und ihr Leid.

»Hören Sie zu«, sagte er zum Boss, als er ihn endlich erwischte. »Ich bin bereit, heute nacht an Antoines Stelle zu treten. Das gilt natürlich nur«, fügte er hinzu und zögerte einen Augenblick, »wenn Sie nichts Besseres in Aussicht haben.«

»Nein, August, Sie sind der einzige, das wissen Sie genau. Es ist sehr freundlich von Ihnen ...«

»Aber?« fragte August knapp und mißtrauisch. »Glauben Sie vielleicht, ich könnte den Clown nicht mehr spielen?«

»Aber nein, nicht das, nicht das! Es ist ja eine große Ehre für uns . . .«

»Also was dann?« forschte August, fast zitternd vor Eifer und Ungeduld, denn er verstand jetzt, daß es eine Frage des Taktes war.

»Die Sache ist die«, sagte der Boss in seiner langsamen Weise. »Sehen Sie, wir haben alles unter uns besprochen. Wir wissen, wie es um Sie steht. Nun ja, wenn Sie an Stelle von Antoine einspringen würden . . . Verflucht noch einmal, was rede ich! Stehen Sie nicht herum und schauen Sie mich nicht so an! Hören Sie zu, August, was ich sagen möchte . . . Tja, das ist – wir möchten keine alten Wunden aufreißen. Verstehen Sie mich?«

August fühlte, wie ihm die Tränen in die Augen stiegen. Er nahm die beiden großen Hände des anderen, hielt sie behutsam in den seinen und floß, ohne ein Wort zu sprechen, über vor Dank.

»Lassen Sie mich heute auftreten«, bettelte er. »Ich bin der Ihre, so lange Sie wollen – eine Woche, einen Monat, sechs Monate. Es würde mir Spaß machen. Das ist die Wahrheit. Sie werden nicht nein sagen? . . .«

Einige Stunden später saß August vor dem Spiegel und studierte sein Gesicht. Es war eine Gewohnheit von früher her, vor dem Schminken lange auf sein Widerbild zu starren. So bereitete er sich für den Auftritt vor. Er betrachtete seine triste Erscheinung und begann dann plötzlich dieses Gesicht fortzuwischen, ein neues überzustreichen, eines, das alle Welt kannte. Das Gesicht Augusts! Den wahren August kannte freilich niemand, nicht einmal seine Freunde, denn der Ruhm hatte ihn zum Einsiedler gemacht.

Wie er so saß, überwältigt von der Erinnerung an tausend ähnliche Nächte vor dem Spiegel, fing er an zu begreifen, daß jenes abseitige Leben, das er eifersüchtig als sein alleiniges Eigentum bewacht hatte, diese heimliche Existenz, die scheinbar den innersten Kern seines Wesens bewahrte, letzten Endes kein Leben war, daß sie ein Nichts war, nicht einmal der Schatten eines Lebens. Zu leben begonnen hatte er erst an jenem Tage, an dem er sich der Truppe anschloß, in dem Augenblick, als er zu dienen begann als der Letzte und Einfachste unter ihnen. Jenes heimliche Leben hatte sich verflüchtigt, fast ohne daß er es merkte; er war wieder ein Mensch geworden wie andere, mit allen Narrheiten, Tändeleien und Bedürfnissen den anderen gleich – und er war glücklich geworden auf diese Weise, seine Tage waren erfüllt. An diesem Abend würde er nun nicht als August ercheinen, nicht als der weltberühmte Clown, sondern als Antoine, von dem niemand wußte. Weil ihm weder Name noch Ruf vorausgingen, nahmen sie Antoine jeden Abend als Selbstverständlichkeit hin. Kein donnernder Applaus begleitete seinen Abgang aus dem Ring der Manege: die Menschen lächelten nachsichtig, und ihre Bewunderung unterschied sich nicht von jener anderen, die sie den überraschenden Kunststücken der Robben entgegenbrachten.

Plötzlich erschütterte Unsicherheit seine Träume. Bisher hatte er dieses heimliche, erfüllte Leben vor der Öffentlichkeit geschützt. Wenn man ihn nun an diesem Abend als August, den Clown August, wiedererkannte – welches Unglück! Nie wieder würde er Frieden finden, man würde ihn verfolgen von Stadt zu Stadt, ihn zu Erklärungen zwingen und darauf bestehen, daß er seinen Platz wieder einnehme in der Welt der großen Stars. Unklar fühlte er, daß man ihn sogar des Mordes an August bezichtigen konnte. August war ein Begriff, ein Idol; er gehörte der Welt. Es ließ sich nicht absehen, womit man ihn noch plagen würde . . .

Man klopfte an die Tür. Einer von der Truppe trat ein, lediglich um nachzusehen, ob alles in Ordnung gehe. Nach einigen beiläufigen Worten erkundigte sich August nach Antoines Befinden.

»Ich hoffe, er fühlt sich besser«, sagte er.

»Nein«, erwiderte der andere ernst. »Sein Zustand verschlimmert sich, scheint's. Niemand weiß genau, was ihm fehlt. Vielleicht sprechen Sie ein Wort mit ihm, bevor Sie auftreten, ja?«

»Aber gewiß!« sagte August. »Ich bin in fünf Minuten fertig.« Und er verstrich den Rest der Schminke in sein Gesicht.

Das Fieber schüttelte Antoine, als August bei ihm eintrat. Er beugte sich über den Kranken und strich über seine feuchte Hand.

»Armer Alter«, murmelte er, »was kann ich für dich tun?«

Antoine hob die Augen und blickte ihn minutenlang mit dem Ausdruck eines Menschen an, der sich selbst im Spiegel sieht. Langsam begriff August, was in ihm vorging.

»Ich bin's, August«, sagte er sanft.

»Ich weiß«, sagte Antoine. »Du bist's ... aber ich könnte's auch sein. Keiner merkt den Unterschied. Und du bist ein Großer, und ich war irgendwer.«

»Vor wenigen Augenblicken habe ich dasselbe gedacht«, sagte August mit einem aufmerksamen Lächeln. »Merkwürdig – nicht? Ein bißchen Schmiere ins Gesicht, eine Blase, ein Lumpengewand – wie wenig man doch braucht, um nichts aus sich zu machen. Das sind wir alle einmal gewesen – nichts. Und jedermann zur gleichen Zeit. Sie applaudieren nicht uns, sie applaudieren sich selbst. Mein lieber Alter, ich muß gleich gehen, aber laß dir zuerst noch sagen, was ich neulich dazugelernt habe ... Du selbst zu sein, nur du selbst, ist eine große Sache. Aber wie macht man das, wie bringt man das fertig? Das ist der schwerste Trick von allen! Das Schwerste, weil es keinerlei Anstrengung von uns verlangt. Du versuchst weder dies zu sein noch das, weder groß noch klein, nicht tüchtig und nicht ungeschickt ... Kannst du mir folgen? Du tust, was dir gerade einfällt. Aber mit Anstand, bien entendu! Denn nichts ist unwichtig. Nichts! Statt Gelächter und Applaus empfängst du Lächeln. Ein kleines, zufriedenes Lächeln – das ist alles. Aber es ist auch wirklich alles ... mehr als du verlangen kannst. Du verrichtest die Dreckarbeit und nimmst sie den anderen von der Schulter.

Das macht sie glücklich, aber dich selbst noch viel mehr. Begreifst du? Aber du mußt es ganz unauffällig tun, du darfst sie nicht wissen lassen, welches Vergnügen es dir bereitet. Wenn man dich einmal ertappt, wenn sie dein Geheimnis durchschauen, bist du verloren. Sie werden dich selbstsüchtig nennen, gleichviel was immer du für sie getan hast. Du kannst tun, was du willst – buchstäblich Selbstmord begehen auf offener Szene, solange sie dich nicht verdächtigen, daß du dich auf ihre Kosten bereicherst, indem sie dir eine Freude bereiten, die du dir selbst nicht geben könntest. Nun gut! Entschuldige mich, Antoine, ich wollte keine lange Rede halten. In irgendeiner Weise bist du's, der mir heute ein Geschenk macht. Heute kann ich August sein, indem ich Antoine spiele. Das ist noch besser, als wirklich Antoine zu sein, compris?«

August hielt inne; mit diesem letzten Gedanken hatte ihn eine große Idee gestreift. Sie eignete sich nicht zur sofortigen Mitteilung an Antoine. Sie umschloß ein Risiko, ein Element der Gefahr. Aber er wollte nicht daran denken, er mußte sich jetzt beeilen, die Sache auszuarbeiten . . . diese Nacht noch, möglicherweise.

»Hör zu, Antoine«, sagte er fast schroff, während er sich zum Gehen wandte. »Ich werde dich heute nacht vertreten und vielleicht auch morgen nacht, aber dann ist es besser, wenn du dich selber rührst. Ich bin nicht begierig darauf, wieder Clown zu werden, verstehst du? Morgen früh will ich dich besuchen. Dann werde ich dir mehr sagen – und es wird dich erfrischen!«

Er machte eine Pause und räusperte sich.

»Du wolltest immer eine große, feine Nummer sein, nicht wahr? Erinnere dich! In mir wächst ein Gedanke: er ist zu deinem Nutzen. Soviel für heute! Schlaf gut!«

Er puffte Antoine in die Schulter, als wollte er ihn zur Gesundheit hinstoßen. An der Tür fing er noch den schwachen Schimmer eines Lächelns auf, das über Antoines Gesicht huschte. Er stahl sich auf den Zehenspitzen davon.

Mit langen Schritten strebte er dem Zelt zu und summte ein Lied vor sich hin. Die Idee, die ihm vor wenigen Augenblicken zugefallen war, gewann Gestalt. Kaum daß er seine Nummer erwarten konnte, so sehr verlangte es ihn, mit seinem Plan ans Ziel zu kommen. »Diesen Abend«, sagte er zu sich selbst, als er sich fertig machte, »werde ich eine Vorstellung geben, wie sie noch niemand gesehen hat. Wartet nur, meine Lieben, wartet, bis sich August ins Zeug legt.«

Er steigerte sich in solche Raserei und Ungeduld, daß er wie eine närrische Ziege umhersprang, als er, begleitet vom dünnen Quäken der Violine, in das Scheinwerferlicht taumelte. Sobald er die Sägespäne unter seinen Füßen spürte, wurde sein Spiel reine Improvisation. Nicht einer dieser wilden, sinnlosen Luftsprünge war von ihm vorgesehen, geschweige denn eingeübt worden. Er hatte sich selbst von der Tafel gewischt und schrieb darauf den Namen Antoines in unauslöschlichen Lettern. Wenn Antoine nur selbst hier gewesen wäre, um seine Geburt als Weltstar mitzuerleben!

In wenigen Augenblicken vergewisserte sich August, daß er sein Publikum gepackt hatte und in der Hand hielt. Dabei war er noch reichlich steif, noch nicht gelockert.

»Wartet, wartet!« muffelte er zwischen den Zähnen, während er sich von einer Seite auf die andere warf. »Das ist noch gar nichts, das ist nur der Anfang von Antoines Geburt. Er hat eben erst begonnen, die Füßchen zu regen.«

Nach diesem einleitenden Sketch sah er sich von einer Gruppe begeisterter Leute umringt. Unter ihnen war der Boss.

»Sind Sie toll geworden, August?« waren seine ersten Worte. »Wollen Sie Antoine ruinieren?«

»Nur keine Angst!« beruhigte ihn August, und die Freude schoß ihm warm ins Gesicht. »Ihr werdet sehen, ich *mache* Antoine. Nur Geduld! Ich versichere euch, alles wird gut.«

»Aber es ist schon zu gut, das ist es ja gerade! Nach einer solchen Vorstellung ist Antoine erledigt.«

Den Streit auszutragen, blieb keine Zeit. Die Manege

mußte für die Trapezkünstler freigemacht werden. Die Truppe war klein: jeder mußte Hand anlegen.

Vor dem nächsten Auftritt des Clowns gab es langen Applaus, der sich zu Zurufen steigerte, als August seinen Kopf zwischen den Vorhängen zeigte.

»Antoine, Antoine!« schrien sie, stampften mit den Füßen, pfiffen und klatschten vor Freude in die Hände. »Antoine soll kommen! Wir rufen Antoine!«

Antoine pflegte bei diesem Auftritt eine kleine Solonummer zu zeigen, einen abgedroschenen Sketch, aus dem schon vor Jahren der letzte Hauch schöpferischen Atems entschwunden war. Abend für Abend hatte August diese Szene mitangesehen und überlegt, wie er an Antoines Stelle die Tricks ändern und ansetzen würde. Nun war der Augenblick gekommen, die Gags auszuspielen, die er sooft bis in den Schlaf hinein spielerisch in Gedanken geübt. Er hatte die starke Empfindung, nun einem Meister zu gleichen, der das Werk eines nachlässigen Schülers vollendet, die letzten Glanzlichter aufsetzt. Vom Gegenstand der Darstellung abgesehen, blieb nichts vom Original erhalten. Man änderte ein Winziges hier, ein Winziges dort, und am Ende stand das neue Werk.

August ging mit dem Eifer eines Irren an die Arbeit. Hier war nichts zu verlieren. Im Gegenteil: alles war zu gewinnen. Jeder Dreh und Kniff bedeutete neues Leben für Antoine. Während er die Nummer Akt für Akt durchfeilte und vollendete, notierte er im Gedächtnis für Antoine die Tricks, mit denen er die Wirkungen hervorbrachte. Jeden seiner Sprünge durchlebte und durchdachte er dreifach: als der Meisterclown August, August als Antoine und Antoine als August. Und über diesen dreien schwebte als Wesen, das sich mit der Zeit als lebendig erweisen sollte, Antoine als Antoine. Ein neugeborener Antoine, gewiß, ein Antoine *in excelsis*. Je mehr er über diesen Antoine nachdachte (und es war erstaunlich, wie klar er sich selbst in dieser Verwandlung beobachten konnte), desto mehr Aufmerksamkeit schenkte er den vermutlichen

Grenzen und Fähigkeiten des neugeschaffenen Wesens. Es war Antoine, an den er fortwährend dachte, nicht August. August war tot. Er empfand nicht den leisesten Wunsch, diesen August als weltberühmten Clown Antoine wiederauferstehen zu sehen. Sein einziges Bemühen war, Antoine so berühmt zu machen, daß nie wieder die Rede von August sein würde.

Am nächsten Morgen waren die Zeitungen voll des Lobes für Antoine. August hatte, und das verstand sich von selbst, dem Boss noch am selben Abend von seinem Plan Mitteilung gemacht. Es war vereinbart, daß alle Vorkehrungen getroffen wurden, das Geheimnis zu wahren. Da niemand, außer den Mitgliedern der Truppe, von Antoines Krankheit wußte und Antoine selbst die glorreiche Zukunft, die man ihm zu bereiten gedachte, nicht einmal ahnte, waren die Aussichten ermutigend.

August konnte, wie sich denken läßt, den versprochenen Besuch bei Antoine kaum erwarten. Er war entschlossen, ihn nicht sofort mit den Zeitungsberichten zu überfallen, er wollte ihm lediglich zu wissen geben, was er in den wenigen Tagen von Antoines Umpäßlichkeit zu erreichen hoffte. Zuerst mußte Antoine gewonnen werden; dann erst durfte man den Kranken mit dem vollen Ausmaß des Erfolges bekanntmachen. Sonst lief man Gefahr, Antoine mit der fertigen Tatsache einzuschüchtern. All dies wiederholte sich August, Punkt für Punkt, ehe er den Weg zu Antoines Wohnwagen einschlug. Nicht eine Sekunde lang überlegte er, daß sein Vorschlag die Möglichkeiten Antoines übersteigen könnte. Er bezwang sich und wartete den Mittag heran, in der Hoffnung, dann Antoine in der rechten Stimmung zu finden. Als er sich auf den Weg machte, war Jubel in ihm. Antoine würde sich überzeugen lassen, daß er eine rechtmäßige Erbschaft antrat.

»Nach allem«, sagte er zu sich selbst, »ist es nur ein kleiner Stoß, den ich ihm gebe. Das Leben ist voll kleiner Schwindeleien, man muß sie sich zunutze machen. Keiner schafft es allein, ohne Hilfe.«

Mit diesem Zuspruch ging er los.

»Es ist weder Betrug noch Diebstahl an Antoine«, folgerte er. »Er hat sich immer gewünscht, berühmt zu sein, jetzt *ist* er berühmt! Oder er wird es spätestens in einer Woche. Antoine wird Antoine sein ... und noch mehr. Ein kleiner Zufall zur rechten Zeit ist alles, was man braucht, ein kleiner Dreh des Schicksals, ein Anstoß von irgendwo, und die Sache ist gemacht. – Du stolperst ins Scheinwerferlicht. Mit allen vieren zugleich.«

Er dachte an seinen eigenen schnellen Aufstieg zum Ruhm. Was hatte er, August, damit zu tun? Was man Genieblitz nannte, es war reiner Zufall gewesen. Wie wenig verstand das Publikum! Wieviel begriff es von den Winkelzügen des Schicksals! Ein Clown ist ein Bauer auf dem Schachbrett des Schicksals.

Das Leben in der Arena war ein stummes Schauspiel, eine Pantomime mit Stürzen, Ohrfeigen, Fußtritten – ein endloses Stoßen und Auffangen von Stößen, Treten und Getretenwerden. Und bei dieser schmachvollen und erniedrigenden Rigolade gewann man die Gunst des Publikums. »Der beliebte Clown!« Seine besondere Aufgabe war, die Irrtümer und Sinnlosigkeiten, allen Wahnsinn und alle Mißverständnisse, die wie Seuchen die Menschheit quälen, wiederzuerwecken und darzustellen. Die Albernheit selbst, Gestalt geworden in der Manege, das begriff auch der dümmste Einfaltspinsel. Nichts zu verstehen, wo alles klar am Tage liegt, den Trick nicht zu erfassen, wenn er auch tausendmal vorgespielt wird, wie ein Blinder zu tappen, wo die Richtung überall deutlich angezeigt ist, immerfort an der Tür zu rütteln, obwohl mit großen Lettern darauf geschrieben steht: »Gefahr«, mit dem Kopf voran in den Spiegel zu laufen, statt ihn zu umgehen, von der falschen Seite in das Gewehr zu schauen – ein geladenes Gewehr – niemals würde das Publikum aufhören, an diesen Sinnlosigkeiten seinen Gefallen zu finden, denn seit Jahrtausenden täuschten sich die Menschen über den richtigen Weg, endete ihr Suchen und Fragen in derselben

Sackgasse. Dem Meister der Albernheit stand die Zeit in ihrer Gänze als Repertoire zur Verfügung. Er streckte die Waffen nur vor dem Antlitz der Ewigkeit ...

Mitten in diesen fremdartigen Gedanken stieß er auf Antoines Wohnwagen. Er stutzte, ohne zu wissen warum. Der Boss kam ihm entgegen; er kam offensichtlich geradenwegs von Antoines Krankenbett. Sein Erstaunen wuchs, als ihm der Boss mit erhobener Hand bedeutete, er möge stehenbleiben, wo er war. Der Ausdruck seines Gesichts erweckte in August ein Gefühl des Unbehagens, des Alarms. Er verharrte unterwürfig und wartete, daß der andere zu sprechen begänne.

Wenige Schritte vor August hob der Mann beide Arme mit einer Geste der Verzweiflung und Resignation. August brauchte kein Wort mehr zu hören, um zu wissen, was ihm bevorstand.

»Aber wann ist es geschehen?« fragte er, nachdem sie einige Schritte Seite an Seite gegangen waren.

»Vor ein paar Minuten. Ganz plötzlich. In meinen Armen.«

»Ich verstehe nicht«, murmelte August. »Was *war* es, das ihn tötete? Er war nicht so schlecht beisammen vergangene Nacht, als ich mit ihm sprach.«

»Das ist es ja gerade«, sagte der andere.

Etwas in seiner Stimme ließ August zurückzucken.

»Wollen Sie damit sagen ...«

Er brach ab. Es war zu unerhört, er wies den Gedanken von sich. Aber im nächsten Augenblick sprach er schon wieder davon.

»Wollen Sie sagen«, seine Stimme zitterte von neuem, »daß er davon wußte ...?«

»Eben das.«

Wiederum zuckte August zusammen.

»Wenn ich ganz offen meine Meinung sagen soll«, fuhr der Boss in seiner rauhen Art fort, »würde ich sagen, daß er an gebrochenem Herzen gestorben ist.«

Über diesen Worten hielten beide jäh den Schritt an.

»Hören Sie!« sagte der Boss. »Es ist nicht Ihre Schuld. Nehmen Sie sich's nicht so zu Herzen. Ich weiß, wir alle wissen, daß Sie unschuldig sind. Tatsache ist: Antoine wäre nie ein großer Clown geworden. Er hat es schon vor langer Zeit aufgegeben.«

Der Boss murmelte einige unverständliche Worte und seufzte.

»Die Frage ist: Wie werden wir den Leuten diese Vorstellung erklären! Es wird schwerfallen, ihnen die Wahrheit zu verbergen, nunmehr, Sie verstehen... Nicht wahr? Wir haben in keiner Weise mit seinem plötzlichen Tod gerechnet...«

Eine Pause entstand, dann sagte August leise: »Es wird gut sein, wenn ich eine Weile mit mir selbst allein bleibe, glauben Sie nicht?«

»Recht so!« bekräftigte der Boss. »Bedenken Sie alles in Ruhe. Es ist noch Zeit...«

Er fügte nicht hinzu wofür.

Traurig und verstört wanderte August fort in der Richtung zur Stadt. Eine lange Weile bildete sich kein einziger Gedanke in seinem Gehirn, nur dumpfe, träge Pein durchdrang alle Glieder seines Körpers. Schließlich fand er einen abgesonderten Platz an der Rampe einer Kaffeehaus-Terrasse, setzte sich und bestellte zu trinken. Nein, mit dieser Möglichkeit hatte er gewiß nicht gerechnet. Das Schicksal hatte noch einmal zugeschlagen. Eines war klar – entweder er mußte wieder August werden oder Antoine. Er konnte nicht länger namenlos bleiben. Er mühte sich, an Antoine zu denken; an jenen Antoine, den er in der vorangegangenen Nacht geschaffen hatte. Würde er fähig sein, ihn wiederzuerwecken an diesem Abend, mit demselben Feuer, derselben Freude an seiner Schöpfung? Jenen anderen Antoine, der kalt und tot im Wagen lag, vergaß er ganz dabei. Ohne sich davon Rechnung abzulegen, war er nicht nur in seine Fußtapfen getreten, sondern hatte selbst seine Schuhe angezogen. Er wiederholte die

Szene, zerlegte sie, spaltete sie in Stücke, besserte sie mit einigen Flicken aus, vervollkommnete sie hier und dort ... geriet vom Hundertsten ins Tausendste, von einer Wendung zur anderen, von einer Nacht zur anderen, von Stadt zu Stadt. Und dann kam er plötzlich wieder zu sich. Mit einem Ruck setzte er sich auf seinem Sitz gerade zurecht, begann ernstlich mit sich zu reden.

»Du willst also wieder Clown werden, ist es so? Hast davon noch nicht genug gehabt, he? August hast du ausgetilgt, Antoine ermordet ... was weiter? Vor zwei Tagen noch warst du ein glücklicher Mann, ein freier Mann. Nun hängst du in der eigenen Schlinge, ein Mörder obendrein. Und du glaubst allen Ernstes – oder etwa nicht? –, daß du mit deinem schlechten Gewissen die Leute noch zum Lachen bringen wirst? Das geht wohl ein bißchen zu weit!«

August schlug mit der Faust auf die Marmorplatte des Tisches, als wolle er sich selbst von der Ernsthaftigkeit seiner Worte überzeugen.

»Eine große Vorstellung letzte Nacht! Und warum? Weil niemand in dem Mann, der sie großmachte, August vermutet hat. Es war das Talent, das Genie, dem sie applaudierten. Keiner hatte eine Ahnung. Sie sahen die Vollkommenheit. Es war ein voller Triumph. Quod erat demonstrandum!«

Noch einmal fiel er sich selbst in die Zügel wie einem Pferd.

»Quod erat demonstrandum? Was wolltest du sagen? Ach ja ... August war also begierig, Antoines Platz einzunehmen. Keinen Pfifferling kümmerte er sich darum, ob Antoine dabei groß wurde oder nicht. Ja oder nein? Er wollte nur Gewißheit erlangen, daß sein Ruf nicht unbegründet war. Wie ein Fisch schnappte er nach dem Köder.«

Bah! August spuckte vor Abscheu aus. Seine Kehle war vor Erregung ausgedorrt. Er klatschte in die Hände und bestellte ein neues Glas.

»Mein Gott«, nahm er das Selbstgespräch wieder auf,

nachdem er seinen Gaumen angefeuchtet hatte, »ist es vorstellbar, daß sich ein Mann selbst solche Schlingen legt! Heute glücklich, morgen bis zum Kragen im Sumpf. Was für ein Narr! Was bin ich für ein Narr!« Einen Augenblick lang vermochte er ganz nüchtern zu denken.

»Gut! Eines versteh ich nun – mein Glück war wirklich, aber ohne Grundlage. Ich muß es wiedergewinnen, aber diesmal auf redliche Art. Und ich muß es mit beiden Händen festhalten wie ein kostbares Kleinod. Ich muß lernen, als August glücklich zu sein, als der Clown, der ich bin.«

Er trank einen Schluck Wein und schüttelte sich dann wie ein nasser Hund.

»Möglicherweise ist dies die letzte Gelegenheit, die sich bietet. Ich steige noch einmal aus dem Nichts empor.«

Über das fing er an, sich einen neuen Namen auszudenken. Dieses Spiel führte ihn weit fort.

»Gewiß«, sagte er und vergaß den Namen schon wieder, den er eben für sich bestimmt hatte, »ich werde eine neue Nummer ausbauen, eine völlig neue Sache. Wenn es mich auch nicht glücklich macht, wird es mich doch frisch erhalten. Vielleicht Südamerika ...«

Sein Entschluß zum Neubeginn war so stark, daß er beinahe im Galopp zum Rummelplatz zurückkehrte. Sofort begab er sich auf die Suche nach dem Boss. »Es ist beschlossen«, rief er atemlos. »Ich gehe fort, weit fort, dorthin, wo mich niemand kennt. Ich werde noch einmal ganz von vorne beginnen.«

»Aber warum?« schrie der dicke Mann. »Warum wollen Sie von vorne beginnen, wenn Sie's hier schon zu großem Ansehen gebracht haben?«

»Sie werden es nicht verstehen, aber ich will es Ihnen trotzdem sagen. *Weil ich glücklich sein möchte diesmal.*«

»*Glücklich?* Ich verstehe nichts. Warum glücklich?«

»Weil es gewöhnlich für einen Clown das Glück ist, ein anderer zu sein als er selbst.«

»Ich verstehe kein Wort ... Hören Sie zu, August ...«

»Einen Augenblick«, bat August händeringend. »Was macht die Leute lachen und schreien, wenn sie uns sehen?«

»Lieber, alter Junge! Was hat das alles miteinander zu tun? Das sind Haarspaltereien. Laß uns vernünftig reden. Kehren wir auf den Boden der Wirklichkeit zurück.«

»Aber das zu tun, bin ich eben dabei«, erklärte August feierlich. »Wirklichkeit! Das ist das rechte Wort dafür. Nun weiß ich, wer ich bin, was ich bin und was ich tun muß. *Das ist die Wirklichkeit.* Was Sie Wirklichkeit nennen, ist Sägemehl, es bröckelt weg, schlüpft durch die Finger.«

»Mein lieber August«, begann der Boss wieder, als spreche er zu einem Verlorenen, »Sie haben zuviel nachgedacht. Keine voreiligen Entscheidungen. Kommen Sie ...«

»Nein«, sagte August fest. »Ich brauche keinen Trost, keinen Ratschlag. Mein Entschluß ist gefaßt.« Er hob die Hand zum Abschied.

»Wie Sie glauben«, sagte der Boss und zuckte die Schultern. »Also – leben Sie wohl! So meinten Sie's doch?«

Noch einmal machte er sich auf den Weg in die Welt, entschlossen, diesmal ganz in ihr aufzugehen. Als er sich der Stadt näherte, fiel ihm ein, daß er nur wenige Sous in der Tasche hatte. In wenigen Stunden würde er hungern, die Kälte würde kommen, und er würde sich wie die Tiere des Feldes zusammenrollen und liegen und die ersten Sonnenstrahlen erwarten. Warum hatte er sich entschlossen, Straße für Straße bis zu ihrem Ende zu trampen? Er wußte es nicht. Hätte er nicht ebensogut seine Kräfte sparen können?

»Und wenn ich eines Tages wirklich nach Südamerika aufbreche?«

Er hatte wieder laut mit sich selbst zu sprechen begonnen.

»Es kann Jahre dauern. Und welche Sprache soll ich dort sprechen? Und warum sollten sie mich nehmen, mich, einen Fremden und Unbekannten? Wer weiß, ob sie überhaupt einen Zirkus haben da unten? Und wenn, werden sie ihre eigenen Clowns haben – in ihrer Sprache.« In einem kleinen Park angekommen, setzte er sich auf eine Bank.

»Das muß noch genauer bedacht werden«, warnte er sich selbst. »Man geht nicht so einfach nach Südamerika. Ich bin kein Albatros, bei Gott! Ich bin August, ein Mann mit zarten Füßen und einem Magen, der gefüllt sein möchte.«

Eine nach der anderen begann er die menschlichen Eigentümlichkeiten aufzuzählen, die ihn, August, von den Vögeln der Luft und den Tieren des Abgrunds sonderten. Dieses Nachsinnen endete schließlich in einer langen Betrachtung über jene beiden Eigentümlichkeiten, die am deutlichsten die Welt des Menschen vom Bereich des Tierischen scheiden – Lachen und Weinen. Seltsam, dachte er bei sich selbst, daß er, der doch in diesem Gebiet beheimatet war, darüber Spekulationen anstellte wie ein Schulbub.

»Aber ich bin kein Albatros!« Dieser Gedanke – zugegeben, nicht gerade der glänzendsten einer – kam immer wieder, während er die Fragen nach vorwärts und rückwärts wälzte.

Aber wenn sie auch weder originell noch glänzend war, so war sie doch bequem und beruhigend, diese Idee, daß er sich auch während des ärgsten Saltos seiner Einbildungskraft nie für einen Albatros halten würde.

Südamerika – was für ein Unsinn! Fraglich war nicht die Richtung, in die er aufbrechen – und wie er dorthin gelangen sollte, fraglich war ... Er versuchte, es sich selbst in sehr, sehr einfachen Worten zu erklären. War es nicht vielleicht so, daß er sich sehr wohl befand, so wie er war ... ohne sich zu verkleinern, ohne sich zu vergrößern? Er hatte seine eigenen Grenzen überschritten, das war sein Irrtum gewesen. Das Lachen der Menschen genügte ihm nicht, er wollte ihnen die Freude schenken. Freude ist eine Gabe Gottes. Hatte er dies nicht erkannt in der Zeit seines Verzichts – als er annahm, was ihm geboten wurde?

August fühlte, daß er mit seinen Überlegungen ins Ungewisse geriet. Seine wahre Tragödie, merkte er nun, lag darin, daß er unfähig war, seine Kenntnisse einer anderen Welt, einer Welt jenseits Unwissenheit und Vergänglichkeit, jenseits von Lachen und Weinen, den anderen mitzuteilen. Diese Grenze war es, die den Clown aus ihm machte – Gottes eigenen Clown, denn auf Erden war niemand, dem er diesen Zwiespalt begreiflich machen konnte.

Und in diesem Augenblick überkam es ihn plötzlich – ganz einfach ging das alles! –, daß niemand zu sein, oder jemand oder jedermann zu sein, ihn keineswegs daran hinderte, er selbst zu sein...

Wenn er schon ein Clown war, dann ganz und gar, durch und durch, von Grund auf – vom morgendlichen Erwachen bis zum Zurücksinken in den Schlaf. Clown zu jeder Zeit, für Lohn oder aus reiner Freude am Dasein. So sehr, so unwandelbar war er von der Weisheit dieses Gedankens überzeugt, daß es ihn gelüstete, ohne Verzug zu beginnen – ohne Schminke, ohne Kostüm, ja selbst ohne die Begleitung jener alten, quäkenden Violine. So ausschließlich würde er August sein, daß nichts übrigblieb als die Wahrheit, die nun in ihm wie Feuer brannte.

Einmal noch schloß er die Augen, um hinabzusteigen in die Dunkelheiten. Lange blieb er so, ruhig und friedevoll ging der Atem durch seine Brust, durch die Lagerstatt seiner Seele. Als er die Augen wieder öffnete, sah er eine Welt, von der alle Schleier abgefallen waren. Es war die Welt, die er immer in seinem Herzen getragen hatte, immer bereit, Gestalt zu werden, die aber erst zu leben beginnen konnte, wenn man sich mit ihr vereinigte, wenn ihr Puls gleich wurde dem Schlagen des eigenen Herzens.

August war so gerührt, daß er seinen Augen nicht traute. Er rieb sie mit dem Handrücken, nur um sich zu überzeugen, daß sie noch feucht waren von den Tränen der reinen Freude, die er vergossen hatte, ohne es zu wissen. Kerzengerade saß er auf der Bank, und seine Augen starrten in die Ferne. Sie mußten erst an das Licht der Vision gewöhnt werden. Aus der Tiefe seiner Seele stiegen unablässiges Gemurmel, Worte des Dankes. Er stand auf, gerade als die Sonne seine Bank mit einer letzten rötlichen Flut von Gold überschwemmte. Eine

Woge von Kraft und Sehnsucht schwoll in seinen Adern. Wie ein Neugeborener wagte er einige Schritte in das unbeschreibbare Licht. Ein Vogel, der zum erstenmal seine Flügel spannt, so breitete er seine Arme aus zu einer allumfassenden Umarmung.

Nun schwand die Erde hin in jenes tiefe Violett, das die Dämmerung verkündet. August taumelte vor Entzücken.

»Endlich! Endlich!« jubelte er, aber in Wirklichkeit war dieser Jubel nur ein schwacher Widerhall der unermeßlichen Freude, die ihn bewegte.

Ein Mann kam auf ihn zu. Ein Mann in Uniform, mit einem Knüppel bewaffnet. August erschien er als Engel der Erlösung. Er lief ihm entgegen, um sich in die Arme des Erlösers zu retten, da fiel eine Wolke von Dunkelheit über ihn mit der Härte eines Hammerschlags. Lautlos stürzte er dem Wachmann zu Füßen.

Zwei Fußgänger, die den Vorfall mitangesehen hatten, eilten herbei. Sie knieten nieder und wälzten August auf den Rücken. Zu ihrem Staunen lächelte er. Es war ein breites, seraphisches Lächeln, aus dem Blut sprudelte und rieselte. Seine Augen waren weit offen und starrten mit untrübbarer Unschuld auf die dünne Schale des Mondes, die gerade jetzt am Himmel sichtbar wurde.

HENRY MILLER

Der glückliche Prinz

Hoch über der Stadt stand auf einer mächtigen Säule die Statue des Glücklichen Prinzen. Sie war über und über mit dünnen Goldblättchen bedeckt, statt der Augen hatte sie zwei glänzende Saphire, und ein großer roter Rubin leuchtete auf seiner Schwertscheide.

Alles bestaunte und bewunderte ihn sehr. »Er ist so schön wie ein Wetterhahn«, bemerkte einer der Stadträte, der darauf aus war, für einen in Kunstdingen geschmackvollen Mann zu gelten; »bloß nicht ganz so nützlich«, fügte er hinzu, da er fürchtete, man könnte ihn sonst für unpraktisch halten, was er durchaus nicht war. »Warum bist du nicht wie der Glückliche Prinz?« fragte eine empfindsame Mutter ihren kleinen Jungen, der weinend nach dem Mond verlangte. »Dem Glücklichen Prinzen fällt es nie ein, um etwas zu weinen.«

»Ich bin froh, daß es wenigstens einen gibt, der in dieser Welt ganz glücklich ist«, sagte leise ein Enttäuschter mit einem Blick auf das wundervolle Standbild.

»Er sieht genau aus wie ein Engel«, sagten die Waisenkinder, als sie in ihren purpurroten Mänteln und sauberen Vorstecklätzchen aus der Kathedrale kamen.

»Wie könnt ihr das wissen?« fragte der Mathematiklehrer, »ihr habt doch nie einen gesehen.«

»Oh doch, im Traum«, antworteten die Kinder; und der Mathematiklehrer runzelte die Stirn und machte ein sehr strenges Gesicht, denn er billigte Kinderträume nicht.

Da flog eines Nachts ein kleiner Schwälberich über die Stadt. Seine Freunde waren schon vor sechs Wochen nach Ägypten gezogen, aber er war zurückgeblieben, weil er sich in eine ganz wunderschöne Schilfrispe verliebt hatte. Ganz zeitig im Frühling hatte der Schwälberich die Rispe zum erstenmal gesehen, als er gerade hinter einer großen gelben Motte her über den Fluß flog, und war von der Schlankheit der Rispe so entzückt gewesen, daß er haltgemacht hatte, um mit ihr zu plaudern. »Soll ich dich lieben?« fragte der Schwälberich, der es liebte, immer gleich gerade auf sein Ziel loszugehen. Und die Schilfrispe verneigte sich tief vor ihm. So flog er immer und immer um die Schlanke herum, rührte leicht das Wasser mit seinen Flügeln und machte kleine silberne Wellen darauf. Das war die Art, wie er warb, und es dauerte den ganzen Sommer hindurch. »Das ist ein lächerliches Attachement«, zwitscherten die andern Schwalben, »Die Schilfrispe hat gar kein Vermögen und viel zuviel Verwandte«, und in der Tat war der Fluß ganz voll von Schilf. Als dann der Herbst kam, flogen sie alle davon.

Als sie fort waren, fühlte sich der Schwälberich einsam und fing an, seiner romantischen Liebe überdrüssig zu werden. »Sie kann sich gar nicht unterhalten«, sagte er, »und ich fürchte, sie ist eine Kokette, denn sie flirtet immer mit dem Wind.« Wirklich machte die Schilfrispe, sooft der Wind blies, die graziösesten Verbeugungen.

»Ich gebe gern zu, daß sie sehr häuslich ist«, fuhr er fort, »aber ich liebe das Reisen, und deshalb soll meine Frau es auch lieben.« »Willst du mit mir fort?« fragte der Vogel endlich die Rispe; die aber schüttelte den Kopf – sie hing so sehr an der Heimat.

»Du hast mit mir gespielt«, rief da der Schwälberich, »ich mache mich auf nach den Pyramiden. Leb wohl!« Und flog davon.

Den ganzen Tag über flog er und erreichte gegen Abend die Stadt. »Wo soll ich absteigen?« sagte er; »hoffentlich hat die Stadt Vorbereitungen getroffen.«

Da sah er das Standbild auf der hohen Säule. »Hier will ich absteigen«, rief er, »es hat eine hübsche Lage und viel frische Luft.« Und damit ließ er sich gerade zwischen den Füßen des Glücklichen Prinzen nieder.

»Ich habe ein goldenes Schlafzimmer«, sagte er wohlgefällig zu sich selber, während er herumschaute und sich anschickte, schlafen zu gehen; aber gerade, als er seinen Kopf unter seinen Flügel stecken wollte, fiel ein großer Regentropfen auf ihn nieder. »Wie sonderbar!« rief er, »am Himmel ist nicht das kleinste Wölkchen, die Sterne sind hell und leuchten, und doch regnet es. Das Klima im nördlichen Europa ist schon wirklich abscheulich. Die Schilfrispe liebte ja den Regen sehr, aber das war bloß ihr Egoismus.«

Da fiel ein zweiter Tropfen.

»Was für einen Zweck hat dann eigentlich eine Statue, wenn sie nicht den Regen abhalten kann?« sagte der Vogel: »ich muß mich lieber nach einem guten Schornstein umsehen«, und er wollte schon fortfliegen.

Doch bevor er noch seine Flügel ausgebreitet hatte, fiel ein dritter Tropfen; er schaute in die Höhe und sah – ja, was sah er? Die Augen des Glücklichen Prinzen waren voll Tränen, und Tränen liefen ihm über die goldenen Wangen. Sein Gesicht war so wunderschön im Mondlicht, daß den Schwälberich das Mitleid faßte.

»Wer bist du?« sagte er.

»Ich bin der Glückliche Prinz.«

»Weshalb weinst du denn?« fragte der Vogel. »Du hast mich ganz naß gemacht.«

»Als ich noch am Leben war und ein Menschenherz hatte«, antwortete das Standbild, »da wußte ich nicht, was Tränen sind, denn ich lebte in dem Palast Ohnsorge, in den die Sorge keinen Zutritt hat. Tagsüber spielte ich mit meinen Gefährten im Garten, und des Abends führte ich den Tanz in der großen Halle. Rund um den Garten lief eine sehr hohe Mauer, aber nie dachte ich daran zu fragen, was wohl dahinter läge, so schön war alles um mich her. Meine Höflinge nannten mich den Glücklichen Prinzen, und glücklich war ich in der Tat, wenn Vergnügen Glück bedeutet. So lebte ich und so starb ich. Und nun, da ich tot bin, haben sie mich hier hinaufgestellt, so hoch, daß ich alle Häßlichkeit und alles Elend meiner Stadt sehen kann, und wenn auch mein Herz von Blei ist, kann ich nicht anders als weinen.« »Wie, es ist nicht von echtem Gold?« sprach der Vogel zu sich. Denn er war zu höflich, als daß er eine so persönliche Bemerkung laut gemacht hätte.

»Weit fern von hier«, fuhr die Statue mit einer leisen, melodischen Stimme fort, »weit fern von hier in einer kleinen schmalen Gasse steht ein armseliges Haus. Eins der Fenster ist offen, und so sehe ich eine Frau am Tische sitzen. Ihr Gesicht ist mager und verhärmt, und sie hat rauhe, rote Hände, nadelzerstochen, denn sie ist eine Näherin. Sie stickt Passionsblumen in ein Seidenkleid, das die schönste von den Ehrendamen der Königin am nächsten Hofball tragen soll. In einem Winkel des Zimmers liegt ihr kleiner Junge krank im Bett. Er fiebert und verlangt nach Pomeranzen. Die Mutter kann ihm nichts mehr geben als Wasser aus dem Fluß, und daher weint er. Vogel, Vogel, kleiner Vogel, willst du ihr nicht den Rubin aus meiner Schwertscheide hinbringen? Meine Füße sind an den Sockel befestigt, und ich kann mich nicht bewegen.«

»Man erwartet mich in Ägypten«, sagte der Schwälberich. »Meine Freunde fliegen den Nil auf und nieder und unterhalten sich mit den großen Lotosblüten. Bald werden sie sich im Grab des großen Königs schlafen legen. Er ist in gelbes Linnen gehüllt und mit Spezereien balsamiert. Um seinen Hals liegt eine Kette aus blaßgrünem Nephrit, und seine Hände sind wie vertrocknete Blätter.«

»Vogel, Vogel, kleiner Vogel«, sagte der Prinz, »willst du nicht diese eine Nacht bei mir bleiben und mein Bote sein? Der Knabe ist so durstig und die Mutter so traurig.«

»Ich glaube, ich mache mir nichts aus Knaben«, antwortete der Schwälberich. »Als ich letzten Sommer am Fluß wohnte, da waren so rohe Buben, des Müllers Söhne, die immer Steine nach mir warfen. Getroffen haben sie mich natürlich nie, denn wir Schwalben fliegen dafür viel zu gut, und ich stamme zudem aus einer Familie, die wegen ihrer Behendigkeit berühmt ist; aber es war doch immerhin ein Zeichen von Respektlosigkeit.« Aber der Glückliche Prinz sah so traurig, daß es den kleinen Schwälberich bekümmerte. »Es ist sehr kalt hier«, sagte er, »aber ich will trotzdem diese eine Nacht bei dir bleiben und dein Bote sein.« »Ich danke dir, kleiner Vogel«, sagte der Prinz.

So pickte der Schwälberich aus des Prinzen Schwert den großen Rubin und flog mit ihm weg über die Dächer der Stadt und trug ihn im Schnabel.

Er flog an dem Turm des Domes vorbei, auf dem die weißen Marmorengel stehen. Er flog über den Palast hin und hörte die Musik von Tanzweisen. Ein schönes Mädchen trat mit seinem Geliebten auf den Balkon hinaus. »Wie wundervoll die Sterne sind«, sagte er zu ihr, »und wie wunderbar die Macht der Liebe!« »Hoffentlich wird mein Kleid zum Staatsball fertig«, antwortete sie, »ich lasse mir Passionsblumen darauf sticken; aber die Schneiderinnen sind so faul.«

Er flog über den Fluß und sah die Laternen an den Schiffsmasten. Er flog über das Ghetto und sah die alten Juden miteinander handeln und auf kupfernen Waagen das Geld wiegen. Endlich erreichte er das armselige Haus und schaute hinein. Der Knabe warf sich fiebernd, und die Mutter war vor Müdigkeit eingeschlafen. Hinein ins Zimmer hüpfte der Schwälberich und legte den Rubin auf den Tisch gerade neben den Fingerhut der Frau. Dann kreiste er leise um das Bett und fächelte des Jungen Stirn mit den Flügeln. »Wie kühl mir ist«, sagte der Knabe, »ich glaube, es wird mir besser«, und er sank in einen köstlichen Schlaf. Darauf flog der Schwälberich zurück zu dem Glücklichen Prinzen und erzählte ihm, was er getan. »Merkwürdig«, sagte er, »mir ist mit einem Mal ganz warm geworden, obgleich es so kalt ist.«

»Das kommt von deiner guten Tat«, sagte der Prinz. Und der kleine Vogel begann darüber nachzudenken und schlief ein. Denken machte ihn immer schläfrig.

Als der Tag anbrach, flog der Vogel hinab zum Fluß und nahm ein Bad. »Was für ein bemerkenswertes Phänomenon«, sagte der Professor der Ornithologie, während er über die Brücke ging, »eine Schwalbe im Winter!« Und er schrieb darüber einen langen Brief an die Lokalzeitung. Alles sprach von diesem Aufsatz, der so wortreich war, daß niemand ihn verstehen konnte.

»Heut nacht mach ich mich auf nach Ägypten«, sagte der

Schwälberich und war hochvergnügt bei dem Gedanken. Er besuchte alle Denkmäler und öffentlichen Bauwerke der Stadt und saß lange auf der Kirchturmspitze. Wo immer er hinkam, da piepten die Spatzen, und einer sagte zum anderen: »Was für ein vornehmer Fremder!« und dabei amüsierte sich der Schwälberich sehr.

Als der Mond aufging, flog er zurück zu dem Glücklichen Prinzen. »Hast du irgendwelche Aufträge für Ägypten?« rief er, »ich reise gerade dahin ab.«

»Vogel, Vogel, kleiner Vogel«, sagte der Prinz, »willst du nicht noch eine Nacht bei mir bleiben?«

»Ich werden in Ägypten erwartet«, antwortete der Schwälberich. »Morgen fliegen meine Gefährten zum zweiten Katarakt hinauf. Dort liegt das Nilpferd unter den Binsen, und auf einem großen granitenen Thron sitzt der Gott Memnon. Die ganze Nacht lang blickt er zu den Sternen, und wenn der Morgenstern aufglänzt, stößt er einen langen Freudenschrei aus, und dann ist er wieder still. Zu Mittag kommen die gelben Löwen ans Flußufer, um zu trinken. Sie haben Augen wie grüne Berylle, und ihr Gebrüll übertönt das Brüllen des Katarakts.«

»Vogel, Vogel, mein kleiner Vogel«, sagte der Prinz, »weit weg über der Stadt sehe ich einen jungen Mann in einer Dachstube. Er lehnt sich über einen mit Papieren bedeckten Tisch, und neben ihm steht in einem Wasserglase ein kleiner Strauß verwelkter Veilchen. Sein Haar ist braun und gelockt, seine Lippen sind rot wie eine Granatblüte, und er hat große und träumerische Augen. Er versucht, ein Schauspiel fertigzuschreiben, aber er kann nicht weiter vor Kälte. Es ist kein Feuer im Ofen, und der Hunger hat ihn ohnmächtig gemacht.«

»Ich will noch eine Nacht länger bei dir bleiben«, sagte der Schwälberich, der eigentlich ein gutes Herz hatte. »Soll ich ihm auch einen Rubin bringen?«

»Ach! Ich habe keinen Rubin mehr«, sagte der Prinz, »nur meine Augen sind mir noch geblieben. Sie sind aus seltenen

Saphiren gemacht, die man vor tausend Jahren aus Indien gebracht hat. Picke eines heraus und bring es ihm. Er wird es an einen Juwelier verkaufen und sich dafür Essen und Feuerung verschaffen und sein Stück beenden.«

»Lieber Prinz«, sagte der Schwälberich, »das kann ich nicht tun«, und er begann zu weinen.

»Vogel, Vogel, kleiner Vogel«, sagte der Prinz, »tu, wie ich dich heiße.«

Also pickte der Schwälberich dem Prinzen das Auge aus und flog zur Dachkammer des Studenten. Es war nicht schwer hineinzukommen, denn es war ein Loch im Dach. Durch das schlüpfte der Vogel in die kleine Stube. Der Jüngling hielt den Kopf in die Hände vergraben, und so hörte er nicht das Flattern des Vogels, und als er aufschaute, da fand er den schönen Saphir, der auf den verblaßten Veilchen lag.

»Man fängt an, mich zu würdigen«, rief er aus; »das kommt sicher von einem großen Bewunderer. Nun kann ich mein Stück fertigschreiben.« Und er sah ganz glücklich aus.

Am nächsten Tag flog der Schwälberich hinab zum Hafen. Er setzte sich auf den Mast des größten Schiffes und beobachtete die Matrosen, die an Tauen große Ballen aus dem Schiffsraum emporwanden. »Heb auf!« schrien sie bei jedem Ruck am Tau.

»Ich geh nach Ägypten!« rief der Vogel, aber niemand achtete auf ihn, und als der Mond aufging, flog er zu dem Glücklichen Prinzen. »Ich komme, dir lebe wohl zu sagen«, rief er.

»Vogel, Vogel, kleiner Vogel«, sagte der Prinz, »willst du nicht noch eine Nacht bei mir bleiben?«

»Es ist Winter«, sagte der Schwälberich, »und der kalte Schnee wird bald dasein. In Ägypten scheint die Sonne warm auf die grünen Palmen, und die Krokodile liegen im Schlamm und schauen faul vor sich hin. Meine Gefährten bauen ihr Nest im Tempel von Baalbek, und die weiß- und rotgefiederten Tauben schauen ihnen zu und girren. Lieber Prinz, ich muß dich verlassen, aber ich will dich nie vergessen, und im nächsten Frühling bringe ich dir zwei schöne

Edelsteine wieder für die, die du weggegeben hast. Der Rubin soll röter sein als eine rote Rose und der Saphir so blau wie die große See.«

»Dort unten auf dem Platz«, sagte der Prinz, »da steht ein kleines Streichholzmädel, die hat ihre Hölzer in die Gosse fallen lassen, und sie sind alle verdorben. Ihr Vater wird sie schlagen, wenn sie ihm kein Geld heimbringt, und sie weint. Pick mir das andere Auge aus und gib es ihr, und ihr Vater wird sie nicht schlagen.«

»Ich will noch eine Nacht bei dir bleiben«, sagte der Vogel, »aber ich kann dir dein Auge nicht auspicken. Du wärest dann ja ganz blind.«

»Vogel, Vogel, kleiner Vogel«, sagte der Prinz, »tu, wie ich dich heiße.«

Also pickte der Schwälberich dem Prinzen auch das andere Auge aus und flog damit weg. Er strich über den Kopf des Mädchens hin und ließ den Edelstein in ihre Hand gleiten. »Was für eine hübsche Glasscherbe!« rief die Kleine und lief vergnügt nach Haus.

Darauf kam der Vogel zum Prinzen zurück. »Nun bist du blind«, sagte er, »so will ich immer bei dir bleiben.«

»Nein, kleiner Vogel«, sagte der arme Prinz, »du mußt fort nach Ägypten.«

»Ich will immer bei dir sein«, sagte der Schwälberich und schlief zu Füßen des Prinzen ein.

Am nächsten Tag setzte er sich dem Prinzen auf die Schulter und erzählte ihm Geschichten von alldem, was er in fremden Ländern gesehen hatte. Er erzählte ihm von den roten Ibissen, die in langen Reihen an den Nilufern stehen und mit ihren Schnäbeln Goldfische fangen; von der Sphinx, die so alt ist wie die Welt und in der Wüste lebt und alles weiß; von den Kaufleuten, die langsam neben ihren Kamelen einhergehen und Rosenkränze aus Bernstein in den Händen tragen; vom König des Mondgebirgs, der so schwarz ist wie Ebenholz und einen großen Kristall anbetet; von der großen grünen Schlange, die in einem Palmenbaum schläft und zwanzig

Priester hat, die sie mit Honigkuchen füttern; und von den Pygmäen, die auf breiten, flachen Blättern über einen großen See segeln und mit den Schmetterlingen immer im Krieg liegen.

»Lieber kleiner Vogel«, sagte der Prinz, »du erzählst mir von wunderbaren Dingen, aber wunderbarer als alles ist das Leiden von Mann und Weib. Kein Mysterium ist größer als das Elend. Fliege über meine Stadt, kleiner Vogel, und dann erzähle mir, was du darin gesehen hast.«

Also flog der Schwälberich über die große Stadt und sah die Reichen froh und lustig in ihren schönen Häusern, während die Bettler an den Toren saßen. Er flog in dunkle Gassen hinab und sah die weißen Gesichter hungernder Kinder gleichgültig auf die schwarzen Straßen schauen. Unter einem Brückenbogen lagen zwei kleine Buben und hielten sich umschlungen, um sich aneinander zu wärmen.

»Wir haben solchen Hunger!« sagten sie. »Ihr dürft hier nicht liegen«, schrie sie der Wächter an, und so wanderten sie hinaus in den Regen.

Dann flog der Vogel zurück zum Prinzen und erzählte ihm, was er gesehen hatte.

»Ich bin ganz mit feinem Gold bedeckt«, sagte der Prinz, »du mußt es abnehmen, Blatt für Blatt, und meinen Armen geben; die Lebenden glauben immer, daß Gold sie glücklich machen kann.«

Blatt für Blatt des feinen Goldes pickte ihm der Vogel ab, bis der Glückliche Prinz ganz grau und düster aussah. Blatt um Blatt des feinen Goldes brachte er zu den Armen, und die Gesichter der Kinder wurden rosiger, und sie lachten und spielten ihre Spiele in den Straßen. »Jetzt haben wir Brot!« riefen sie.

Da kam der Schnee, und nach dem Schnee kam der Frost. Die Straßen sahen aus, als wären sie aus Silber gemacht, so glänzend und glitzernd waren sie; lange Eiszapfen wie kristallne Dolche hingen von den Dachrinnen herunter; alles ging in dicken Pelzen aus, und die kleinen Jungen trugen dicke rote Mützen und liefen auf dem Eise. Dem armen kleinen Schwälberich wurde kälter und kälter, aber er wollte den Prinzen nicht verlassen, denn er liebte ihn zu sehr. Er pickte Krumen auf vor des Bäckers Tür, wenn der Bäcker gerade nicht hinsah, und versuchte sich warm zu halten, indem er mit seinen Flügeln schlug. Aber schließlich wußte er doch, daß er sterben müsse. Er hatte gerade noch so viel Kraft, noch einmal dem Prinzen auf die Schulter zu fliegen. »Leb wohl, guter Prinz!« sagte er ganz leise, »darf ich deine Hand küssen?«

»Ich freu mich, daß du jetzt nach Ägypten gehst«, sagte der Prinz, »du bist schon zu lang hiergeblieben, kleiner Schwälberich; aber du mußt mich auf den Mund küssen, denn ich liebe dich.«

»Ich gehe nicht nach Ägypten«, sagte der Schwälberich. »Ich gehe in das Haus des Todes. Der Tod ist der Bruder des Schlafes, nicht wahr?«

Und er küßte den Glücklichen Prinzen auf den Mund und fiel tot nieder vor seine Füße.

Da tönte aus dem Innern des Standbildes ein eigentümliches Knacken, gleich als ob etwas zerbrochen wäre. Das bleierne Herz war mitten entzweigeborsten. Es war auch ein strenger, harter Frost.

Früh am Morgen des nächsten Tages ging der Bürgermeister mit den Stadträten über den Platz. Als sie an der Säule vorbeikamen, schaute er zu dem Standbild hinauf: »Herrgott! Wie schäbig der Glückliche Prinz aussieht!« sagte er.

»Wirklich schäbig!« sagten die Stadträte, die immer der Ansicht des Bürgermeisters waren, und dann schauten sie das Standbild an. »Der Rubin ist aus seinem Schwert gefallen, seine Augen sind fort, und vergoldet ist er auch nicht mehr«, sagte der Bürgermeister; »er sieht wahrhaftig nicht viel besser aus als ein Bettler.«

»Wenig besser als ein Bettler«, sagten die Räte.

»Und hier liegt wahrhaftig ein toter Vogel zu seinen Füßen!« sagte der Bürgermeister. »Wir müssen wirklich eine

Bekanntmachung erlassen, daß es Vögeln nicht erlaubt ist, hier zu sterben.« Und der Stadtschreiber notierte diesen Vorschlag.

So wurde das Standbild des Glücklichen Prinzen abgebrochen. »Da es nicht mehr schön ist, hat es auch keinen nützlichen Zweck mehr«, sagte der Kunstprofessor der Universität.

Hierauf wurde die Statue in einem Brennofen geschmolzen, und der Bürgermeister berief eine Versammlung, die entscheiden sollte, was mit dem Metall zu geschehen habe. »Wir müssen natürlich ein anderes Denkmal haben«, sagte er, »und das muß ein Denkmal von mir sein.«

»Von mir«, sagte jeder der Stadträte, und sie zankten sich. Als ich das letztemal von ihnen hörte, zankten sie sich noch immer.

»Wie sonderbar!« sagte der Werkführer in der Schmelzhütte. »Dieses gebrochene Bleiherz will nicht schmelzen. Wir müssen es wegwerfen, wie es ist.« So warf man es auf einen Kehrichthaufen, auf dem auch die tote Schwalbe lag.

»Bring mir die beiden kostbarsten Dinge in der Stadt«, sagte Gott zu einem seiner Engel; und der Engel brachte ihm das bleierne Herz und den toten Vogel.

»Du hast recht gewählt«, sagte Gott, »denn in meinem Paradiesgarten wird dieser kleine Vogel für alle Zeiten singen, und in meiner goldenen Stadt wird der Glückliche Prinz mich lobpreisen.«

OSCAR WILDE

Happiness is a warm gun

She's not a girl
who misses much.
Do do do do do do do do
She's well acquainted
with the touch of the velvet hand
Like a lizard
on a window pane.
The man in the crowd with
the multicoloured mirrors
On his hobnail boots
Lying with his eyes
while his hands are busy
Working overtime
A soap impression of his wife
which he ate
And donated
to the National Trust.
I need a fix
'cause I'm going down.
Down to the bits
that I left uptown.
I need a fix
'cause I'm going down.
Mother Superior
jump the gun
Mother Superior
jump the gun
Mother Superior
jump the gun
Mother Superior
jump the gun.
Happiness is a warm gun
Happiness is a warm gun
When I hold you in my arms

And I feel
my finger on your trigger
I know no one can do me
no harm
because happiness is a
warm gun.
Yes it is.

THE BEATLES

Kokain

Den Ich-Zerfall, den süßen, tiefersehnten,
den gibst du mir: schon ist die Kehle rauh,
schon ist der fremde Klang an unerwähnten
Gebilden meines Ichs am Unterbau.

Nicht mehr am Schwerte, das der Mutter Scheide
entsprang, um da und dort ein Werk zu tun,
und stählern schlägt –: gesunken in die Heide,
wo Hügel kaum enthüllter Formen ruhn!

Ein laues Glatt, ein kleines Etwas, Eben –
und nun entsteigt für Hauche eines Wehns
das Ur, geballt, Nicht-seine beben
Hirnschauer mürbesten Vorübergehns.

Zersprengtes Ich – o aufgetrunkene Schwäre –
verwehte Fieber – süß zerborstene Wehr –:
verströme, o verströme du – gebäre
blutbäuchig das Entformte her.

GOTTFRIED BENN

Vier Männer und ein Pokerspiel
oder
Zuviel Glück ist kein Glück

Sie saßen auf Korbstühlen in Havanna und vergaßen die Welt. Wenn es ihnen zu heiß wurde, tranken sie Eiswasser, abends tanzten sie Boston im Atlantic-Hotel. Sie hatten alle vier Geld.

In den Zeitungen stand über sie, daß sie große Leute wären. Wenn sie es dreimal gelesen hatten, warfen sie die Zeitung ins Meer. Oder sie hielten die Zeitung mit zwei Händen fest und durchbohrten sie mit der Schuhspitze. Drei von ihnen hatten vor zehntausend Menschen Rekorde geschwommen, der vierte die zehntausend auf die Beine gebracht. Als sie ihre Gegner geschlagen und die Zeitungen gelesen hatten, schifften sie sich ein. Mit gutem Geld in den Taschen kehrten sie zurück nach New York.

Diese Geschichte könnte man eigentlich nur unter Jazzbandbegleitung richtig erzählen. Sie ist von A bis Z poetisch. Sie fängt an mit Zigarrenrauch und Gelächter und endet mit einem Todesfall.

Es war nämlich einer unter ihnen, bei dem stand es fest, daß er seinen Karpfen auch aus einer Konservenbüchse angeln konnte. Er war ein sogenanntes Glückskind. Er hieß Johnny Baker. Der Glücksjohnny. Er war einer der besten Kurzstreckenschwimmer beider Hemisphären. Aber bei ihm war es sein lächerliches Glück, das einen Schatten über jeden seiner Erfolge warf. Denn wenn ein Mann sozusagen aus jeder Papierserviette einen Dollarschein herauswickelt, so wird man mißtrauisch gegen seine geschäftlichen Talente, auch wenn er ein Rockefeller wäre. Und mißtrauisch, das waren sie.

Er hatte in Havanna ebenso gesiegt wie die beiden andern. Er hatte über 200 Yards um eine Körperlänge gewonnen. Aber es war wieder einmal nicht zu verheimlichen gewesen, daß der beste Mann außer ihm das Klima nicht vertragen hatte und indisponiert gewesen war. Johnny selber sagte natürlich, man würde ihm auf jeden Fall irgend sowas anhängen und von seinem ›Glück‹ faseln, wenn er einfach gut geschwommen hätte. Und wenn er das sagte, dann lächelten die zwei andern.

So war der Tatbestand, als die Geschichte anfing, und sie fing an mit einem kleinen Pokerspiel. Es war zu langweilig auf dem Schiff.

Der Himmel war blau, und das Meer war auch blau. Die Getränke waren gut, aber sie waren immer gleich gut. Die Zigarren konnte man ebenso gut rauchen wie andere Zigarren. Kurz: der Himmel, das Meer, die Getränke und die Zigarren waren nicht gut.

Mehr versprachen sie sich von einem kleinen Pokerspiel. Kurz vor den Bermudas fingen sie an. Sie setzten sich bequem hin dazu: jeder benutzte zwei Stühle. Sie einigten sich gentlemanlike über das Arrangement ihrer Stühle. Des einen Füße lagen neben des andern Ohr. So begannen sie kurz vor den Bermudas ihren Untergang herbeizuführen.

Da Johnny wegen gewisser Andeutungen beleidigt war, begannen sie zu dritt. Einer gewann, einer verlor, einer hielt sich. Sie spielten vermittels Blechmarken, die je fünf Cent darstellten. Dann wurde einem von ihnen auch diese Sache langweilig, und er nahm seine Füße aus der Partie. Johnny ersetzte ihn. Jetzt war aber die Sache sofort nicht mehr langweilig. Johnny gewann nämlich. Was Johnny nicht konnte, war Pokerspielen, was Johnny aber konnte, war: beim Pokerspiel gewinnen.

Wenn Johnny bluffte, war es so lächerlich zu bluffen, daß kein Pokerspieler der Welt sich getraut hätte, mitzugehen. Und wenn ein Mann, der Johnny kannte, hinter ihm einen Bluff vermutet hätte, dann legte Johnny nichtsahnend einen flush auf den Tisch.

Johnny selber spielte noch nach zwei Stunden völlig leidenschaftslos. Die beiden andern waren warm geworden.

Als der vierte Mann nach den zwei Stunden aus der Küche zurückkehrte, wo er beim Kartoffelschälen zugesehen hatte, gewahrte er, daß die Blechmarken eben wieder verteilt wurden und jetzt einen Dollar darstellten. Diese kleine Erhöhung war die einzige Möglichkeit für Johnnys Partner, wieder zu einem Teil ihres Geldes zu kommen. Es war ganz einfach so: sie mußten aus ihm das Geld scheffelweise wieder herausholen, das er ihnen centweise abgenommen hatte. Auch Familienväter hätten in diesem Fall nicht vorsichtiger spielen können. Aber wer scheffelte, war Johnny.

Sie spielten zunächst sechs Stunden. Während dieser ganzen sechs Stunden hätten sie noch in jedem Moment aus dem Spiel herausgehen können, ohne mehr als den Ertrag ihres Havannasieges bei Johnny gelassen zu haben. Nach diesen sechs Stunden Kummer und Anstrengung konnten sie es nicht mehr.

Es war Zeit zum Abendessen. Sie erledigten das Essen in aller Kürze. Statt der Gabeln fühlten sie streets zwischen den Fingern. Sie aßen Steaks und dachten an royal flushs. Der vierte Mann aß bei weitem langsamer. Er sagte, er habe wirklich Lust, sich an der Sache zu beteiligen, jetzt sei wenigstens etwas Schwung in die öde Plätscherei gekommen.

Nach dem Abendessen fingen sie wieder an, zu viert. Sie spielten acht Stunden. Sie hatten die Bermudas hinter sich gelassen, als Johnny gegen drei Uhr morgens ihr Geld zählte.

Sie schliefen fünf Stunden ziemlich schlecht und fingen wieder an. Es waren Leute, die auf jeden Fall auf Jahre hinaus ruiniert waren. Sie hatten noch einen Tag Fahrt vor sich, nachts um zwölf Uhr sollten sie nach New York kommen. An diesem Tag mußten sie zusehen, daß sie nicht auf Lebenszeit zugrundegerichtet wurden. Denn es saß da einer unter ihnen, der ihnen mit schlechtem Pokerspiel das Mark aussaugte.

Vormittags, als ihnen mehrere Schiffe die Nähe der Küste anzeigten, begannen sie um ihre Wohnungen zu spielen. Johnny gewann noch zu allem dazu ein Piano. Dann gönnten sie sich zwei Stunden Mittagsruhe, und danach standen sie in einer erbitterten Schlacht um die Anzüge, die sie auf dem Leibe trugen. Nachmittags um fünf Uhr sahen sie sich gezwungen, weiterzugehen. Der Mann, der nach den Bermudas erst eingesprungen war und, während die andern schon ihre Gabeln nicht mehr erkannt hatten, noch ganz ruhig gegessen hatte, bot um diese Zeit Johnny aus freien Stücken an, mit ihm um sein Mädchen zu spielen, das heißt, wenn Johnny gewönne, solle er das Recht haben, mit irgendeiner Jenny Smith den Witwenball der Liedertafel in Hoboken zu besuchen, aber wenn er verliere, solle er alles zurückgeben müssen, was er allen abgenommen hatte. Und Johnny hatte angenommen.

Er hatte sich zuerst informiert.

»Und du selber gehst nicht mit?«

»Ich denke nicht daran.«

»Und du nimmst es nicht übel?«

»Ich nehme es nicht übel.«

»Auch ihr nicht?«

»Was heißt das: auch ihr nicht?«

»Nun, dem Mädchen Jenny nimmst du es nicht übel?«

»Nein, zum Teufel, auch ihr nehme ich es nicht übel.«

Und dann gewann Johnny.

Wenn Sie ein Spiel machen, gewinnen, Ihren Gewinn in die Tasche stecken, Ihren Hut lüften und weggehen, dann haben Sie sich in einer Gefahr befunden und sind daraus entkommen. Wenn Sie aber ein Herz im Leib haben, sitzen bleiben und Ihren Partnern eine Gelegenheit geben, dann werden Sie, ausgenommen den Fall, daß Sie im Armenhaus enden, mit Ihren Partnern vereint auch durchs Leben zu gehen haben: Sie werden sich in Ihre Leber verhacken wie Geier. Sie müssen zum Pokerspielen ein ebenso hartes Herz haben wie zu irgendeiner anderen Form der Expropriierung.

Von dem Moment an, wo Johnny, weil ein anderer Mann heraussprang, in das Spiel gegangen war, hatte Johnny den anderen nachgegeben. Sie hatten ihn gezwungen, einige tausend Karten anzuschauen, sie hatten seinen Schlaf gestrichen, und sie hatten dafür gesorgt, daß er seine Mahlzeiten hinunterschlang wie ein Rekordarbeiter. Es wäre ihnen am liebsten gewesen, wenn er beim Immerweiterspielen sein Steak an einem Bindfaden über seinem Platz aufgehängt und alle sechs Stunden danach geschnappt hätte. Es war Johnny ungeheuer zuwider.

Als er nach dem Spiel um das Mädchen, das fast nach seiner Ansicht dem Faß den Boden durchgeschlagen hatte, vom Tisch aufstand, meinte er naiverweise, sie hätten genug. Sie hatten mit ihm angebunden, obwohl sie sein Glück kannten, wohl weil sie dachten, daß er von Pokern so wenig verstand wie ein Lokomotivführer von Geographie. Aber der Lokomotivführer hat eben Schienen, die etwas von Geographie verstehen: der Mann kommt eben von New York nach Chicago und nirgends anders hin. Genau nach diesem System hatte er gewonnen, und jetzt handelte es sich höchstens darum, wie er ihnen seine Gewinne wieder zurückgeben konnte, ohne sie bis aufs Blut zu beleidigen. Johnnys Herz war Johnnys Fehler. Er besaß zuviel Taktgefühl.

Er sagte sogleich, sie sollten sich nichts daraus machen, es sei natürlich alles Spaß gewesen. Sie gaben keine Antwort. Sie saßen da, wie sie seit gestern gesessen hatten, und schauten den Möwen zu, die jetzt häufiger geworden waren.

Johnny entnahm daraus, daß sie der Ansicht waren, über 24 Stunden Pokerspiel sei etwas, was mit Spaß nichts mehr zu tun hätte.

Johnny stand an der Reeling und dachte nach. Dann hatte er es. Er schlug ihnen vor, zunächst einmal mit ihm zur Erholung zu Abend zu essen. Natürlich auf seine Kosten. Es schwebte ihm eine größere Veranstaltung vor, eine ausgelassene Sache, ein richtig luxuriöses Essen. Er wollte selber die Getränke mixen, die die Zunge lösten. Es kam unter den obwaltenden Umständen nicht auf die Kosten an. Er dachte sogar an Kaviar. Johnny versprach sich sehr viel von diesem Essen.

Sie sagten nicht nein.

Sie nahmen es ohne direkte Begeisterung auf, aber sie würden jedenfalls mitkommen. Es war sowieso Essenszeit.

Johnny ging weg und bestellte. Er ging in die Küche und behandelte den Koch wie ein rohes Ei. Er wollte sich und seinen Freunden eine Mahlzeit aufgetischt wissen, eine Hauptmahlzeit, die alles, was eine erstklassige Schiffsküche auf diesem Gebiet je zwischen Havanna und New York geleistet hatte, in den Schatten stellte. Johnny erholte sich sehr in dem einfachen Gespräch mit dem Koch.

Während dieser halben Stunde wurde oben auf Deck kein Wort gesprochen.

Johnny richtete selber unten den Tisch her. Neben seinen Platz stellte er ein Extratischchen, auf dem er die Getränke anordnete. Er brauchte, um zu mixen, nicht aufzustehen. Seine Gäste ließ er durch den Koch herunterholen. Sie kamen mit gleichmütigen Gesichtern und setzten sich rasch wie zu einer gewöhnlichen Mahlzeit. Es kam wenig Stimmung auf.

Johnny hatte gedacht, daß sie bei einer Mahlzeit zugänglicher würden. Im allgemeinen wird man beim Essen aufgeknöpft, und das Essen war ausgezeichnet. Sie aßen reichlich, aber es schien ihnen doch nicht zu schmecken. Sie aßen das frische Gemüse wie Erbsensuppe und die gebratenen Hühner wie Kantinenspeck. Sie schienen ihre eigene Ansicht über Johnnys Gastmahl zu haben. Einmal griff einer nach einem hübsch glasierten Porzellantöpfchen und fragte: »Ist das Kaviar?« Und Johnny antwortete wahrheitsgemäß: »Ja, der beste, den man auf diesem verwahrlosten Kasten auf den Tisch bringen kann.« Der Mann nickte und aß das Töpfchen mit einem Löffel aus. Gleich darauf zeigte einer von ihnen den andern eine besonders verpackte Mayonnaiseangelegenheit. Und da lächelten sie. Dies wie einiges andere an ihrem Benehmen entging dem Gastgeber nicht.

Aber erst beim Kaffee ging es Johnny auf, daß es eine Unverschämtheit von ihm gewesen war, sie zu diesem Essen einzuladen. Sie schienen kein Verständnis dafür zu haben, daß er von dem gewonnenen Geld einen gemeinnützigen Gebrauch machen wollte. Sie schienen überhaupt vielleicht erst jetzt auf den Ernst ihrer Verluste gekommen zu sein, wo sie sehen mußten, wie ihr Geld für solche sinnlosen Essereien hinausgeworfen wurde. Es ist dies ungefähr wie mit einer Frau, die von Ihnen weg will. Wenn Sie einen hübschen Abschiedsbrief lesen, dann verstehen Sie sie vielleicht, aber wenn Sie sie mit einem andern Mann in eine Taxe steigen sehen, dann merken Sie erst, was los ist. Johnny war ernstlich betroffen.

Es war acht Uhr abends. Man hörte schon von außen das Tuten der Schleppdampfer. Es waren noch vier Stunden bis New York.

Johnny hatte ein dunkles Gefühl, daß es unerträglich sein würde, mit diesen ruinierten Leuten in dieser nackten Koje vier Stunden lang zusammen zu sitzen. Es hatte aber nicht den Anschein, daß er einfach aufstehen und weggehen konnte. In dieser Lage erkannte Johnny noch einmal seine einzige Chance. Er schlug ihnen vor, mit ihm noch einmal um das Ganze zu spielen.

Sie setzten die Kaffeetassen nieder, räumten die halbgeleerten Konservenbüchsen auf ein Eck des Tisches. Sie verteilten noch einmal die Karten.

Sie spielten wieder wie am Anfang mit den Blechmarken um Geld. Es fiel Johnny auf, daß sich die drei weigerten, über einen bestimmten Einsatz hinauszugehen. Sie nahmen also das Spiel von neuem ernst.

Johnny hatte gleich beim ersten Geben wieder eine street in der Hand. Trotzdem ging er schon bei der zweiten Runde aus dem Spiel und überließ ihnen den Einsatz. Er hatte entschieden etwas gelernt.

Beim zweiten Spiel und beim dritten, wobei die Einsätze jedesmal gesteigert wurden, ließ er sie bluffen und ging so weit mit, wie er konnte. Aber dann sagte einer von ihnen, ihm ruhig und voll ins Gesicht blickend: »Spiel anständig.« Und darauf spielte er einige Male wie früher und gewann wie früher. Und dann kam er in eine eigentümliche Lust hinein, so zu spielen, wie es sich eben gab, und seine Chance wahrzunehmen wie jeder andere, wo er sie hatte. Und dann sah er ihre Gesichter wieder und daß sie kaum noch in ihre Karten hineinblickten, sondern sie warfen sie ganz einfach weg, und da wurde er ganz mutlos. Er wollte wieder verkehrt spielen, aber jedesmal, wenn es darauf ankam, etwas falsch zu machen, fühlte er sich so beobachtet, daß er es nicht wagte. Und wenn er aus Unverstand schlecht spielte, dann spielten sie noch schlechter, weil sie nur an sein Glück glaubten. Seine ganze Unsicherheit aber hielten sie für pure Bosheit. Immer mehr glaubten sie zu sehen, daß er mit ihnen nurmehr spielte wie die Katze mit der Maus.

Als er alle Spielmarken wieder vor sich liegen hatte, standen alle drei auf, nur er blieb noch etwas sitzen, gedankenlos, zwischen den Karten und den Konservenbüchsen. Es war elf Uhr, eine Stunde vor New York.

Vier Männer und ein Spiel Pokerkarten in einer Koje auf der Fahrt von Havanna nach New York.

Sie hatten noch etwas Zeit. Da die Luft in der Koje sehr stickig war, wollten sie noch etwas hinaufgehen. Sie versprachen sich etwas von der frischen Luft. Der Gedanke an frische Luft schien sie in bessere Stimmung zu versetzen. Sie fragten sogar Johnny, ob er mit ihnen auf Deck kommen wolle.

Johnny wollte nicht auf Deck gehen.

Als die drei sahen, daß Johnny nicht auf Deck gehen wollte, fingen sie an, großen Wert darauf zu legen.

Da verlor Johnny zum ersten Mal völlig die Nerven und machte den Fehler, daß er nicht sogleich aufstand. Wahrscheinlich dadurch gab er ihnen Gelegenheit, auf seiner Stirn längere Zeit Angst zu lesen. Und das wieder brachte sie auf einen Entschluß.

Johnny ging fünf Minuten später, ohne ein Wort zu verlieren, mit auf Deck. Die Treppe war breit für zwei. Es schickte sich so, daß einer Johnny vorausging, einer hinter ihm und einer ging an seiner Seite die Treppe hinauf.

Als sie oben waren, war die Nacht kühl und neblig. Das Deck war feucht und glitschig. Johnny war froh, daß er sich in der Mitte halten konnte.

Sie gingen am Steuer vorbei, an dem ein Mann stand, der sie nicht beachtete. Als sie schon vier Schritte von ihm weg waren, hatte Johnny das Gefühl, etwas verpaßt zu haben. Aber da gingen sie schon dem Heck zu, an der Bordwand hin.

Als sie aber an der Bordwand standen, wollte Johnny seinen Plan ausführen und laut schreien. Aber dies unterließ er, und zwar merkwürdigerweise wegen des Nebels; denn, wenn die Menschen schlecht sehen, dann meinen sie, man höre sie auch schlecht.

Von der Bordwand aus stießen sie ihn ins Wasser.

Sie saßen dann wieder in der Koje, aßen die halbleeren Dosen aus, schütteten die Getränkereste zusammen und fragten sich, drei Männer und ein Spiel Pokerkarten auf der Fahrt von Havanna nach New York, ob Johnny Baker, der jetzt wohl hinter dem mit seinem roten Bordlicht entschwindenden Schiff herschwamm, so gut schwimmen könne, wie er beim Pokern gewinnen konnte.

Aber so gut *kann* einer gar nicht schwimmen, daß er sich vor den Menschen rettet, wenn er auf der Welt zuviel Glück hat.

BERTOLT BRECHT

Kennst du das Land, wo die Zitronen blühn,
Im dunkeln Laub die Gold-Orangen glühn,
Ein sanfter Wind vom blauen Himmel weht,
Die Myrte still und hoch der Lorbeer steht –
Kennst du es wohl? Dahin! Dahin
Möcht ich mit dir, o mein Geliebter, ziehn!

Kennst du das Haus? Auf Säulen ruht sein Dach,
Es glänzt der Saal, es schimmert das Gemach,
Und Marmorbilder stehn und sehn mich an:
Was hat man dir, du armes Kind, getan? –
Kennst du es wohl? Dahin! Dahin
Möcht ich mit dir, o mein Beschützer, ziehn!

Kennst du den Berg und seinen Wolkensteg?
Das Maultier sucht im Nebel seinen Weg,
In Höhlen wohnt der Drachen alte Brut,
Es stürzt der Fels und über ihn die Flut –
Kennst du ihn wohl? Dahin! Dahin
Geht unser Weg; o Vater, laß uns ziehn!

JOHANN WOLFGANG VON GOETHE

VI.

AUGENBLICKE

Es gibt Stunden im Leben,
wo wir gar nicht begreifen können,
warum wir so guter Dinge sind.
Munterkeiten stellen sich weder
auf Befehl noch auf Wunsch ein;
sie sind plötzlich da,
können aber ebenso eigensinnig,
wie sie herbeizufliegen kamen,
wieder verschwunden sein.

ROBERT WALSER

Warum gabst du uns die tiefen Blicke,
Unsre Zukunft ahndungsvoll zu schaun,
Unsrer Liebe, unserm Erdenglücke
Wähnend selig nimmer hinzutraun?
Warum gabst uns, Schicksal, die Gefühle,
Uns einander in das Herz zu sehn,
Um durch all die seltenen Gewühle
Unser wahr Verhältnis auszuspähn?

Ach, so viele tausend Menschen kennen,
Dumpf sich treibend, kaum ihr eigen Herz,
Schweben zwecklos hin und her und rennen
Hoffnungslos in unversehnen Schmerz;
Jauchzen wieder, wenn der schnellen Freuden
Unerwart'te Morgenröte tagt.
Nur uns armen liebevollen Beiden
Ist das wechselseitge Glück versagt,
Uns zu lieben, ohn uns zu verstehen,
In dem andern sehn, was er nie war,
Immer frisch auf Traumglück auszugehen
Und zu schwanken auch in Traumgefahr.

Glücklich, den ein leerer Traum beschäftigt!
Glücklich, dem die Ahndung eitel wär!
Jede Gegenwart und jeder Blick bekräftigt
Traum und Ahndung leider uns noch mehr.
Sag, was will das Schicksal uns bereiten?
Sag, wie band es uns so rein genau?
Ach, du warst in abgelebten Zeiten
Meine Schwester oder meine Frau.

Kanntest jeden Zug in meinem Wesen,
Spähtest, wie die reinste Nerve klingt,
Konntest mich mit Einem Blicke lesen,

Den so schwer ein sterblich Aug durchdringt;
Tropftest Mäßigung dem heißen Blute,
Richtetest den wilden irren Lauf,
Und in deinen Engelsarmen ruhte
Die zerstörte Brust sich wieder auf;
Hieltest zauberleicht ihn angebunden
Und vergaukeltest ihm manchen Tag.
Welche Seligkeit glich jenen Wonnestunden,
Da er dankbar dir zu Füßen lag,
Fühlt' sein Herz an deinem Herzen schwellen,
Fühlte sich in deinem Auge gut,
Alle seine Sinnen sich erhellen
Und beruhigen sein brausend Blut!

Und von allem dem schwebt ein Erinnern
Nur noch um das ungewisse Herz,
Fühlt die alte Wahrheit ewig gleich im Innern,
Und der neue Zustand wird ihm Schmerz.
Und wir scheinen uns nur halb beseelet,
Dämmernd ist um uns der hellste Tag.
Glücklich, daß das Schicksal, das uns quälet,
Uns doch nicht verändern mag!

JOHANN WOLFGANG VON GOETHE

Nachdem wir uns darüber klar geworden, daß fleischliche Sinnenlust, so groß sie auch sein und so hell sie auch im Erdenlicht erstrahlen mag, mit den Wonnen jenes Lebens keinen Vergleich aushalten, ja nicht einmal der Erwähnung wert sein kann, erhoben wir uns mit heißem Verlangen zu ›ihm selbst‹. Wir durchwanderten von Stufe zu Stufe die ganze Körperwelt und auch den Himmel, von dem Sonne, Mond und Sterne auf die Erde niederscheinen. Bald in stillem Sinnen, bald Worte wechselnd und deine Werke bewundernd, stiegen wir weiter empor und kamen in das Reich unserer Seelen. Auch dieses durchschritten wir und gelangten endlich zu dem Lande unerschöpflicher Fülle, wo du Israel auf grüner Aue der Wahrheit ewig weidest. Da ist Leben Weisheit, jene Weisheit, durch die alles wird, auch was einst war und künftig sein wird; aber sie selbst wird nicht, sondern ist so, wie sie war, und wird immer so sein. Vielmehr, in ihr war nichts und wird auch nichts sein, sondern in ihr gibt's nur Sein, denn ewig ist sie. Aber gewesen sein und künftig sein, ist nicht ewig. Und da wir von ihr sprachen und nach ihr seufzten, berührten wir sie mit vollem Schlage unseres Herzens ein kleines wenig, atmeten tief auf und ließen dort angeheftet ›die Erstlinge unseres Geistes‹. Dann kehrten wir zurück zum tönenden Laut unserer Sprache, wo die Worte Anfang und Ende haben. Denn was ist deinem Worte gleich, das über uns herrscht und, nie alternd, alles erneuernd, in sich selbst verharrt?

AUGUSTINUS

Der Prinz von Homburg (in den
Vordergrund tretend):
Nun denn, auf deiner Kugel, Ungeheures,
Du, der der Windeshauch den Schleier heut,
Gleich einem Segel lüftet, roll heran!
Du hast mir, Glück, die Locken schon gestreift:
Ein Pfand schon warfst du, im Vorüberschweben,
Aus deinem Füllhorn lächelnd mir herab:
Heut, Kind der Götter, such ich, flüchtiges,
Ich hasche dich im Feld der Schlacht und stürze
Ganz deinen Segen mir zu Füßen um:
Wärst du auch siebenfach, mit Eisenketten,
Am schwedschen Siegeswagen festgebunden!

HEINRICH VON KLEIST

Waldemar, als er den Onkel verlassen hatte, hatte seinen Weg erst bis Schloß Bellevue hin und von dort aus nach einem um ein paar hundert Schritte weiter flußabwärts gelegenen Sommerlokal genommen, das er für gewöhnlich an jedem Spätnachmittag, eh er zu Stine ging, aufzusuchen pflegte. Dort im Schatten alter Bäume niederzusitzen und zu sinnen und zu träumen, war das, was er liebte. Wirt und Wirtin in diesem Lokale kannten ihn längst, ebenso war er Intimus der dort zahlreich ansässigen Spatzen, die, sobald er Platz genommen, den Tisch umhüpften und die Brocken und Krümel des eigens für sie bestellten Stück Kuchens aufzupikken pflegten. Das alles war heute gerade so wie sonst, und nur die ihre Köpfe neugierig zusammensteckenden Kellner beschäftigten sich augenscheinlich mit der Frage, was ihren regelmäßigen Spätnachmittagsgast heute schon zu so früher Stunde hierher geführt haben könne. Denn es war erst zwei. Waldemar hatte seine Freude daran, diese kleine Neugier zu beobachten, und las aus den Mienen der Kellner den Gang ihrer Unterhaltung mit einer Sicherheit heraus, als ob er sie vom nächsten Baum her hätte belauschen können. Überhaupt entging ihm nichts, und wenn er eine Zeitlang die Qualmwolken aus dem gerade gegenüber gelegenen Borsigschen Eisenwerke hatte hervorquellen und nach der Jungfernheide hin abziehen sehen, so gab er seinem Blick mit einem Male wieder eine Seitwärtsrichtung und zählte dabei die Brückenpfeiler oder die Spreekähne, die von der Stadt her den Fluß herunterkamen. Er war ohne jede Spur besonderer Erregung und beschäftigte sich, was übrigens seinem Charakter entsprach, kaum noch mit dem Gespräche, das er eben erst mit dem Onkel gehabt hatte. Wenn er den Frieden nicht haben konnte, so war es schon viel für ihn, ihn seinerseits ehrlich und aufrichtig gewollt zu haben. Und das war ja der Fall. Aus diesem Bewußtsein erwuchs ihm etwas wie Trost und Ergebung, und wenn Ergebung auch nicht das absolut

Beste, nicht der Friede selbst war, so war es doch das, was dem Frieden am nächsten kam.

Er blieb wohl eine Stunde. Dann erst erhob er sich und ging auf den Ausgang zu. Von draußen her aber sah er noch einmal über den Staketzaun in den Garten zurück. Da war wieder die Musikestrade mit den wackeligen Notenpulten und gleich dahinter das primitive Büfett mit den eingeschnittenen Querhölzern, daran zahllose Weißbierdeckel wie kleine Schilde hingen. Und dicht daneben und halb überwachsen von einer Kugelakazie stand der eben von ihm verlassene Tisch, auf dessen grüner Platte jetzt die Lichter und Schatten tanzten. Er konnte sich nicht losreißen von dem allen und prägte sich's ein, als ob er ein bestimmtes Gefühl habe, daß er's nicht wiedersehen werde. »Glück, Glück. Wer will sagen, was du bist und wo du bist! In Sorrent, mit dem Blick auf Capri, war ich elend und unglücklich, und *hier* bin ich glücklich gewesen.« Und nun ging er weiter flußabwärts bis an die Moabiterbrücke, weil er vorhatte, den Rückweg am andern Ufer zu machen. Als er aber drüben war, nahm er langsam und unter gelegentlichem Verweilen seinen Weg auf den Humboldtshafen und zuletzt auf den Invalidenpark zu. Dort blieb er stehen und musterte das gegenüberliegende Haus. Stine stand oben am Fenster. Er grüßte mit der Hand und stieg dann in ihre Wohnung hinauf.

THEODOR FONTANE

Ein Glück

Still! Wir wollen in eine Seele schauen. Im Fluge gleichsam, im Vorüberstreichen und nur ein paar Seiten lang, denn wir sind gewaltig beschäftigt. Wir kommen aus Florenz, aus alter Zeit, dort handelt es sich um letzte und schwierige Angelegenheiten. Und sind sie bezwungen, – wohin? Zu Hofe vielleicht, in ein Königsschloß, – wer weiß? Seltsame, matt schimmernde Dinge sind im Begriffe, sich zurechtzuschieben... Anna, arme kleine Baronin Anna, wir haben nicht lange Zeit für dich! – –

Dreitakt und Gläserklang, – Tumult, Dunst, Summen und Tanzschritt: man kennt uns, man kennt unsere kleine Schwäche. Ist es, weil dort der Schmerz die tiefsten, sehnsüchtigsten Augen bekommt, daß wir heimlich so gern an Orten verweilen, wo das Leben seine simplen Feste feiert?

»Avantageur!« rief Baron Harry, der Rittmeister, durch den ganzen Saal, indem er zu tanzen aufhörte. Er hielt noch mit dem rechten Arm seine Dame umschlungen und stemmte die linke Hand in die Seite. »Das ist kein Walzer, sondern ein Trauergeläute, Mensch! Sie haben ja keinen Takt im Leibe; Sie schwimmen und schweben bloß immer so. Leutnant von Gelbsattel soll wieder spielen, damit man doch einen Rhythmus hat. Treten Sie ab, Avantageur! Tanzen Sie, wenn Sie das besser können!«

Und der Avantageur stand auf, schlug die Sporen zusammen und räumte schweigend das Podium dem Leutnant von Gelbsattel, der alsbald mit seinen großen und weißen, weit gespreizten Händen das klirrende und surrende Fortepiano zu schlagen begann.

Baron Harry nämlich hatte Takt im Leibe, Walzer- und Marschtakt, Frohmut und Stolz, Glück, Rhythmus und Siegersinn. Die golden verschnürte Husarenjacke stand prächtig zu seinem jungen, erhitzten Gesicht, das nicht einen Zug von Sorge und Nachdenken zeigte. Es war rötlich verbrannt, wie bei blonden Leuten, obgleich Haupthaar und Schnurrbart braun erschienen, und das war eine Pikanterie für die Damen. Die rote Narbe über der rechten Backe gab seiner offenen Miene einen wildkecken Ausdruck. Man wußte nicht, ob sie Waffenhieb oder Sturz vom Pferde bedeutete, – auf jeden Fall etwas Herrliches. Er tanzte wie ein Gott.

Aber der Avantageur schwamm und schwebte, wenn es erlaubt ist, Baron Harry's Redewendung in übertragener Bedeutung zu gebrauchen. Seine Lider waren viel zu lang, so daß er niemals ordentlich die Augen zu öffnen vermochte; auch saß ihm die Uniform ein wenig schlottrich und unwahrscheinlich am Leibe, und Gott mochte wissen, wie er in die soldatische Laufbahn geraten war. Er hatte sich nur ungern an diesem Kasinospaß mit den ›Schwalben‹ beteiligt, aber er war dennoch gekommen, weil er ohnedies auf seiner Hut sein mußte, Anstoß zu erregen; denn erstens war er bürgerlicher Herkunft, und zweitens gab es eine Art Buch von ihm, eine Reihe erdichteter Geschichten, die er selbst geschrieben oder verfaßt hatte, wie man es nennt, und die jedermann im Buchladen kaufen konnte. Dies mußte ein gewisses Mißtrauen gegen den Avantageur erwecken.

Der Saal des Offizierskasinos in Hohendamm war lang und breit, er war eigentlich viel zu geräumig für die dreißig Herrschaften, die sich heute abend darin belustigten. Die Wände und die Musikantentribüne waren mit falschen Draperien aus rotbemaltem Gips geziert, und von der geschmacklosen Decke hingen zwei verbogene Kronleuchter herab, in denen schief und triefend die Kerzen brannten. Aber der gedielte Fußboden war von sieben hierzu kommandierten Husaren den ganzen Vormittag gescheuert worden, und am Ende konnten selbst die Herren Offiziere in einem Nest, einem Abdera und Krähwinkel wie Hohendamm keine größere Pracht verlangen. Auch wurde, was etwa dem Feste an Glanz gebrach, durch die eigentümliche, verschmitzte Stimmung ersetzt, die dem Abend sein Gepräge gab, durch das verbotene und übermütige Gefühl, mit den ›Schwalben‹ zusammen zu sein. Selbst die dummen Ordonnanzen schmunzelten auf verschlagene Weise, wenn sie neue Champagnerflaschen in die Eiskübel zur Seite der weißgedeckten Tischchen stellten, die an drei Saalseiten aufgeschlagen waren, blickten sich um und schlugen lächelnd die Augen nieder, wie dienende Leute, die schweigend und verantwortungslos ihre Beihilfe zu einer gewagten Ausschreitung gewähren, – alles im Hinblick auf die ›Schwalben‹.

Die Schwalben, die Schwalben? – Nun, kurzum, es waren die ›Wiener Schwalben‹! Sie zogen durch die Lande wie ein Schwarm von Wandervögeln, schwangen sich, wohl dreißig an der Zahl, von Stadt zu Stadt und traten in Singspielhallen und Varietétheatern fünften Ranges auf, indem sie in zwangloser Haltung mit jubelnden und zwitschernden Stimmen ihr Leib- und Glanzlied sangen:

Wenn die Schwalben wiederkommen,
Die wer'n schaun! Die wer'n schaun!

Es war ein gutes Lied, von leicht faßlichem Humor, und sie sangen es unter dem Beifall des verständnisvollen Teils des Publikums.

So waren die ›Schwalben‹ nach Hohendamm gekommen und sangen in Gugelfings Bierhalle. Garnison lag in Hohendamm, ein ganzes Regiment Husaren, und also waren sie berechtigt, bei den maßgebenden Kreisen ein tieferes Interesse vorauszusetzen. Sie fanden mehr, sie fanden Begeisterung. Abend für Abend saßen die unverheirateten Offiziere zu ihren Füßen, hörten das Schwalbenlied und tranken den Mädchen mit Gugelfings gelbem Biere zu; nicht lange, so fanden sich auch die verheirateten Herren ein, und eines Abends war Oberst von Rummler in eigener Person erschienen, war dem Programm mit gespannter Teilnahme gefolgt und hatte sich endlich nach verschiedenen Seiten mit rückhaltloser Anerkennung über die ›Schwalben‹ geäußert.

Da aber war unter den Leutnants und Rittmeistern der Plan gereift, die ›Schwalben‹ in die Intimität zu ziehen, eine Auswahl von ihnen, zehn der Hübschesten etwa, auf einen lustigen Abend mit Schaumwein und Hallo ins Kasino zu laden. Die höheren Herren durften der Welt gegenüber von dem Unternehmen nichts wissen und mußten sich schweren Herzens davon zurückhalten; aber nicht nur die ledigen Leutnants, sondern auch die verheirateten Oberleutnants und Rittmeister nahmen teil daran, und zwar (dies war das Prikelnde an der Sache, die eigentliche Pointe), und zwar mit ihren Damen.

Hindernisse und Bedenken? Oberleutnant von Levzahn hatte das goldene Wort gefunden, daß für den Soldaten Hindernisse und Bedenken dazu da sein, überwunden und zerstreut zu werden! Mochten die guten Hohendammer, wenn sie's vernahmen, entsetzt darüber sein, daß die Offiziere ihre Damen mit den ›Schwalben‹ zusammenbrachten, – sie freilich hätten sich dergleichen nicht erlauben dürfen. Aber es gibt eine Höhe, gibt kecke und jenseitige Regionen des Lebens, in welchen es bereits wieder freisteht, zu tun, was in tieferen Sphären besudeln und entehren würde. Und waren vielleicht die ehrsamen Eingeborenen nicht *gewohnt*, allerlei Ungewöhnliches von ihren Husaren zu gewärtigen? Die Offiziere ritten in Gottes hellem Sonnenschein auf dem Trottoir, wenn es ihnen einfiel: das war vorgekommen. Einmal, gegen Abend, war auf dem Marktplatz mit Pistolen geschossen worden, was ebenfalls nur die Offiziere gewesen sein konnten: und hatte sich's jemand beikommen lassen, darüber zu murren? Die folgende Anekdote ist mehrfach verbürgt.

Eines Morgens zwischen fünf und sechs Uhr befand sich Rittmeister Baron Harry in angeregter Stimmung mit einigen Kameraden auf dem Heimwege von einer nächtlichen Unterhaltung; es waren Rittmeister von Hühnemann sowie die Oberleutnants und Leutnants Le Maistre, Baron Truchseß, von Trautenau und von Lichterloh. Als die Herren die Alte Brücke passierten, begegnete ihnen ein Bäckerjunge, der, einen großen Korb mit Semmeln auf der Schulter tragend und sorglos sein Lied pfeifend, durch den frischen Morgen seines Weges zog. »Hergeben!« rief Baron Harry, ergriff den Korb beim Henkel, schwang ihn so geschickt, daß ihm nicht eine Semmel entfiel, dreimal im Kreise herum und schleuderte ihn dann in einem Bogen, der von der Kraft seines Armes zeugte, weit hinaus in die trüben Fluten. Der Bäkkerjunge, anfangs schreckerstarrt, hob dann, als er seine Semmeln schwimmen und versinken sah, unter Jammerrufen die Arme empor und gebärdete sich wie ein Verzweifelter. Nachdem aber die Herren sich eine Weile an seiner kindischen Angst ergötzt hatten, warf ihm Baron Harry ein Geldstück zu, das an Wert den Inhalt des Korbes um das Dreifache übertraf, worauf die Offiziere lachend ihren Heimweg fortsetzten. Da begriff der Knabe, daß er es mit Edelleuten zu tun gehabt habe, und verstummte...

Diese Geschichte war rasch in der Leute Mund gekommen, aber es hätte nur jemand wagen sollen, ein Maul darüber zu ziehen! Lächelnd oder knirschend – man nahm sie hin von Baron Harry und seinen Kameraden. Herren waren sie! Herren über Hohendamm! Und so kamen die Offiziersdamen mit den ›Schwalben‹ zusammen. – –

Es schien, daß der Avantageur sich auch auf das Tanzen nicht besser verstand als aufs Walzerspielen, denn er ließ sich, ohne zu engagieren, mit einer Verbeugung an einem der Tischchen nieder, neben der kleinen Baronin Anna, der Gattin Baron Harry's, an die er einige schüchterne Worte richtete. Mit den ›Schwalben‹ sich zu unterhalten, war der junge Mann außerstande. Er hatte eine wahre Angst vor ihnen, da er sich einbildete, daß diese Art von Mädchen ihn, was er auch sprechen mochte, befremdet ansah; und dies schmerzte den Avantageur. Da ihn aber, nach Art vieler schlaffer und untauglicher Naturen, selbst die schlechteste Musik in eine schweigsame, müdselige und brütende Stimmung versetzte, auch die Baronin Anna, der er vollständig gleichgültig war, nur zerstreute Antworten gab, so verstummten beide bald und beschränkten sich darauf, mit einem etwas starren und etwas verzerrten Lächeln, das ihnen merkwürdigerweise gemeinsam war, in das Wiegen und Kreisen des Tanzes zu blicken.

Die Kerzen der Kronleuchter flackerten und troffen so sehr, daß sie durch knorrige und halberstarrte Stearinauswüchse ganz verunstaltet waren, und unter ihnen drehten sich und glitten zu Leutnant von Gelbsattels befeuernden Rhythmen die Paare. Mit niedergedrückten Spitzen schritten die Füße aus, wandten sich elastisch und schleiften dahin. Die langen Beine der Herren bogen sich ein wenig, federten, schnellten und schwangen sich fort. Die Röcke flogen. Die bunten Husarenjacken wirbelten durcheinander, und mit einer genußsüchtigen Kopfneigung lehnten die Damen ihre Taillen in die Arme der Tänzer.

Baron Harry hielt eine erstaunlich hübsche ›Schwalbe‹ ziemlich fest an seine verschnürte Brust gepreßt, indem er sein Gesicht nahe dem ihrigen hielt und ihr unverwandt in die Augen blickte. Baronin Anna's Lächeln folgte dem Paare. Dort rollte der ellenlange Leutnant von Lichterloh eine kleine, fette, kugelrunde und ungewöhnlich dekolletierte ›Schwalbe‹ mit sich fort. Aber unter dem einen Kronleuchter tanzte wahr und wahrhaftig Frau Rittmeister von Hühnemann, die den Champagner über alle Dinge liebte, völlig selbstvergessen mit einer dritten ›Schwalbe‹ im Kreise herum, einem niedlichen, sommersprossigen Geschöpf, dessen Gesicht über die ungewohnte Ehre über und über erstrahlte. »Liebe Baronin«, äußerte sich später Frau von Hühnemann gegen Frau Oberleutnant von Truchseß, »diese Mädchen sind gar nicht ungebildet, sie zählen Ihnen alle Kavalleriegarnisonen des Reiches an den Fingern her.« Sie tanzten miteinander, weil zwei Damen überzählig waren, und beachteten gar nicht, daß alles sich nach und nach vom Schauplatz zurückzog, um sie ganz allein sich produzieren zu lassen. Endlich merkten sie es dennoch und standen nebeneinander inmitten des Saales, ganz von Gelächter, Applaus und Bravorufen überschüttet...

Dann wurde Champagner getrunken, und die Ordonnanzen liefen mit ihren weißen Handschuhen von Tisch zu Tisch, um einzuschenken. Aber dann mußten die ›Schwalben‹ noch einmal singen, ganz einerlei, das mußten sie, ob sie nun außer Atem waren oder nicht!

In einer Reihe standen sie auf dem Podium, das die eine Schmalseite des Saales einnahm, und machten Augen. Ihre Schultern und Arme waren nackt, und ihre Kleider waren so gearbeitet, daß sie hellgraue Westen mit dunkleren Schwalbenfräcken darüber darstellten. Dazu trugen sie graue Zwikkelstrümpfe und weitausgeschnittene Schuhe mit gewaltig hohen Absätzen. Es waren Blonde und Schwarze, Gutmütig-Dicke und solche von interessanter Dürre, solche mit ganz eigentümlich stumpf karmoisinroten Wangen und andere, die so weiß im Gesicht waren wie Clowns. Aber die Hübscheste von allen war doch die kleine Bräunliche mit den Kinderarmen und den mandelförmig umrissenen Augen, mit der Baron Harry soeben getanzt hatte. Auch Baronin Anna fand, daß diese die Hübscheste sei, und fuhr fort zu lächeln.

Nun sangen die ›Schwalben‹, und Leutnant von Gelbsattel begleitete sie, indem er zurückgeworfenen Oberleibes den Kopf nach ihnen umwandte und dabei mit weitausgestreckten Armen in die Tasten griff. Sie sangen einstimmig, daß sie flotte Vögel seien, die schon die ganze Welt bereist hätten und alle Herzen mit sich nähmen, wenn sie davonflögen. Sie sangen ein äußerst melodiöses Lied, das mit den Worten begann:

Ja, ja, das Militär,
Das lieben wir gar sehr!

und auch ganz ähnlich endigte. Aber dann sangen sie auf stürmisches Verlangen noch einmal das Schwalbenlied, und die Herren, die es schon ebenso gut auswendig konnten wie sie, stimmten begeistert ein:

Wenn die Schwalben wiederkommen,
Die wer'n schaun! Die wer'n schaun!

Der Saal dröhnte von Gesang, von Lachen und dem Klirren und Stampfen der bespornten Füße, die den Takt traten.

Auch Baronin Anna lachte über all den Unfug und Übermut; sie hatte schon den ganzen Abend so viel gelacht, daß ihr der Kopf und das Herz davon weh tat und sie gern in Frieden und Dunkelheit die Augen geschlossen hätte, wenn Harry hier nicht so eifrig bei der Sache gewesen wäre... »Heute bin ich lustig«, hatte sie vorhin, in einem Augenblick, als sie es selber glaubte, zu ihrer Tischnachbarin geäußert; aber dies hatte ihr ein Schweigen und einen spöttischen Blick eingetragen, worauf sie sich besonnen hatte, daß es unter Leuten nicht üblich war, dergleichen zu sagen. War man lustig, so benahm man sich demgemäß; es festzustellen und auszusprechen war bereits gewagt und wunderlich; aber zu sagen: »Ich bin traurig«, wäre direkt unmöglich gewesen.

Baronin Anna war in so großer Einsamkeit und Stille aufgewachsen, auf ihres Vaters Gut am Meere, daß sie noch immer allzusehr geneigt war, solche Wahrheiten außer acht zu lassen, obgleich sie sich davor fürchtete, die Leute zu befremden, und sehnlich wünschte, ganz ebenso zu sein wie die anderen, damit man sie ein wenig liebte... Sie hatte blasse Hände und aschblondes Haar, das viel zu schwer war im Verhältnis zu ihrem schmalen, zartknochigen Gesichtchen. Zwischen ihren hellen Brauen stand eine senkrechte Falte, die ihrem Lächeln etwas Bedrängtes und Wundes gab...

Es stand so mit ihr, daß sie ihren Gatten liebte... Niemand soll lachen! Sie liebte ihn sogar noch um der Geschichte mit den Semmeln willen, liebte ihn feig und elend, obgleich er sie betrog und täglich ihr Herz mißhandelte wie ein Knabe, litt Liebe um ihn wie ein Weib, das seine eigene Zartheit und Schwäche verachtet und weiß, daß die Kraft und das starke Glück auf Erden im Rechte sind. Ja, sie gab sich dieser Liebe und ihren Qualen hin, wie sie damals, als er in einem kurzen

Anfall von Zärtlichkeit um sie geworben, sich ihm selbst hingegeben hatte: mit dem durstigen Verlangen eines einsamen und verträumten Geschöpfes nach dem Leben, der Leidenschaft und den Stürmen des Gefühls . . .

Dreitakt und Gläserklang, – Tumult, Dunst, Summen und Tanzschritt: das war Harry's Welt und sein Reich; und es war das Reich ihrer Träume, weil dort das Glück war. Gewöhnlichkeit, Liebe und Leben.

Geselligkeit! Harmlose, festliche Geselligkeit, entnervendes, entwürdigendes, verführerisches Gift voll unfruchtbarer Reize, buhlerische Feindin des Gedankens und des Friedens, du bist etwas Fürchterliches! – Da saß sie, Abende und Nächte, gemartert von dem grellen Gegensatz zwischen der vollständigen Leere und Nichtigkeit ringsumher und der dabei herrschenden fieberhaften Erregung infolge des Weins, des Kaffees, der sinnlichen Musik und des Tanzes, saß und sah, wie Harry hübsche und lustige Frauen bezauberte, nicht, weil sie ihn sonderlich beglückten, sondern weil seine Eitelkeit verlangte, daß er sich vor den Leuten mit ihnen zeige, als ein Glücklicher, der wohlversorgt ist, keineswegs ausgeschlossen ist, keine Sehnsucht kennt . . . Wie weh diese Eitelkeit ihr tat, und wie sie sie dennoch liebte! Wie süß es war, zu finden, daß er schön aussah, jung, herrlich und betörend! Wie die Liebe anderer zu ihm ihre eigene zu einem qualvollen Aufflammen brachte! . . . Und wenn es vorüber war, wenn er am Schluß eines Festes, das sie in Not und Pein um ihn verbrachte, sich in unwissenden und egoistischen Lobpreisungen dieser Stunden erging, so kamen jene Augenblicke, wo ihr Haß und ihre Verachtung ihrer Liebe gleichkam, wo sie ihn »Wicht« und »Fant« nannte in ihrem Herzen und ihn durch Schweigen zu strafen suchte, durch lächerliches, verzweifeltes Schweigen . . .

Wissen wir's recht, kleine Baronin Anna? Machen wir reden, was alles sich hinter deinem armen Lächeln verbirgt, während die ›Schwalben‹ singen? – Und es kommt jener erbärmliche und unwürdige Zustand, in dem du gegen Morgen nach der harmlosen Geselligkeit in deinem Bette liegst und deine Geisteskräfte an das Nachdenken über Scherze, Witzworte, gute Antworten verausgabst, die du hättest finden müssen, um liebenswürdig zu sein, und die du nicht gefunden hast. Es kommen jene Träume ums Tagesgrauen, daß du, vom Schmerze ganz schwach gemacht, an seiner Schulter weinst, daß er dich mit einem seiner leeren, netten, gewöhnlichen Worte zu trösten sucht und du plötzlich durchdrungen bist von dem beschämenden Widersinn, der darin liegt, an seiner Schulter über die Welt zu weinen …

Wenn er krank würde, nicht wahr? Raten wir recht, daß aus einem kleinen, gleichgültigen Übelbefinden seinerseits dir eine ganze Welt von Träumen ersteht, in denen du ihn als deinen leidenden Pflegling siehst, in denen er hilflos und zerbrochen vor dir liegt und endlich, endlich dir gehört? Schäme dich nicht! Verabscheue dich nicht! Der Kummer macht ein wenig schlecht zuweilen, – wir wissen es, wir sehen es, ach, arme kleine Seele, wir sahen ganz anderes auf unseren Reisen! Aber um den jungen Avantageur mit den zu langen Augenlidern könntest du dich ein bißchen kümmern, der neben dir sitzt und seine Einsamkeit gern mit deiner zusammentäte. Warum verschmähst du ihn? Warum verachtest du ihn? Weil er von deiner eigenen Welt ist und nicht von der anderen, wo Frohmut und Stolz herrscht, Glück, Rhythmus und Siegersinn? Freilich, es ist schwer, in einer Welt nicht heimisch zu sein und nicht in der anderen, – wir wissen es! Aber es gibt keine Versöhnung …

Der Beifall rauschte in Leutnant von Gelbsattels Nachspiel hinein, die ›Schwalben‹ waren fertig. Ohne die Stufen zu benutzen, sprangen sie vom Podium herunter, plumpsend und flatternd, und die Herren drängten sich, um ihnen behilflich zu sein. Baron Harry half der Kleinen, Bräunlichen mit den Kinderarmen, er tat es ausführlich und mit Verstand. Er umfaßte mit dem einen Arm ihre Oberschenkel und mit dem andern ihre Taille, ließ sich Zeit, sie niederzusetzen, und trug sie beinahe zu dem Sekttischchen, wo er ihr Glas füllte, daß es überschäumte, und mit ihr anstieß, langsam und beziehungsvoll, indem er mit einem gegenstandslosen und eindringlichen Lächeln in ihre Augen blickte. Er hatte stark getrunken, und die Narbe glühte rot in seiner weißen Stirn, die scharf gegen sein verbranntes Gesicht abstach; aber er war aufgeräumt und frei, durchaus heiter erregt und ungetrübt von Leidenschaft.

Der Tisch stand demjenigen Baronin Anna's gegenüber, an der entgegengesetzten Längsseite des Saales, und indem sie mit irgend jemandem in ihrer Nähe gleichgültige Worte wechselte, horchte sie durstig auf das Lachen dort drüben, spähte schimpflich und verstohlen nach jeder Bewegung, – in diesem seltsamen Zustand voll schmerzlicher Anspannung, die es einem erlaubt, mechanisch und unter Wahrung aller gesellschaftlichen Formen eine Unterhaltung mit einer Person aufrechtzuerhalten und dabei geistig vollkommen abseits zu sein, nämlich bei einer anderen Person, die man beobachtet...

Ein- oder zweimal schien es ihr, als ob der Blick der kleinen ›Schwalbe‹ den ihren streifte... Kannte sie sie? Wußte sie, wer sie sei? Wie schön sie war! Wie keck und gedankenlos lebensvoll und verführerisch! Wenn Harry sie geliebt, sich nach ihr verzehrt, um sie gelitten hätte, sie würde es verziehen, begriffen, mitempfunden haben. Und plötzlich fühlte sie, daß ihre eigene Sehnsucht nach der kleinen ›Schwalbe‹ heißer und tiefer war als Harry's.

Die kleine ›Schwalbe‹! Lieber Gott, sie hieß Emmy und war gründlich ordinär. Aber wundervoll war sie mit ihren schwarzen Haarsträhnen, die das breite, begehrliche Gesicht umfingen, ihren dunkel umrissenen Mandelaugen, ihrem großen Mund voll weißblitzender Zähne und ihren bräunlichen, weich und lockend geformten Armen; und das Schönste an ihr waren die Schultern, die bei gewissen Bewegungen auf unvergleichlich geschmeidige Art in den Gelenken rollten... Baron Harry war voller Interesse für diese Schultern; er wollte durchaus nicht dulden, daß sie sie verhüllte, sondern veranstaltete einen geräuschvollen Kampf um den Schal, den umzulegen sie sich in den Kopf gesetzt hatte, – und bei alledem merkte niemand weit und breit, weder Baron Harry, noch seine Gattin, noch sonst irgend jemand, daß dieses kleine verwahrloste Geschöpf, das der Wein sentimental machte, den ganzen Abend zu dem jungen Avantageur hinüberschmachtete, der vorhin wegen Mangel an Rhythmus vom Klavier vertrieben worden war. Seine müden Augen und die Art seines Spiels hatten es ihr angetan, es dünkte sie edel, poetisch und aus einer anderen Welt, während Baron Harry's Sein und Wesen ihr allzu bekannt und langweilig erschien, und sie war ganz unglücklich und leiderfüllt darüber, daß der Avantageur seinerseits ihr nicht das kleinste Liebeszeichen gab ...

Die tief herabgebrannten Kerzen brannten trüb in dem Zigarettenrauch, der in bläulichen Schichten über den Köpfen schwebte. Kaffeegeruch zog durch den Saal. Eine fade und schwere Atmosphäre, Festdunst, Geselligkeitsbrodem, verdickt und verwirrend gemacht durch die gewagten Parfüme der ›Schwalben‹, lagerte über allem, den weißgedeckten Tischen und Champagnerkühlern, den übernächtigen und ausgelassenen Menschen und ihrem Gesumme, Gelächter, Gekicher und Liebesgetändel.

Baronin Anna sprach nicht mehr. Die Verzweiflung und jenes furchtbare Beieinander von Sehnsucht, Neid, Liebe und Selbstverachtung, das man Eifersucht nennt und das nicht da sein dürfte, wenn die Welt gut sein sollte, hatten ihr Herz so sehr unterjocht, daß sie nicht mehr die Kraft hatte, sich zu verstellen. Mochte er sehen, wie es um sie stand, mochte er sich ihrer schämen, damit doch *ein* Gefühl, das sich auf sie bezog, in seiner Brust wäre.

Sie blickte hinüber ... Das Spiel dort drüben ging ein wenig weit, und alles schaute ihm lachend und neugierig zu. Harry hatte eine neue Art von zärtlichem Ringkampf mit der kleinen ›Schwalbe‹ ausfindig gemacht. Er bestand darauf, die Ringe mit ihr zu wechseln, und seine Knie gegen die ihren gestemmt, hielt er sie auf dem Stuhle fest, haschte ausgelassen und in toller Jagd nach ihrer Hand und suchte ihre kleine, festgeballte Faust zu erbrechen. Endlich obsiegte er. Und unter dem lärmenden Beifall der Gesellschaft entwand er ihr umständlich den schmalen Schlangenreif und zwang triumphierend seinen eigenen Ehering an ihren Finger.

Da stand Baronin Anna auf. Zorn und Leid, die Sehnsucht, sich mit ihrem Gram um seine geliebte Nichtigkeit im Dunklen zu verbergen, der verzweifelte Wunsch, ihn durch einen Skandal zu strafen, irgendwie seine Aufmerksamkeit auf sich zu lenken, überwältigten sie. Bleich schob sie ihren Stuhl zurück und ging mitten durch den Saal zur Tür.

Ein Aufsehen entstand. Ernst und ernüchtert sah man sich an. Ein paar Herren riefen mit lauter Stimme Harry bei Namen. Der Lärm verstummte.

Und da begab sich etwas ganz Seltsames. Die ›Schwalbe‹ Emmy nämlich ergriff mit vollster Entschiedenheit für Baronin Anna Partei. Sei es, daß ein allgemeiner Weibesinstinkt für den Schmerz und die leidende Liebe ihr Benehmen bestimmte, sei es, daß ihr eigener Kummer um den Avantageur mit den müden Augenlidern sie in Baronin Anna eine Kameradin erblicken ließ, – sie handelte zum allgemeinen Erstaunen.

»Sie sind gemein!« sagte sie laut in der herrschenden Stille, indem sie den verblüfften Baron Harry zurückstieß. Diesen einen Satz: »Sie sind gemein!« Und dann war sie auf einmal bei Baronin Anna, die schon den Türgriff erfaßt hielt.

»Verzeihen Sie!« sagte sie so leise, als sei niemand in der Runde sonst wert, es zu hören. »Hier ist der Ring.« Damit schob sie Harry's Ehering in Baronin Anna's Hand. Und plötzlich fühlte Baronin Anna des Mädchens breites, warmes Gesichtchen über dieser ihrer Hand und einen weichen, inbrünstigen Kuß daraufbrennen. »Verzeihen Sie!« flüsterte die kleine ›Schwalbe‹ noch einmal und lief dann fort.

Aber Baronin Anna stand draußen im Dunklen, noch ganz betäubt, und wartete darauf, daß dies unerwartete Begebnis in ihr Gestalt und Sinn annähme. Und es kam, daß ein Glück, ein süßes, heißes und heimliches Glück einen Augenblick ihre Augen schloß . . .

Halt! Genug und nichts weiter! Seht doch die kostbare kleine Einzelheit! Da stand sie, ganz entzückt und bezaubert, weil dies Närrchen von einer Landstreicherin gekommen war, ihr die Hand zu küssen!

Wir verlassen dich, Baronin Anna, wir küssen dir die Stirn, leb' wohl, wir enteilen! Schlafe nun! Du wirst die ganze Nacht von der ›Schwalbe‹ träumen, die zu dir kam, und ein wenig glücklich sein.

Denn ein Glück, ein kleiner Schauer und Rausch von Glück berührt das Herz, wenn jene zwei Welten, zwischen denen die Sehnsucht hin und wider irrt, sich in einer kurzen, trügerischen Annäherung zusammenfinden.

THOMAS MANN

In meiner Stadt war ich allein.

Ich war jung, aber ich war mir meiner Jugend nicht bewußt. Ich spielte sie nicht aus. Sie hatte keinen Wert. Es fragte auch niemand danach. Die Zeit stand still. Es war eher ein Leiden. Doch gab es keinen, der mir glich.

Ich trieb mich herum. Ich war unterwegs. Ich war auf den Straßen und Plätzen. Ich fiel überall auf. Ich hatte kein Ziel. Ich stellte mich mitten auf den Markt. Ich war unnütz; das gefiel mir. Ich genoß es, auf dem Markt zu stehen. Einfach nur so. Ich hatte nichts anzubieten. Nicht einmal mich selbst. Ich kaufte nichts. Ich wollte nicht teilhaben. Ich verachtete sie. Ich kannte die Kurse nicht. Ich fragte nicht nach dem Preis.

Ich ging absichtlich gebeugt. Ich wünschte mir einen Bukkel. Ich wollte ausgestoßen sein. Sie sollten es sehen. Sie sahen es. Ich hörte sie und hörte sie nicht. Sie riefen hinter mir her. Sie höhnten, geh, hol dir den Krankenschein zum Haareschneiden. Ich war in keiner Krankenkasse; ich war stolz, in keiner Kasse zu sein. Es berührte mich nicht. Sie schrien Bubikopf, Bubikopf. Das schulterlange Haar stand mir für eine bessere Welt. Ich zog meine Schuhe aus, knüpfte sie zusammen, hängte sie über die Schulter, ging barfuß weiter.

So fühlte ich die Stadt. Sie war unter meinem Fuß. Sie war hart und kalt. Die anderen merkten es nicht. Viele liebten Stiefel. Sie marschierten gern. Sie hatten den Krieg verloren. Sie würgten an der Niederlage und haßten die Republik. Sie sagten, wenn wir die Wehrpflicht hätten. Sie riefen, die Hammelbeine langziehen. Sie kniffen die Augen zusammen. Sie hofften, mich zu zerschneiden. Sie hatten alle nur ein Gesicht.

Ich war nicht traurig. Ich amüsierte mich. Ich war der Ritter von der traurigen Gestalt. Das war lustig. Ich sehnte mich nach Freuden. Ich wollte es bunt.

WOLFGANG KOEPPEN

Warum also, o ihr Sterblichen, sucht ihr ein Glück, das in euch liegt, draußen? Irrtum und Unwissenheit verwirren euch. Ich will dir kurz den Angelpunkt des höchsten Glükkes zeigen. Gibt es für dich etwas Kostbareres als dich selbst? – Nein! wirst du sagen; wenn du also deiner mächtig bist, wirst du besitzen, was du nie verlieren möchtest und das Schicksal nicht entführen kann. Und damit du erkennst, daß in diesen zufälligen Dingen das Glück nicht bestehen kann, schließe so: wenn das Glück das höchste Gut eines Wesens ist, das mit Vernunft lebt, und nicht höchstes Gut ist, was irgendwie entrissen werden kann, da ja das, was sich nicht rauben läßt, es übertrifft, so liegt auf der Hand, daß die Unbeständigkeit des Zufalls nicht den Anspruch machen kann, das Glück zu erfassen. Dazu kommt: wen dies hinfällige Glück trägt, der weiß entweder, daß es veränderlich ist, oder er weiß es nicht. Wenn er es nicht weiß, welches Los kann ihn denn dann selig machen in der Finsternis der Torheit? Wenn er es weiß, muß er fürchten, daß er verliert, was man, wie er nicht zweifelt, verlieren kann; deshalb läßt ihn beständige Furcht nicht glücklich sein. Oder meint er wenigstens, wenn er es verliert, müsse er es geringschätzen? Auch dann ist es ein sehr dürftiges Gut, wenn man seinen Verlust mit Gleichgültigkeit erträgt. Und da du ja derselbe Mann bist, der überzeugt ist und dem es durch sehr viele Beweise, wie ich weiß, in die Seele gepflanzt ist, daß der Geist der Menschen nicht sterblich sei, und da es klar ist, daß das zufällige Glück in dem Tode des Körpers seine Grenze hat, gleitet unzweifelhaft, kann dieses das wahre Glück bringen, das ganze Geschlecht der Sterblichen beim Todesende ins Unglück. Wenn wir aber wissen, daß viele die Frucht wahren Glückes nicht nur im Tod, sondern in Schmerzen und Martern gesucht haben, wie kann es sie dann durch seine Gegenwart glücklich machen, wenn es beendet sie nicht elend macht?

BOETHIUS

Das Glück

Selig, welchen die Götter, die gnädigen, vor der Geburt schon
  Liebten, welchen als Kind Venus im Arme gewiegt,
Welchem Phöbus die Augen, die Lippen Hermes gelöset,
  Und das Siegel der Macht Zeus auf die Stirn gedrückt!
Ein erhabenes Los, ein göttliches, ist ihm gefallen,
  Schon vor des Kampfes Beginn sind ihm die Schläfe bekränzt.
Ihm ist, eh er es lebte, das volle Leben gerechnet,
  Eh er die Mühe bestand, hat er die Charis erlangt.
Groß zwar nenn ich den Mann, der sein eigner Bildner und Schöpfer
  Durch der Tugend Gewalt selber die Parze bezwingt,
Aber nicht erzwingt er das Glück und was ihm die Charis
  Neidisch geweigert, erringt nimmer der strebende Mut.
Vor Unwürdigem kann dich der Wille, der ernste bewahren,
  Alles Höchste, es kommt frei von den Göttern herab.
Wie die Geliebte dich liebt, so kommen die himmlischen Gaben,
  Oben in Jupiters Reich herrscht wie in Amors die Gunst.
Neigungen haben die Götter, sie lieben der grünenden Jugend
  Lockigte Scheitel, es zieht Freude die Fröhlichen an.
Nicht der Sehende wird von ihrer Erscheinung beseligt,
  Ihrer Herrlichkeit Glanz hat nur der Blinde geschaut,
Gern erwählen sie sich der Einfalt kindliche Seele,
  In das bescheidne Gefäß schließen sie göttliches ein.
Ungehofft sind sie da, und täuschen die stolze Erwartung,
  Keines Bannes Gewalt zwinget die Freien herab.
Wem er geneigt, dem sendet der Vater der Menschen und Götter
  Seinen Adler herab, trägt ihn zu himmlischen Höhn,
Unter die Menge greift er mit Eigenwillen, und welches
  Haupt ihm gefället, um das flicht er mit liebender Hand

Jetzt den Lorbeer und jetzt die Herrschaftgebende Binde,
Krönte doch selber den Gott nur das gewogene Glück.
Vor dem Glücklichen her tritt Phöbus, der pythische Sieger,
Und der die Herzen bezwingt, Amor, der lächelnde Gott.
Vor ihm ebnet Poseidon das Meer, sanft gleitet des Schiffes
Kiel, das den Cäsar führt und sein allmächtiges Glück,
Ihm zu Füßen legt sich der Leu, das brausende Delphin
Steigt aus den Tiefen und fromm beut es den Rücken ihm an.
Zürne dem Glücklichen nicht, daß den leichten Sieg ihm die Götter
Schenken, daß aus der Schlacht Venus den Liebling entrückt,
Ihn, den die lächelnde rettet, den Göttergeliebten beneid ich,
Jenen nicht, dem sie mit Nacht deckt den verdunkelten Blick.
War er weniger herrlich, Achilles, weil ihm Hephästos
Selbst geschmiedet den Schild und das verderbliche Schwert,
Weil um den sterblichen Mann der große Olymp sich beweget?
Das verherrlichet ihn, daß ihn die Götter geliebt,
Daß sie sein Zürnen geehrt, und Ruhm dem Liebling zu geben,
Hellas bestes Geschlecht stürzten zum Orkus hinab.
Zürne der Schönheit nicht, daß sie schön ist, daß sie verdienstlos.
Wie der Lilie Kelch prangt durch der Venus Geschenk,
Laß sie die glückliche sein, du schaust sie, du bist der Beglückte,
Wie sie ohne Verdienst glänzt, so entzücket sie dich.
Freue dich, daß die Gabe des Lieds vom Himmel herabkommt,
Daß der Sänger dir singt, was ihn die Muse gelehrt,
Weil der Gott ihn beseelt, so wird er dem Hörer zum Gotte,

Weil er der glückliche ist, kannst du der selige sein.
Auf dem geschäftigen Markt da führe Themis die Waage,
Und es messe der Lohn streng an der Mühe sich ab.
Aber die Freude ruft nur ein Gott auf sterbliche Wangen,
Wo kein Wunder geschieht, ist kein Beglückter zu sehn.
Alles Menschliche muß erst werden und wachsen und reifen,
Und von Gestalt zu Gestalt führt es die bildende Zeit,
Aber das Glückliche siehest du nicht, das Schöne nicht werden,
Fertig von Ewigkeit her steht es vollendet vor dir.
Jede irdische Venus ersteht wie die erste des Himmels
Eine dunkle Geburt aus dem unendlichen Meer,
Wie die erste Minerva so tritt mit der Ägis gerüstet
Aus des Donnerers Haupt jeder Gedanke des Lichts.

FRIEDRICH SCHILLER

Willkommen und Abschied

Es schlug mein Herz, geschwind zu Pferde!
Es war getan fast eh gedacht.
Der Abend wiegte schon die Erde,
Und an den Bergen hing die Nacht:
Schon stand im Nebelkleid die Eiche,
Ein aufgetürmter Riese, da,
Wo Finsternis aus dem Gesträuche
Mit hundert schwarzen Augen sah.

Der Mond von einem Wolkenhügel
Sah kläglich aus dem Duft hervor,
Die Winde schwangen leise Flügel,
Umsausten schauerlich mein Ohr;
Die Nacht schuf tausend Ungeheuer,
Doch frisch und fröhlich war mein Mut:
In meinen Adern welches Feuer!
In meinem Herzen welche Glut!

Dich sah ich, und die milde Freude
Floß von dem süßen Blick auf mich;
Ganz war mein Herz an deiner Seite
Und jeder Atemzug für dich.
Ein rosenfarbnes Frühlingswetter
Umgab das liebliche Gesicht,
Und Zärtlichkeit für mich – ihr Götter!
Ich hofft es, ich verdient es nicht!

Doch ach, schon mit der Morgensonne
Verengt der Abschied mir das Herz:
In deinen Küssen welche Wonne!
In deinem Auge welcher Schmerz!
Ich ging, du standst und sahst zur Erden,
Und sahst mir nach mit nassem Blick:

Und doch, welch Glück, geliebt zu werden!
Und lieben, Götter, welch ein Glück!

JOHANN WOLFGANG VON GOETHE

Sehnsucht

Es schienen so golden die Sterne,
Am Fenster ich einsam stand
Und hörte aus weiter Ferne
Ein Posthorn im stillen Land.
Das Herz mir im Leib entbrennte,
Da hab ich mir heimlich gedacht:
Ach, wer da mitreisen könnte
In der prächtigen Sommernacht!

Zwei junge Gesellen gingen
Vorüber am Bergeshang,
Ich hörte im Wandern sie singen
Die stille Gegend entlang:
Von schwindelnden Felsenschlüften,
Wo die Wälder rauschen so sacht,
Von Quellen, die von den Klüften
Sich stürzen in die Waldesnacht.

Sie sangen von Marmorbildern,
Von Gärten, die überm Gestein
In dämmernden Lauben verwildern,
Palästen im Mondenschein,
Wo die Mädchen am Fenster lauschen,
Wann der Lauten Klang erwacht
Und die Brunnen verschlafen rauschen
In der prächtigen Sommernacht. –

JOSEPH VON EICHENDORFF

Eines Morgens erwachte ich, ein lebhafter Knabe von vielleicht zehn Jahren, mit einem ganz ungewöhnlich holden und tiefen Gefühl von Freude und Wohlsein, das mich wie eine innere Sonne durchstrahlte, so als sei jetzt eben, in diesem Augenblick des Erwachens aus einem guten Knabenschlaf, etwas Neues und Wunderbares geschehen, als sei meine ganze klein-große Knabenwelt in einen neuen und höhern Zustand, in ein neues Licht und Klima eingetreten, als habe das ganze schöne Leben erst jetzt, an diesem frühen Morgen, seinen vollen Wert und Sinn bekommen. Ich wußte nichts von gestern noch von morgen, ich war von einem glückhaften Heute umfangen und sanft umspült. Es tat wohl und wurde von Sinnen und Seele ohne Neugierde und ohne Rechenschaft gekostet, es durchrann mich und schmeckte herrlich.

Es war Morgen, durchs hohe Fenster sah ich über dem langen Dachrücken des Nachbarhauses den Himmel heiter in reinem Hellblau stehen, auch er schien voll Glück, als habe er Besonderes vor und habe dazu sein hübschestes Kleid angezogen. Mehr war von meinem Bette aus von der Welt nicht zu sehen, nur eben dieser schöne Himmel und das lange Stück Dach vom Nachbarhause, aber auch dies Dach, dies langweilige und öde Dach aus dunkel rotbraunen Ziegeln schien zu lachen, es ging über eine steile schattige Schrägwand ein leises Spiel von Farben, und die einzelne bläuliche Glaspfanne zwischen den roten tönernen schien lebendig und schien freudig bemüht, etwas von diesem so leise und stetig strahlenden Frühhimmel zu spiegeln. Der Himmel, die etwas rauhe Kante des Dachrückens, das uniformierte Heer der braunen und das luftig dünne Blau des einzigen Glasziegels schienen auf eine schöne und erfreuliche Weise miteinander einverstanden, sie hatten sichtlich nichts andres im Sinn, als in dieser besonderen Morgenstunde einander anzulachen und es gut miteinander zu meinen. Himmelblau, Ziegelbraun und Glasblau hatten einen Sinn, sie gehörten zusammen, sie spielten miteinander, es war ihnen wohl, und es war gut und tat wohl, sie zu sehen, ihrem Spiel beizuwohnen, sich vom selben Morgenglanz und Wohlgefühl durchflossen zu fühlen wie sie.

So lag ich, den beginnenden Morgen samt dem ruhigen Nachgefühl des Schlafes genießend, eine schöne Ewigkeit in meinem Bett, und ob ich ein gleiches oder ähnliches Glück noch andre Male in meinem Leben gekostet habe, tiefer und wirklicher konnte keines sein: die Welt war in Ordnung. Und ob dieses Glück hundert Sekunden oder zehn Minuten gedauert habe, es war so außerhalb der Zeit, daß es jedem andern echten Glücke so vollkommen glich wie ein flatternder Bläuling dem andern. Es war vergänglich, es wurde von der Zeit überspült, aber es war tief und ewig genug, um über mehr als sechzig Jahre hinweg mich noch heute zu sich zurückzurufen und zu ziehen, daß ich mit müden Augen und schmerzenden Fingern darum bemüht sein muß, es anzurufen und ihm zuzulächeln, es nachzubilden und zu beschreiben. Es bestand aus nichts, dieses Glück, als aus dem Zusammenklang der paar Dinge um mich her mit meinem eigenen Sein, aus einem wunschlosen Wohlsein, das nach keiner Änderung, keiner Steigerung verlangte.

Es war noch Stille im Haus, und auch von außen her kein Laut. Wäre diese Stille nicht gewesen, so hätte vermutlich die Erinnerung an die alltäglichen Pflichten, an das Aufstehen und den Gang zur Schule mein Wohlsein gestört. Aber es war offenbar weder Tag noch Nacht, es war das süße Licht und das lachende Blau zwar vorhanden, aber kein Mägdetrab über die Sandsteinfliesen des Vorplatzes, keine knarrende Tür, kein Bäckerbubenschritt auf den Treppen. Dieser Morgen-Augenblick war außerhalb der Zeit, er rief zu nichts, er wies auf nichts Kommendes hin, er war sich selbst genug, und da er mich ganz mit in sich begriff, gab es auch für mich keinen Tag, keinen Gedanken an Aufstehen und Schule, an halb gemachte Aufgaben oder schlecht gelernte Vokabeln, an hastiges Frühstücken im frisch gelüfteten Eßzimmer drüben.

Die Ewigkeit des Glückes erfuhr diesmal ihren Zerfall durch eine Steigerung des Schönen, durch ein Mehr und Zuviel an Freude. Während ich so lag und mich nicht rührte, und die lichte stille Morgenwelt in mich eindrang und mich in sich aufnahm, stieß aus der Ferne her etwas Ungewohntes, etwas Glänzendes und Überhelles golden und triumphierend durch die Stille, voll strotzender Freude, voll lockender und weckender Süßigkeit: der Klang einer Trompete. Und schon war, während ich, nun erst völlig wach, mich im Bett aufrichtete und die Decke zurückschlug, der Klang zweistimmig und mehrstimmig geworden: es war die Stadtmusik, die mit klingendem Spiel durch die Gassen marschierte, ein überaus seltenes und aufregendes Ereignis voll schmetternder Festlichkeit, daß mir das Kinderherz im Leibe zugleich lachte und schluchzte, als wäre alles Glück, aller Zauber der seligen Stunde in diese aufreizenden scharfsüßen Töne zusammengeflossen und ergösse sich nun, geweckt und ins Zeitliche und Vergängliche zurückgekehrt. In einer Sekunde war ich aus dem Bett, bebend vor Festfreude, stürzte zur Tür und ins Nebenzimmer, aus dessen Fenstern man die Straße sehen konnte. In einem Taumel von Entzücken, von Neugierde und Dabeiseinwollen legte ich mich in ein offenes Fenster, hörte beglückt die schwellenden und hochmütigen Klänge der näherkommenden Musik, sah und hörte die Nachbarhäuser und die Straßen erwachen, lebendig werden und sich mit Gesichtern, Gestalten und Stimmen anfüllen – und in derselben Sekunde wußte ich auch alles wieder, was ich in jenem Wohlsein zwischen Schlaf und Tag so ganz vergessen hatte. Ich wußte, daß in der Tat heute keine Schule sei, sondern ein hoher Festtag, ich glaube, es war des Königs Geburtstag, daß es Umzüge, Fahnen, Musik und unerhörte Belustigungen geben werde.

Und mit diesem Wissen war ich zurückgekehrt, stand ich wieder unter den Gesetzen, die den Alltag beherrschen, und wenn es auch kein Alltag war, sondern ein Festtag, zu dem die metallenen Töne mich erweckt hatten, so war doch das Eigentliche und Schöne und Göttliche dieses Morgenzaubers schon vergangen und hinter dem kleinen holden Wunder schlugen die Wellen der Zeit, der Welt, der Gewöhnlichkeit wieder zusammen.

HERMANN HESSE

Sonjuscha, wissen Sie, wo ich bin, wo ich Ihnen diesen Brief schreibe? Ich habe mir ein kleines Tischchen herausgeschleppt und sitze nun versteckt zwischen grünen Sträuchern. Rechts von mir die gelbe Zierjohannisbeere, die nach Gewürznelken duftet, links ein Ligusterstrauch ... und vor mir rauscht langsam mit ihren weißen Blättern die große, ernste und müde Silberpappel ... In der Gefängniskirche ist Gottesdienst; dumpfes Orgelspiel dringt undeutlich heraus, gedeckt vom Rauschen der Bäume und dem hellen Chor der Vögel ... Wie ist es schön, wie bin ich glücklich, man spürt schon beinahe die Johannisstimmung – die volle, üppige Reife des Sommers und den Lebensrausch.

ROSA LUXEMBURG AN SOPHIE LIEBKNECHT
AUS DEM GEFÄNGNIS

»Kein Vergnügen,
welches das überträfe,
mit seinem Karren
über ein Pflaster zu fahren,
das man selber gelegt hat.«

ALAIN

In einem Haus

In einem Haus, auf feinem Tannenreiser,
sitzen ein Bettelmann und ein Kaiser.

Beide summen und lachen und trinken
und reden laut und leise und winken.

Ein volles Jahr rollt über das Dach.
Ein volles Jahr rollt über das Dach.

JESSE THOOR

Wenn das alles so ist, dann ist das Gute für den Menschen die Tätigkeit der Seele auf Grund ihrer besondern Befähigung, und wenn es mehrere solche Befähigungen gibt, nach der besten und vollkommensten; und dies außerdem noch ein volles Leben hindurch. Denn eine Schwalbe macht noch keinen Frühling, und auch nicht ein einziger Tag; so macht auch ein einziger Tag oder eine kurze Zeit niemanden glücklich und selig.

ARISTOTELES

Anweisung zum seligen Leben

Das Leben ist selber die Seligkeit, sagte ich. Anders kann es nicht sein: denn das Leben ist Liebe, und die ganze Form und Kraft des Lebens besteht in der Liebe und entsteht aus der Liebe. – Ich habe durch das soeben Gesagte einen der tiefsten Sätze der Erkenntnis ausgesprochen; der jedoch, meines Erachtens, jeder nur wahrhaft zusammengefaßten und angestrengten Aufmerksamkeit auf der Stelle klar und einleuchtend werden kann. Die Liebe *teilet* das an sich tote Sein gleichsam in ein zweimaliges Sein, dasselbe vor sich selbst hinstellend, – und macht es dadurch zu einem Ich oder Selbst, das sich anschaut, und von sich weiß; in welcher Ichheit die Wurzel alles Lebens ruhet. Wiederum *vereiniget* und *verbindet* innigst die Liebe das geteilte Ich, das ohne Liebe nur kalt und ohne alles Interesse sich anschauen würde. Diese letztere Einheit, in der dadurch nicht aufgehobenen, sondern ewig bleibenden Zweiheit ist nun eben das Leben; wie jedem, der die aufgegebenen Begriffe nur scharf denken und aneinanderhalten will, auf der Stelle einleuchten muß. Nun ist die Liebe ferner Zufriedenheit mit sich selbst, Freude an sich selbst, Genuß ihrer selbst, und also Seligkeit: und so ist klar, daß Leben, Liebe und Seligkeit schlechthin Eins sind und dasselbe.

JOHANN GOTTLIEB FICHTE

Wenn ein Glück, wenn ein Haschen nach neuem Glück in irgendeinem Sinne das ist, was den Lebenden im Leben festhält und zum Leben fortdrängt, so hat vielleicht kein Philosoph mehr Recht als der Zyniker: denn das Glück des Tieres, als des vollendeten Zynikers, ist der lebendige Beweis für das Recht des Zynismus. Das kleinste Glück, wenn es nur ununterbrochen da ist und glücklich macht, ist ohne Vergleich mehr Glück als das größte, das nur als Episode, gleichsam als Laune, als toller Einfall, zwischen lauter Unlust, Begierde und Entbehrung kommt. Bei dem kleinsten aber und bei dem größten Glücke ist es immer eins, wodurch Glück zum Glücke wird: das Vergessenkönnen oder, gelehrter ausgedrückt, das Vermögen, während seiner Dauer *unhistorisch* zu empfinden. Wer sich nicht auf der Schwelle des Augenblicks, alle Vergangenheiten vergessend, niederlassen kann, wer nicht auf einem Punkte wie eine Siegesgöttin ohne Schwindel und Furcht zu stehen vermag, der wird nie wissen, was Glück ist, und noch schlimmer: er wird nie etwas tun, was andre glücklich macht. Denkt euch das äußerste Beispiel, einen Menschen, der die Kraft zu vergessen gar nicht besäße, der verurteilt wäre, überall ein Werden zu sehen: ein solcher glaubt nicht mehr an sein eigenes Sein, glaubt nicht mehr an sich, sieht alles in bewegte Punkte auseinanderfließen und verliert sich in diesem Strome des Werdens: er wird wie der rechte Schüler Heraklits zuletzt kaum mehr wagen, den Finger zu heben. Zu allem Handeln gehört Vergessen: wie zum Leben alles Organischen nicht nur Licht, sondern auch Dunkel gehört. [...] Also: es ist möglich, fast ohne Erinnerung zu leben, ja glücklich zu leben.

FRIEDRICH NIETZSCHE

Du willst das Glück in der Liebe sehen.
Da ist es nicht. Das Glück ist in der Ruhe,
in der Freundschaft; die Liebe, das ist
ein Sturm, ein Kampf.
Gut, ich werde dir eine andere Liebe zeigen;
Freundschaft, das heißt Ruhe, verbunden mit
der Lust, das heißt, dem Genuß, das ist Glück.

GEORGE SAND

Selig, die arm sind vor Gott;
denn ihnen gehört das Himmelreich.
Selig die Trauernden;
denn sie werden getröstet werden.
Selig, die keine Gewalt anwenden;
denn sie werden das Land erben.
Selig, die hungern und dürsten nach der Gerechtigkeit;
denn sie werden satt werden.
Selig die Barmherzigen;
denn sie werden Erbarmen finden.
Selig, die ein reines Herz haben;
denn sie werden Gott schauen.
Selig, die Frieden stiften;
denn sie werden Söhne Gottes genannt werden.
Selig, die um der Gerechtigkeit willen verfolgt werden;
denn ihnen gehört das Himmelreich.
Selig seid ihr, wenn ihr um meinetwillen beschimpft und
verfolgt und auf alle mögliche Weise verleumdet werdet.
Freut euch und jubelt: Euer Lohn im Himmel wird groß sein.
Denn so wurden schon vor euch die Propheten verfolgt.

MATTHÄUS 5,3–12

Mein Unglück ruht zur Zeit in
der ganzen Ereignislosigkeit des Lebens.
Warum tut man nicht einmal etwas
Ungewöhnliches, und nur, daß
jemand dem Ballonhändler die Schnur
durchschnitte. Ich würde ihn gern
schimpfen sehen. Warum ermordet man
nicht den Kaiser oder den Zar?

GEORG HEYM
TAGEBUCH, 17. JUNI 1910

Wie war dein Leben und Sterben so sanft und meerstille, du vergnügtes Schulmeisterlein Wutz! Der stille laue Himmel eines Nachsommers ging nicht mit Gewölk, sondern mit Duft um dein Leben herum: deine Epochen waren die Schwankungen und dein Sterben war das Umlegen einer Lilie, deren Blätter auf stehende Blumen flattern – und schon außer dem Grabe schliefest du sanft!

Jetzt aber, meine Freunde, müssen vor allen Dingen die Stühle um den Ofen, der Schenktisch mit dem Trinkwasser an unsre Knie gerückt und die Vorhänge zugezogen und die Schlafmützen aufgesetzt werden, und an die grand monde über der Gasse drüben und ans Palais royal muß keiner von uns denken, bloß weil ich die ruhige Geschichte des vergnügten Schulmeisterlein erzähle – und du, mein lieber Christian, der du eine einatmende Brust für die einzigen feuerbeständigen Freuden des Lebens, für die häuslichen, hast, setze dich auf den Arm des Großvaterstuhls, aus dem ich herauserzähle, und lehne dich zuweilen ein wenig an mich! Du machst mich gar nicht irre.

Seit der Schwedenzeit waren die Wutze Schulmeister in Auenthal, und ich glaube nicht, daß einer vom Pfarrer oder von seiner Gemeinde verklagt wurde. Allemal acht oder neun Jahre nach der Hochzeit versahen Wutz und Sohn das Amt mit Verstand – unser Maria Wutz dozierte unter seinem Vater schon in der Woche das Abc, in der er das Buchstabieren erlernte, das nichts taugt. Der Charakter unsers Wutz hatte, wie der Unterricht anderer Schulleute, etwas Spielendes und Kindisches; aber nicht im Kummer, sondern in der Freude.

Schon in der Kindheit war er ein wenig kindisch. Denn es gibt zweierlei Kinderspiele, kindische und ernsthafte – die ernsthaften sind Nachahmungen der Erwachsenen, das Kaufmann-, Soldaten-, Handwerker-Spielen – die kindischen sind Nachäffungen der Tiere. Wutz war beim Spielen nie etwas anders als ein Hase, eine Turteltaube oder das Junge derselben, ein Bär, ein Pferd oder gar der Wagen daran. Glaubt mir! ein Seraph findet auch in unsern Kollegien und Hörsälen keine Geschäfte, sondern nur Spiele und, wenn ers hoch treibt, jene zweierlei Spiele.

Indes hatt' er auch, wie alle Philosophen, seine ernsthaftesten Geschäfte und Stunden. Setzte er nicht schon längst – ehe die brandenburgischen erwachsenen Geistlichen nur fünf Fäden von buntem Überzug umtaten – sich dadurch über große Vorurteile weg, daß er eine blaue Schürze, die seltner der geistliche Ornat als der in ein Amt tragende Dr. Fausts-Mantel guter Kandidaten ist, vormittags über sich warf und in diesem himmelfarbigen Meßgewand der Magd seines Vaters die vielen Sünden vorhielt, die sie um Himmel und Hölle bringen konnten? – Ja er griff seinen eigenen Vater an, aber nachmittags; denn wenn er diesem *Cobers* Kabinettprediger vorlas, wars seine innige Freude, dann und wann zwei, drei Worte oder gar Zeilen aus eignen Ideen einzuschalten und diese Interpolation mit wegzulesen, als spräche Herr Cober selbst mit seinem Vater. Ich denke, ich werfe durch diese Personalie vieles Licht auf ihn und einen Spaß, den er später auf der Kanzel trieb, als er auch nachmittags den Kirchgängern die Postille an Pfarrers Statt vorlas, aber mit so viel hineingespielten eignen Verlagartikeln und Fabrikaten, daß er dem Teufel Schaden tat und dessen Diener rührte. »Justel«, sagt' er nachher um 4 Uhr zu seiner Frau, »was weißt du unten in deinem Stuhl, wie prächtig es einem oben ist, zumal unter dem Kanzelliede!«

Wir könnens leicht bei seinen ältern Jahren erfragen, wie er in seinen Flegeljahren war. Im Dezember von jenen ließ er allemal das Licht eine Stunde später bringen, weil er in dieser Stunde seine Kindheit – jeden Tag nahm er einen andern Tag vor – rekapitulierte. Indem der Wind seine Fenster mit Schnee-Vorhängen verfinsterte und indem ihn aus der Ofen-Fugen das Feuer anblinkte: drückte er die Augen zu und ließ auf die gefrornen Wiesen den längst vermoderten Frühling niedertauen; da bauete er sich mit der Schwester in den Heuschober ein und fuhr auf dem architektonisch gewölbten Heu-Gebirge des Wagens heim und riet droben mit geschlossenen Augen, wo sie wohl nun führen. In der Abendkühle, unter dem Schwalben-Scharmuzieren über sich, schoß er, froh über die untere Entkleidung und das Deshabillé der Beine, als schreiende Schwalbe herum und mauerte sich für sein Junges – ein hölzerner Weihnachthahn mit angepichten Federn wars – eine Kot-Rotunda mit einem Schnabel von Holz und trug hernach Bettstroh und Bettfedern zu Nest. Für eine andere palingenesierende Winter-Abendstunde wurde ein prächtiger Trinitatis (ich wollt', es gäbe 365 Trinitatis) aufgehoben, wo er am Morgen, im tönenden Lenz um ihn und in ihm, mit läutendem Schlüssel-Bund durch das Dorf in den Garten stolzierte, sich im Tau abkühlte und das glühende Gesicht durch die tropfende Johannisbeer-Staude drängte, sich mit dem hochstämmigen Grase maß und mit zwei schwachen Fingern die Rosen für den Herrn Senior und sein Kanzelpult abdrehte. An eben diesem Trinitatis – das war die zweite Schüssel an dem nämlichen Dezember-Abend – quetschete er, mit dem Sonnenschein auf dem Rücken, den Orgeltasten den Choral »Gott in der Höh' sei Ehr'« ein oder ab (mehr kann er noch nicht) und streckte die kurzen Beine mit vergeblichen Näherungen zur Parterre-Tastatur hinunter, und der Vater riß für ihn die richtigen Register heraus. – Er würde die ungleichartigsten Dinge zusammenschütten, wenn er sich in den gedachten beiden Abendstunden erinnerte, was er im Kindheit-Dezember vornahm; aber er war so klug, daß er sich erst in einer dritten darauf besann, wie er sonst abends sich aufs Zuketten der Fensterläden freuete, weil er nun ganz gesichert vor allem in der lichten Stube hockte, daher er nicht gern lange in die von abspiegelnden Fensterscheiben über die Läden hinausgelagerte Stube hineinsah; wie er und seine Geschwister die abendliche Kocherei der Mutter ausspionierten, unterstützten und unterbrachen, und wie er und sie mit zugedrückten Augen und zwischen den Brustwehr-Schenkeln des Vaters auf das Blenden des kommenden Talglichts sich spitzten, und wie sie in dem aus dem unabsehlichen Gewölbe des Universums herausgeschnittenen oder hineingebauten Closet ihrer Stube so beschirmet waren, so warm, so satt, so wohl ... Und alle Jahre, sooft er diese Retourfuhre seiner Kindheit und des Wolfmonats darin veranstaltete, vergaß und erstaunt' er – sobald das Licht angezündet wurde –, daß in der Stube, die er sich wie ein Loretto-Häuschen aus dem Kindheit-Kanaan herüberholte, er ja gerade jetzt säße. – So beschreibt er wenigstens selber diese Erinnerung-*hohen-Opern* in seinen *Rousseauischen Spaziergängen,* die ich da vor mich lege, um nicht zu lügen ...

JEAN PAUL

VII.

ENTTÄUSCHUNGEN

Wer Glückseligkeit erwartet,
ist ein mit sich selber und seiner
ganzen Anlage unbekannter Tor;
es gibt keine Glückseligkeit,
es ist keine Glückseligkeit möglich;
die Erwartung derselben und ein Gott,
den man ihr zuliebe annimmt,
sind Hirngespinste.

JOHANN GOTTLIEB FICHTE

Es war ein Mann im Lande Uz, der hieß Hiob. Derselbe war schlecht und recht, gottesfürchtig und mied das Böse.

Und zeugte sieben Söhne und drei Töchter;

und seines Viehs waren 7000 Schafe, 3000 Kamele, 500 Joch Rinder und 500 Eselinnen, und er hatte sehr viel Gesinde; und er war herrlicher denn alle, die gegen Morgen wohnten.

Und seine Söhne gingen hin und machten ein Mahl, ein jeglicher in seinem Hause auf seinen Tag, und sandten hin und luden ihre drei Schwestern, mit ihnen zu essen und zu trinken.

Und wenn die Tage des Mahles um waren, sandte Hiob hin und heiligte sie und machte sich des Morgens früh auf und opferte Brandopfer nach ihrer aller Zahl; denn Hiob gedachte: Meine Söhne möchten gesündigt und Gott abgesagt haben in ihrem Herzen. Also tat Hiob allezeit.

Des Tages aber, da seine Söhne und Töchter aßen und tranken Wein in ihres Bruders Hause, des Erstgeborenen,

kam ein Bote zu Hiob und sprach: Die Rinder pflügten, und die Eselinnen gingen neben ihnen auf der Weide,

da fielen die aus Saba herein und nahmen sie und schlugen die Knechte mit der Schärfe des Schwerts; und ich bin allein entronnen, daß ich dir's ansagte.

Da der noch redete, kam ein anderer und sprach: Das Feuer Gottes fiel vom Himmel und verbrannte Schafe und Knechte und verzehrte sie; und ich bin allein entronnen, daß ich dir's ansagte.

Da der noch redete, kam einer und sprach:

Die Chaldäer machten drei Rotten und überfielen die Kamele und nahmen sie und schlugen die Knechte mit der Schärfe des Schwerts; und ich bin allein entronnen, daß ich dir's ansagte.

Da der noch redete, kam einer und sprach: Deine Söhne

und Töchter aßen und tranken im Hause ihres Bruders, des Erstgeborenen,

und siehe, da kam ein großer Wind von der Wüste her und stieß auf die vier Ecken des Hauses und warf's auf die jungen Leute, daß sie starben; und ich bin allein entronnen, daß ich dir's ansagte.

Da stand Hiob auf und zerriß sein Kleid und raufte sein Haupt und fiel auf die Erde und betet an

und sprach: Ich bin nackt von meiner Mutter Leibe gekommen, nackt werde ich wieder dahinfahren. Der Herr hat's gegeben, der Herr hat's genommen, der Name des Herrn sei gelobt!

In diesem allem sündigte Hiob nicht und tat nichts Törichtes wider Gott.

Es begab sich aber des Tages, da die Kinder Gottes kamen und traten vor den Herrn, daß der Satan auch unter ihnen kam und vor den Herrn trat.

Da sprach der Herr zu dem Satan: Wo kommst du her? Der Satan antwortete dem Herrn und sprach: Ich habe das Land umher durchzogen.

Der Herr sprach zu dem Satan: Hast du nicht acht auf meinen Knecht Hiob gehabt? Denn es ist seinesgleichen im Lande nicht, schlecht und recht, gottesfürchtig und meidet das Böse und hält noch fest an seiner Frömmigkeit; du aber hast mich bewogen, daß ich ihn ohne Ursache verderbt habe.

Der Satan antwortete dem Herrn und sprach: Haut für Haut; und alles, was ein Mann hat, läßt er für sein Leben.

Aber recke deine Hand aus und taste sein Gebein und Fleisch an: was gilt's, er wird dir ins Angesicht absagen?

Der Herr sprach zu dem Satan: Siehe da, er sei in deiner Hand; doch schone seines Lebens!

Da fuhr der Satan aus vom Angesicht des Herrn und schlug Hiob mit bösen Schwären von der Fußsohle an bis auf seinen Scheitel.

Und er nahm eine Scherbe und schabte sich und saß in der Asche.

Und sein Weib sprach zu ihm: Hältst du noch fest an deiner Frömmigkeit? Ja, sage Gott ab und stirb!

Er aber sprach zu ihr: Du redest, wie die närrischen Weiber reden. Haben wir Gutes empfangen von Gott und sollten das Böse nicht auch annehmen? In diesem allem versündigte sich Hiob nicht mit seinen Lippen.

Da aber die drei Freunde Hiobs hörten all das Unglück, das über ihn gekommen war, kamen sie, ein jeglicher aus seinem Ort: Eliphas von Theman, Bildad von Suah und Zophar von Naema. Denn sie wurden eins, daß sie kämen, ihn zu beklagen und zu trösten.

Und da sie ihre Augen aufhoben von ferne, kannten sie ihn nicht und hoben auf ihre Stimme und weinten, und ein jeglicher zerriß sein Kleid, und sie sprengten Erde auf ihr Haupt gen Himmel

und saßen mit ihm auf der Erde sieben Tage und sieben Nächte und redeten nichts mit ihm; denn sie sahen, daß der Schmerz sehr groß war.

Darnach tat Hiob seinen Mund auf und verfluchte seinen Tag. – Und Hiob sprach:

Der Mensch, vom Weibe geboren, lebt kurze Zeit und ist voll Unruhe,

geht auf wie eine Blume und fällt ab, flieht wie ein Schatten und bleibt nicht.

Und du tust deine Augen über einen solchen auf, daß du mich vor dir ins Gericht ziehest.

Kann wohl ein Reiner kommen von den Unreinen? Auch nicht einer.

Er hat seine bestimmte Zeit, die Zahl seiner Monden steht bei dir; du hast ein Ziel gesetzt, das wird er nicht überschreiten.

So tu dich von ihm, daß er Ruhe habe, bis daß seine Zeit komme, deren er wie ein Tagelöhner wartet.

Ein Baum hat Hoffnung, wenn er schon abgehauen ist, daß er sich wieder erneue, und seine Schößlinge hören nicht auf.

Ob seine Wurzel in der Erde veraltet und sein Stamm in dem Staub erstirbt,

so grünt er doch wieder vom Geruch des Wassers und wächst daher, als wäre er erst gepflanzt.

Aber der Mensch stirbt und ist dahin; er verscheidet, und wo ist er?

Wie ein Wasser ausläuft aus dem See, und wie ein Strom versiegt und vertrocknet,

so ist ein Mensch, wenn er sich legt, und wird nicht aufstehen und wird nicht aufwachen, solange der Himmel bleibt, noch von seinem Schlaf erweckt werden.

Ach, daß du mich in der Hölle verdecktest und verbärgest, bis dein Zorn sich lege, und setztest mir ein Ziel, daß du an mich dächtest!

Wird ein toter Mensch wieder leben? Alle Tage meines Streites wollte ich harren, bis daß meine Veränderung komme!

Du würdest rufen, und ich dir antworten; es würde dich verlangen nach dem Werk deiner Hände.

Jetzt aber zählst du meine Gänge. Hast du nicht acht auf meine Sünden?

Du hast meine Übertretung in einem Bündlein versiegelt und meine Missetat zusammengefaßt.

Zerfällt doch ein Berg und vergeht, und ein Fels wird von seinem Ort versetzt;

Wasser wäscht Steine weg, und seine Fluten flößen die Erde weg: aber des Menschen Hoffnung ist verloren;

denn du stößest ihn gar um, daß er dahinfährt, veränderst sein Wesen und lässest ihn fahren.

Sind seine Kinder in Ehren, das weiß er nicht; oder ob sie gering sind, des wird er nicht gewahr.

Nur sein eigen Fleisch macht ihm Schmerzen, und seine Seele ist ihm voll Leides.

Und der Herr antwortete Hiob und sprach:

Will mit dem Allmächtigen rechten der Haderer? Wer Gott tadelt, soll's der nicht verantworten?

Hiob aber antwortete dem Herrn und sprach:

Siehe, ich bin zu leichtfertig gewesen; was soll ich antworten? Ich will meine Hand auf meinen Mund legen.

Ich habe einmal geredet, und will nicht antworten; zum andernmal will ich's nicht mehr tun.

Und der Herr antwortete Hiob aus dem Wetter und sprach:

Gürte wie ein Mann deine Lenden; ich will dich fragen, lehre mich!

Solltest du mein Urteil zunichte machen und mich verdammen, daß du gerecht seist?

Hast du einen Arm wie Gott, und kannst mit gleicher Stimme donnern, wie er tut?

Und Hiob antwortete dem Herrn und sprach:

Ich erkenne, daß du alles vermagst, und nichts, das du dir vorgenommen, ist dir zu schwer.

»Wer ist der, der den Ratschluß verhüllt mit Unverstand?« Darum bekenne ich, daß ich habe unweise geredet, was mir zu hoch ist und ich nicht verstehe.

»So höre nun, laß mich reden; ich will dich fragen, lehre mich!«

Ich hatte von dir mit den Ohren gehört; aber nun hat mein Auge dich gesehen.

Darum spreche ich mich schuldig und tue Buße in Staub und Asche.

Da nun der Herr diese Worte mit Hiob geredet hatte, sprach er zu Eliphas von Theman: Mein Zorn ist ergrimmt über dich und über deine zwei Freunde; denn ihr habt nicht recht von mir geredet wie mein Knecht Hiob.

So nehmet nun sieben Farren und sieben Widder und gehet hin zu meinem Knecht Hiob und opfert Brandopfer für euch und lasset meinen Knecht Hiob für euch bitten. Denn ihn will ich ansehen, daß ich an euch nicht tue nach eurer Torheit; denn ihr habt nicht recht von mir geredet wie mein Knecht Hiob.

Da gingen hin Eliphas von Cheman, Bildad von Suah und

Zophar von Naema und taten, wie der Herr ihnen gesagt hatte; und der Herr sah an Hiob.

Und der Herr wandte das Gefängnis Hiobs, da er bat für seine Freunde. Und der Herr gab Hiob zwiefältig so viel, als er gehabt hatte.

Und es kamen zu ihm alle seine Brüder und alle seine Schwestern und alle, die ihn vormals kannten, und aßen mit ihm in seinem Hause und kehrten sich zu ihm und trösteten ihn über alles Übel, das der Herr über ihn hatte kommen lassen. Und ein jeglicher gab ihm einen schönen Groschen und ein goldenes Stirnband.

Und der Herr segnete hernach Hiob mehr denn zuvor, daß er kriegte 14000 Schafe und 6000 Kamele und 1000 Joch Rinder und 1000 Eselinnen.

Und er kriegte sieben Söhne und drei Töchter;

und hieß die erste Jemima, die andere Kezia und die dritte Keren-Happuch.

Und wurden nicht so schöne Weiber gefunden in allen Landen wie die Töchter Hiobs. Und ihr Vater gab ihnen Erbteil unter ihren Brüdern.

Und Hiob lebte nach diesem 140 Jahre, daß er sah Kinder und Kindeskinder bis in das vierte Glied.

Und Hiob starb alt und lebenssatt.

HIOB

Der Mythos von Sisyphos

Der ewige Rebell

Die Götter hatten *Sisyphos* dazu verurteilt, unablässig einen Felsblock einen Berg hinaufzuwälzen, von dessen Gipfel der Stein von selbst wieder hinunterrollte. Sie hatten mit einiger Berechtigung bedacht, daß es keine fürchterlichere Strafe gibt als eine unnütze und aussichtslose Arbeit.

Wenn man HOMER Glauben schenken will, war *Sisyphos* der weiseste und klügste unter den Sterblichen. Nach einer anderen Überlieferung jedoch betrieb er das Gewerbe eines Straßenräubers. Ich sehe darin keinen Widerspruch. Über die Gründe, weshalb ihm in der Unterwelt das Dasein eines unnützen Arbeiters beschert wurde, gehen die Meinungen auseinander. Vor allem wirft man ihm eine gewisse Leichtfertigkeit im Umgang mit den Göttern vor. Er gab ihre Geheimnisse preis, *Egina,* die Tochter des *Asopos,* wurde von *Jupiter* entführt. Der Vater wunderte sich über ihr Verschwinden und beklagte sich darüber bei *Sisyphos.* Der wußte von der Entführung und wollte sie *Asopos* unter der Bedingung verraten, daß er der Burg von Korinth Wasser verschaffte. Den himmlischen Blitzen zog er den Segen des Wassers vor. Dafür wurde er in der Unterwelt bestraft. Homer erzählt uns auch, *Sisyphos* habe den Tod in Ketten gelegt. *Pluto* konnte den Anblick seines stillen, verödeten Reiches nicht ertragen. Er verständigte den Kriegsgott, der den Tod aus den Händen seines Überwinders befreite.

Außerdem heißt es, *Sisyphos* wollte, als er zum Sterben kam, törichterweise die Liebe seiner Frau erproben. Er befahl ihr, seinen Leichnam unbestattet auf den Markt zu werfen. *Sisyphos* kam in die Unterwelt. Dort wurde er von ihrem Gehorsam, der aller Menschenliebe widersprach, derart aufgebracht, daß er von *Pluto* die Erlaubnis erwirkte, auf die Erde zurückzukehren und seine Frau zu züchtigen. Als er aber diese Welt noch einmal geschaut, das Wasser und die

Sonne, die warmen Steine und das Meer wieder geschmeckt hatte, wollte er nicht mehr ins Schattenreich zurück. Alle Aufforderungen, Zornausbrüche und Warnungen fruchteten nichts. Er lebte noch viele Jahre am Golf, am leuchtenden Meer, auf der lächelnden Erde und mußte erst von den Göttern festgenommen werden. *Merkur* packte den Vermessenen beim Kragen, entriß ihn seinen Freuden und brachte ihn gewaltsam in die Unterwelt zurück, in der sein Felsblock schon bereitlag.

Kurz und gut: *Sisyphos* ist der Held des Absurden. Dank seinen Leidenschaften und dank seiner Qual. Seine Verachtung der Götter, sein Haß gegen den Tod und seine Liebe zum Leben haben ihm die unsagbare Marter aufgewogen, bei der sein ganzes Sein sich abmüht und nichts zustande bringt. Damit werden die Leidenschaften dieser Erde bezahlt. Über *Sisyphos* in der Unterwelt wird uns nichts weiter berichtet. Mythen sind dazu da, von der Phantasie belebt zu werden. So sehen wir nur, wie ein angespannter Körper sich anstrengt, den gewaltigen Stein fortzubewegen, ihn hinaufzuwälzen und mit ihm wieder und wieder einen Abhang zu erklimmen; wir sehen das verzerrte Gesicht, die Wange, die sich an den Stein schmiegt, sehen, wie eine Schulter sich gegen den erdbedeckten Koloß legt, wie ein Fuß ihn stemmt und der Arm die Bewegung aufnimmt, wir erleben die ganz menschliche Selbstsicherheit zweier erdbeschmutzter Hände. Schließlich ist nach dieser langen Anstrengung (gemessen an einem Raum, der keinen Himmel, und an einer Zeit, die keine Tiefe kennt) das Ziel erreicht. Und nun sieht *Sisyphos,* wie der Stein im Nu in jene Tiefe rollt, aus der er ihn wieder auf den Gipfel wälzen muß. Er geht in die Ebene hinunter.

Auf diesem Rückweg, während dieser Pause, interessiert mich Sisyphos. Ein Gesicht, das sich so nahe am Stein abmüht, ist selber bereits Stein! Ich sehe, wie dieser Mann schwerfälligen, aber gleichmäßigen Schrittes zu der Qual hinuntergeht, deren Ende er nicht kennt. Diese Stunde, die gleichsam ein Aufatmen ist und ebenso zuverlässig wiederkehrt wie sein Unheil, ist die Stunde des Bewußtseins. In diesen Augenblicken, in denen er den Gipfel verläßt und allmählich in die Höhlen der Götter entschwindet, ist er seinem Schicksal überlegen. Er ist stärker als sein Fels.

Dieser Mythos ist tragisch, weil sein Held bewußt ist. Worin bestünde tatsächlich seine Strafe, wenn ihm bei jedem Schritt die Hoffnung auf Erfolg neue Kraft gäbe? Heutzutage arbeitet der Werktätige sein Leben lang unter gleichen Bedingungen, und sein Schicksal ist genauso absurd. Tragisch ist es aber nur in den wenigen Augenblicken, in denen der Arbeiter bewußt wird. *Sisyphos,* der ohnmächtige und rebellische Prolet der Götter, kennt das ganze Ausmaß seiner unseligen Lage: über sie denkt er während des Abstiegs nach. Das Wissen, das seine eigentliche Qual bewirken sollte, vollendet gleichzeitig seinen Sieg. Es gibt kein Schicksal, das durch Verachtung nicht überwunden werden kann.

Fluch und Seligkeit

Wenn der Abstieg so manchen Tag in den Schmerz führt, er kann doch auch in der Freude enden. Damit wird nicht zuviel behauptet. Ich sehe wieder *Sisyphos* vor mir, wie er zu seinem Stein zurückkehrt und der Schmerz von neuem beginnt. Wenn die Bilder der Erde zu sehr im Gedächtnis haften, wenn das Glück zu dringend mahnt, dann steht im Herzen des Menschen die Trauer auf: das ist der Sieg des Steins, ist der Stein selber. Die gewaltige Not wird schier unerträglich. Unsere Nächte von Gethsemane sind das. Aber die niederschmetternden Wahrheiten verlieren an Gewicht, sobald sie erkannt werden. So gehorcht *Ödipus* zunächst unwissentlich dem Schicksal. Erst mit Beginn seines Wissens hebt seine Tragödie an. Gleichzeitig aber erkennt er in seiner Blindheit und Verzweiflung, daß ihn nur noch die kühle Hand eines jungen Mädchens mit der Welt verbindet. Und nun fällt ein maßloses Wort: ›Allen Prüfungen zum Trotz – mein vorgerücktes Alter und die Größe meiner Seele sagen mir, daß alles gut ist.‹ So formuliert der *Ödipus* des SOPHOKLES (wie *Kirilow* bei DOSTOJEWSKIJ) den Sieg des Absurden. Antike Weisheit verbindet sich mit modernem Heroismus.

Man entdeckt das Absurde nicht, ohne in die Versuchung zu geraten, irgendein Handbuch des Glücks zu schreiben. ›Was! Auf so schmalen Wegen ...?‹ Es gibt aber nur eine Welt. Glück und Absurdität entstammen ein und derselben Erde. Sie sind untrennbar miteinander verbunden. Irrtum wäre es, wollte man behaupten, daß das Glück zwangsläufig der Entdeckung des Absurden entspringe. Wohl kommt es vor, daß das Gefühl des Absurden dem Glück entspringt. ›Ich finde, daß alles gut ist‹, sagt *Ödipus,* und dieses Wort ist heilig. Es wird in dem grausamen und begrenzten Universum des Menschen laut. Es lehrt, daß noch nicht alles erschöpft ist, daß noch nicht alles ausgeschöpft wurde. Es vertreibt aus dieser Welt einen Gott, der mit dem Unbehagen und mit der Vorliebe für nutzlose Schmerzen in sie eingedrungen war. Es macht aus dem Schicksal eine menschliche Angelegenheit, die unter Menschen geregelt werden muß.

Darin besteht die ganze verschwiegene Freude des *Sisyphos.* Sein Schicksal gehört ihm. Sein Fels ist seine Sache. Ebenso läßt der absurde Mensch, wenn er seine Qual bedenkt, alle Götzenbilder schweigen. Im Universum, das plötzlich wieder seinem Schweigen anheimgegeben ist, werden die tausend kleinen, höchst verwunderten Stimmen der Erde laut. Unbewußte, heimliche Rufe, Aufforderungen aller Gesichter bilden die unerläßliche Kehrseite und den Preis des Sieges. Ohne Schatten gibt es kein Licht; man muß auch die Nacht kennenlernen. Der absurde Mensch sagt Ja, und seine Mühsal hat kein Ende mehr. Wenn es ein persönliches Geschick gibt, dann gibt es kein übergeordnetes Schicksal oder zumindest nur eines, das er unheilvoll und verächtlich findet. Darüber hinaus, weiß er sich als Herr seiner Zeit. Gerade in diesem Augenblick, in dem der Mensch sich wieder seinem Leben zuwendet (ein *Sisyphos,* der zu seinem Stein zurückkehrt), bei dieser leichten Drehung betrachtet er die Reihe unzusammenhängender Taten, die sein Schicksal werden, seine ureigene Schöpfung, die in seiner Erinnerung geeint ist und durch den Tod alsbald besiegelt wird. Überzeugt von dem rein menschlichen Ursprung alles Menschlichen, ist er also immer unterwegs – ein Blinder, der sehen möchte und weiß, daß die Nacht kein Ende hat. Der Stein rollt wieder.

Ich verlasse *Sisyphos* am Fuße des Berges! Seine Last findet man immer wieder. Nur lehrt *Sisyphos* uns die größere Treue, die die Götter leugnet und die Steine wälzt. Auch er findet, daß alles gut ist. Dieses Universum, das nun keinen Herrn mehr kennt, kommt ihm weder unfruchtbar noch wertlos vor. Jedes Gran dieses Steins, jeder Splitter dieses durchnächtigten Berges bedeutet allein für ihn eine ganze Welt. Der Kampf gegen Gipfel vermag ein Menschenherz auszufüllen. Wir müssen uns *Sisyphos* als einen glücklichen Menschen vorstellen.

ALBERT CAMUS

Anweisung an Sisyphos

Was du tust, ist aussichtslos. Gut:
du hast es begriffen, gib es zu,
aber finde dich nicht damit ab,
Mann mit dem Stein. Niemand
dankt dir; Kreidestriche,
der Regen leckt sie gelangweilt auf,
markieren den Tod. Freu dich nicht
zu früh, das Aussichtslose
ist keine Karriere. Mit eigner
Tragik duzen sich Wechselbälge,
Vogelscheuchen, Auguren. Schweig,
sprich mit der Sonne ein Wort,
während der Stein rollt, aber
lab dich an deiner Ohnmacht nicht,
sondern vermehre um einen Zentner den
Zorn in der Welt,
um ein Gran.
Es herrscht ein Mangel an Männern,
das Aussichtslose tuend stumm,
ausraufend wie Gras die Hoffnung,
ihr Gelächter, die Zukunft, rollend,
rollend ihren Zorn auf die Berge.

HANS MAGNUS ENZENSBERGER

Was ist's also, o Mensch, was dich in Trauer und Betrübnis warf? Etwas Neues und Ungewöhnliches, mein' ich, hast du gesehen. Du glaubst, das Schicksal habe sich dir gegenüber gewandelt? Du irrst! Das ist immer seine Gepflogenheit, dies seine Art. Bewahrt hat es vielmehr bei dir seine ihm eigene Beständigkeit gerade in der Veränderlichkeit; so geartet war es, als es dir schön tat, als es dir die Lockungen eines falschen Glückes vorgaukelte. Ertappt hast du den unsteten Blick der blinden Gottheit. Das, was sich anderen noch verhüllt, ist dir ganz und gar bekannt geworden. Wenn du es gut heißest, so halte dich an seine Art, klage nicht! Wenn du dich vor seiner Treulosigkeit entsetzt, dann verachte es und tue es ab, da es ein gefährliches Spiel treibt.

Denn was dir jetzt Ursache so schwerer Trauer ist, hätte es zugleich der inneren Ruhe sein müssen. Verlassen hat dich nämlich, von dem niemand je wird sicher sein können, daß es ihn nicht verlassen wird. Oder hältst du etwa ein Glück, das davongehen wird, für wertvoll? Ist dir ein günstiges Geschick, wenn es bei dir ist, teuer, obwohl es keine Stete im Bleiben hat und, wenn es weicht, Betrübnis bringen wird? Wenn es aber nicht nach deinem Willen zurückgehalten werden kann und durch seine Flucht Unglückliche schafft, was ist es in seiner Flüchtigkeit dann anderes als eine Art Anzeichen künftigen Unglücks? Denn es genügt nicht, nur das, was vor Augen liegt, anzuschauen; die Klugheit ermißt den Ausgang der Dinge, und die gleiche Unbeständigkeit in beidem macht, daß die Drohungen des Geschickes nicht zu fürchten, seine Liebkosungen nicht wünschenswert sind.

Schließlich mußt du mit Gleichmut tragen, was im Bereiche des Geschickes geschieht, wenn du einmal den Nacken unter sein Joch gelegt hast. Wenn du ihm aber das Gesetz des Bleibens und Gehens vorschreiben wolltest, ihm, das du selbst dir freiwillig zum Herrn erwählt hast, würdest du doch wohl im Unrecht sein und durch Ungeduld dein Los verschärfen, das du doch nicht ändern kannst. Wenn du dem Winde die Segel ließest, dann würdest du fahren, nicht wohin dein Wille strebte, sondern wohin das Wehen triebe; wenn du den Schollen den Samen vertrautest, würdest du tragende und unfruchtbare Jahre unter sich abwägen. Du hast dich dem Schicksal zur Herrschaft gegeben: du mußt dich in die Gewohnheiten dieses Herrn schicken. Du versuchst, den Schwung des rollenden Rades aufzuhalten? Aber, törichtester aller Sterblichen, wenn es zu stehen beginnt, hört es auf, Geschick zu sein!

BOETHIUS

Midas

Einst schweifte der mächtige Weingott Dionysos mit seinen Bakchantinnen und Satyrn hinüber nach Kleinasien. Dort lustwandelte er an den rebenumrankten Höhen des Tmolosgebirges, von seinem Gefolge begleitet. Nur Silenos, der greise Zecher, ward vermißt. Dieser war, vom Weinrausch überwältigt, eingeschlafen und so zurückgeblieben. Den schlummernden Alten fanden phrygische Bauern; da fesselten sie ihn mit Blumenkränzen und führten ihn zu ihrem Könige Midas. Ehrfürchtig begrüßte derselbe den Freund des heiligen Gottes, nahm ihn wohl auf und bewirtete ihn mit fröhlichen Gelagen zehn Tage und Nächte lang. Am elften Morgen aber brachte der König seinen Gast auf die lydischen Gefilde, wo er ihn dem Bakchos übergab. Erfreut, seinen alten Genossen wiederzuhaben, forderte der Gott den König auf, sich eine Gabe von ihm zu erbitten. Da sprach Midas: »Darf ich wählen, großer Bakchos, so schaffe, daß alles, was mein Leib berührt, sich in glänzendes Gold verwandle.« Der Gott bedauerte, daß jener keine bessere Wahl getroffen, doch winkte er dem Wunsche Erfüllung. Des schlimmen Geschenkes froh, eilte Midas hinweg und versuchte sogleich, ob die Verheißung sich auch bewähre; und siehe, der grünende Zweig, den er von einer Eiche brach, verwandelte sich in Gold. Rasch erhob er einen Stein vom Boden, der Stein ward zum funkelnden Goldklumpen. Er brach die reifen Ähren vom Halm und erntete Gold; das Obst, das er vom Baume pflückte, strahlte wie die Äpfel der Hesperiden. Ganz entzückt lief er hinein in seinen Palast. Kaum berührte sein Finger die Pfosten der Tür, so leuchteten die Pfosten wie Feuer; ja selbst das Wasser, in das er seine Hände tauchte, verwandelte sich in Gold. Außer sich vor Freude, befahl er den Dienern, ihm ein leckeres Mahl zu richten. Bald stand der Tisch bereit, mit köstlichem Braten und weißem Brote belastet. Jetzt griff er nach dem Brote, – die heilige Gabe der Demeter ward zu steinhartem Metall; er steckte das Fleisch in den Mund, – schimmerndes Blech klirrte ihm zwischen den Zähnen; er nahm den Pokal, den duftenden Wein zu schlürfen, – flüssiges Gold schien die Kehle hinabzugleiten. Nun ward es ihm doch klar, welch ein schreckliches Gut er sich erbeten hatte; so reich und doch so arm, verwünschte er seine Torheit; denn nicht einmal Hunger und Durst konnte er stillen, ein entsetzlicher Tod war ihm gewiß. Verzweifelnd schlug er die Stirn mit der Faust, – o Schrecken, auch sein Antlitz strahlte und funkelte wie Gold. Da erhob er angstvoll die Hände zum Himmel empor und flehte: O Gnade, Gnade, Vater Dionysos! Verzeih mir schwachsinnigem Sünder und nimm das gleißende Übel von mir!« Bakchos, der freundliche Gott, erhörte die Bitte des reuigen Toren, er löste den Zauber und sprach: »Gehe hin zum Fluß Paktolos, bis du seine Quelle im Gebirge findest. Dort, wo das schäumende Wasser dem Felsen entsprudelt, dort tauche das Haupt in die kühle Flut, daß dich der glänzende Firnis verlasse. So spüle zugleich mit dem Golde die Schuld ab.« Midas gehorchte dem göttlichen Befehl, und siehe, zur selbigen Stunde wich der Zauber von ihm; aber die goldschaffende Kraft ging auf den Strom über, welcher seitdem das kostbare Metall in reichem Maße mit sich führt.

GUSTAV SCHWAB

Auf das Glücke

Du Abgott niederträchtger Sinnen,
Dich, falsches Glücke, red ich an,
Was willst du noch von dem gewinnen,
Der nun nichts mehr verlieren kann?
Du stäupst nur einen tauben Rücken,
Der Draht und Geißel müde macht
Und, ohne sich vor dir zu bücken,
Den aufgefangnen Streich verlacht.

O spare die zerschmiss'ne Rute
Auf einen, welcher besser fühlt!
Ich trotze dich mit diesem Blute,
In welchem sich dein Jachzorn kühlt.
Mir jagt der Blitz von deinem Keile
Kein blind und tödlich Schröcken ein,
Und eh ich kläglich fleh und heule,
Eh soll mein Fleisch zerrissen sein.

So, so, verdopple Schlag und Eifer!
Schlag schärfer und begreif dich nicht!
Der Schmerz erregt mir Jäscht und Geifer,
Den spei ich dir ins Angesicht.
Dein Rasen dient mir zum Gespötte,
Und könnte mir mein Wunsch geschehn,
Daß jede Wunde Lippen hätte,
So wollt ich dich recht grausam schmähn.

Was ist das Absehn deiner Tücke?
Wie, soll ich vor dein Altar knien?
Wie, soll ich mit beträntem Blicke
Dein schnelles Segel an mich ziehn?
Wie, soll ich, o du stummer Götze,
Der wahren Weisheit untreu sein
Und vor den Kot geringer Schätze
Dir Herz und Ruh und Andacht weihn?

Du willst vielleicht, ich soll dich ehren?
Ach laß dir nur die Lust vergehn.
Dies soll man wohl nicht eher hören,
Als bis die Bäum am Himmel stehn.
Wie, soll ich mich zu Tode grämen?
Nein, dir zu Liebe sterb ich nicht.
Und willst du mir die Zunge lähmen,
So flucht der Augen finstres Licht.

Ich leb, und das nur dir zu Trutze;
Du kriegst kein gutes Wort von mir.
Ein Narr verlangt nach deinem Schutze
Und klopft an deine Gnadentür;
Eh ich dein Tischgast heißen sollte,
Eh fräß ich Kleien, Leim und Stroh,
Und eh ich dir gehorchen wollte,
Eh dient ich gar dem Pharao.

Versuche mich mit schärferm Grimme,
Versalze mir die junge Zeit,
Verändre meine Menschenstimme
Und mach ein glühend Rind bereit,
Denn will ich dir zur Schande brüllen
Und mehr verstockt als jammervoll
Das Ohr mit solchen Flüchen füllen,
Daß Tag und Licht verschwarzen soll.

Komm, laß mich in dem Mörser stoßen,
Komm, flicht die Glieder um dein Rad:
Was gilt's? Du sollst dich mehr erbosen,
Wenn keine Marter Würkung hat.
Und würde mir der Hals gebrochen,
Dies kannst und schaffst du nicht so leicht,
So soll dich auch mein Aas noch pochen,
Das manchmal desto schwerer weicht.

Man seh nur deine großen Knechte,
Die Gold und Ehr und Stand erdrückt,
Sie machen die Gewalt zum Rechte
Und werden nimmermehr erquickt;
Sie hungern bei den vollen Schüsseln
Nach ruhiger Zufriedenheit,
Der Geiz beschwert sie nebst den Schlüsseln
Mit Argwohn, Müh und Furchtsamkeit.

Vor diesem war man bei der Eichel
In Fried und Sicherheit vergnügt,
Jetzt lechzt man nach der Fürsten Speichel
Und sucht Gefahr, wo Purpur liegt.
Die meisten ringen nach den Sorgen,
Erwerben, was den Kummer nährt,
Und rechnen bis an lichten Morgen
Und wünschen, bis die Seel ausfährt.

Mein Herz ist viel zu hoch geboren,
Als daß ich in der Sklaverei,
Zu der des Pöbels Mund geschworen,
Ein Schimpf vor seinen Adel sei.
Die Weisheit ist mein Leibgedinge,
Mit dieser reis ich durch die Welt,
Und machen wir gleich kurze Sprünge,
So glaub ich, daß man seltner fällt.

Es mag mich Neid und Feind verletzen,
Es mag sich mir der Heuchler Heer,
Ja selbst der Tod entgegensetzen,
Es komme Schmach und Unrecht her,
Sie sollen doch nichts mehr erhalten,
Als daß mein ungerächter Geist,
So scharf sie mir die Brust zerspalten,
Ein Herz voll kluger Hochmut weist.

Da hast du deine schöne Titel:
Du Wetterhahn, du blindes Weib.,
Du Blaustrumpf, du Verderbungsmittel,
Du Hure vor des Pöbels Leib,
Du Zauberbalg, du Torheitsschwester,
Du Wildfang, du Betriegerin –
Wer straft mich, daß ich im Geläster
An dir ein Atheiste bin?

JOHANN CHRISTIAN GÜNTHER

Harzreise im Winter

Dem Geier gleich,
Der auf schweren Morgenwolken
Mit sanftem Fittich ruhend
Nach Beute schaut,
Schwebe mein Lied.

Denn ein Gott hat
Jedem seine Bahn
Vorgezeichnet,
Die der Glückliche
Rasch zum freudigen
Ziele rennt;

Wem aber Unglück
Das Herz zusammenzog,
Er sträubt vergebens
Sich gegen die Schranken
Des ehernen Fadens,
Den die doch bittre Schere
Nur einmal löst.

In Dickichtsschauer
Drängt sich das rauhe Wild,
Und mit den Sperlingen
Haben längst die Reichen
In ihre Sümpfe sich gesenkt.

Leicht ist's, folgen dem Wagen,
Den Fortuna führt,
Wie der gemächliche Troß
Auf gebesserten Wegen
Hinter des Fürsten Einzug.

Aber abseits, wer ist's?
Ins Gebüsch verliert sich sein Pfad,
Hinter ihm schlagen
Die Sträuche zusammen,
Das Gras steht wieder auf,
Die Öde verschlingt ihn.

Ach, wer heilet die Schmerzen
Des, dem Balsam zu Gift ward?
Der sich Menschenhaß
Aus der Fülle der Liebe trank.
Erst verachtet, nun ein Verächter,
Zehrt er heimlich auf
Seinen eignen Wert
In ungnügender Selbstsucht.

Ist auf deinem Psalter,
Vater der Liebe, ein Ton
Seinem Ohre vernehmlich,
So erquicke sein Herz!
Öffne den umwölkten Blick
Über die tausend Quellen
Neben dem Durstenden
In der Wüste!

Der du der Freuden viel schaffst,
Jedem ein überfließend Maß,
Segne die Brüder der Jagd
Auf der Fährte des Wilds
Mit jugendlichem Übermut
Fröhlicher Mordsucht,
Späte Rächer des Unbills,
Dem schon Jahre vergeblich
Wehrt mit Knütteln der Bauer.

Aber den Einsamen hüll'
In deine Goldwolken,
Umgib mit Wintergrün,
Bis die Rose wieder heranreift,
Die feuchten Haare,
O Liebe, deines Dichters!

Mit der dämmernden Fackel
Leuchtest du ihm
Durch die Furten bei Nacht,
Über grundlose Wege
Auf öden Gefilden,
Mit dem tausendfarbigen Morgen
Lachst du ins Herz ihm;
Mit dem beizenden Sturm
Trägst du ihn hoch empor.
Winterströme stürzen vom Felsen
In seine Psalmen,
Und Altar des lieblichsten Danks
Wird ihm des gefürchteten Gipfels
Schneebehangner Scheitel,
Den mit Geisterreihen
Kränzten ahnende Völker.

Du stehst mit unerforschtem Busen
Geheimnisvoll-offenbar
Über der erstaunten Welt
Und schaust aus Wolken
Auf ihre Reiche und Herrlichkeit,
Die du aus den Adern deiner Brüder
Neben dir wässerst.

JOHANN WOLFGANG VON GOETHE

Resignation

Eine Phantasie

Auch ich war in Arkadien geboren,
Auch mir hat die Natur
An meiner Wiege Freude zugeschworen,
Auch ich war in Arkadien geboren,
Doch Tränen gab der kurze Lenz mir nur.

Des Lebens Mai blüht einmal und nicht wieder,
Mir hat er abgeblüht.
Der stille Gott – o weinet meine Brüder –
Der stille Gott taucht meine Fackel nieder,
Und die Erscheinung flieht.

Da steh ich schon auf deiner Schauerbrücke,
Ehrwürdge Geistermutter – Ewigkeit.
Empfange meinen Vollmachtbrief zum Glücke,
Ich bring ihn unerbrochen dir zurücke,
Mein Lauf ist aus. Ich weiß von keiner Seligkeit.

Vor deinem Thron erheb ich meine Klage,
Verhüllte Richterin.
Auf jenem Stern ging eine frohe Sage,
Du thronest hier mit des Gerichtes Waage
Und nennest dich Vergelterin.

FRIEDRICH SCHILLER

Und also sprach Zarathustra zum Volke:

Es ist an der Zeit, daß der Mensch sich sein Ziel stekke. Es ist an der Zeit, daß der Mensch den Keim seiner höchsten Hoffnung pflanze.

Noch ist sein Boden dazu reich genug. Aber dieser Boden wird einst arm und zahm sein, und kein hoher Baum wird mehr aus ihm wachsen können.

Wehe! Es kommt die Zeit, wo der Mensch nicht mehr den Pfeil seiner Sehnsucht über den Menschen hinaus wirft, und die Sehne seines Bogens verlernt hat, zu schwirren!

Ich sage euch: man muß noch Chaos in sich haben, um einen tanzenden Stern gebären zu können. Ich sage euch: ihr habt noch Chaos in euch.

Wehe! Es kommt die Zeit, wo der Mensch keinen Stern mehr gebären wird. Wehe! Es kommt die Zeit des verächtlichsten Menschen, der sich selber nicht mehr verachten kann.

Seht! Ich zeige euch *den letzten Menschen*.

»Was ist Liebe? Was ist Schöpfung? Was ist Sehnsucht? Was ist Stern?« – so fragt der letzte Mensch und blinzelt.

Die Erde ist dann klein geworden, und auf ihr hüpft der letzte Mensch, der alles klein macht. Sein Geschlecht ist unaustilgbar wie der Erdfloh; der letzte Mensch lebt am längsten.

»Wir haben das Glück erfunden« – sagen die letzten Menschen und blinzeln.

Sie haben die Gegenden verlassen, wo es hart war zu leben; denn man braucht Wärme. Man liebt noch den Nachbar und reibt sich an ihm: denn man braucht Wärme.

Krankwerden und Mißtrauenhaben gilt ihnen sündhaft: man geht achtsam einher. Ein Tor, der noch über Steine oder Menschen stolpert!

Ein wenig Gift ab und zu: das macht angenehme Träume. Und viel Gift zuletzt, zu einem angenehmen Sterben.

Man arbeitet noch, denn Arbeit ist eine Unterhaltung. Aber man sorgt, daß die Unterhaltung nicht angreife.

Man wird nicht mehr arm und reich: beides ist zu beschwerlich. Wer will noch regieren? Wer noch gehorchen? Beides ist zu beschwerlich.

Kein Hirt und *eine* Herde! Jeder will das Gleiche, jeder ist gleich: wer anders fühlt, geht freiwillig ins Irrenhaus.

»Ehemals war alle Welt irre« – sagen die Feinsten und blinzeln.

Man ist klug und weiß alles, was geschehn ist: so hat man kein Ende zu spotten. Man zankt sich noch, aber man versöhnt sich bald – sonst verdirbt es den Magen.

Man hat sein Lüstchen für den Tag und sein Lüstchen für die Nacht: aber man ehrt die Gesundheit.

»Wir haben das Glück erfunden« – sagen die letzten Menschen und blinzeln. –

Und hier endete die erste Rede Zarathustras, welche man auch »die Vorrede« heißt: denn an dieser Stelle unterbrach ihn das Geschrei und die Lust der Menge. »Gib uns diesen letzten Menschen, oh Zarathustra«, – so riefen sie – »mache uns zu diesen letzten Menschen! So schenken wir dir den Übermenschen!« Und alles Volk jubelte und schnalzte mit der Zunge. Zarathustra aber wurde traurig und sagte zu seinem Herzen:

»Sie verstehen mich nicht: ich bin nicht der Mund für diese Ohren.«

FRIEDRICH NIETZSCHE

Unglücklichsein

Als es schon unerträglich geworden war – einmal gegen Abend im November – und ich über den schmalen Teppich meines Zimmers wie in einer Rennbahn einherlief, durch den Anblick der beleuchteten Gasse erschreckt, wieder wendete, und in der Tiefe des Zimmers, im Grund des Spiegels doch wieder ein neues Ziel bekam, und aufschrie, um nur den Schrei zu hören, dem nichts antwortet und dem auch nichts die Kraft des Schreiens nimmt, der also aufsteigt, ohne Gegengewicht, und nicht aufhören kann, selbst wenn er verstummt, da öffnete sich aus der Wand heraus die Tür, so eilig, weil doch Eile nötig war und selbst die Wagenpferde unten auf dem Pflaster, wie wildgewordene Pferde in der Schlacht, die Gurgeln preisgegeben, sich erhoben.

Als kleines Gespenst fuhr ein Kind aus dem ganz dunklen Korridor, in dem die Lampe noch nicht brannte, und blieb auf den Fußspitzen stehn, auf einem unmerklich schaukelnden Fußbodenbalken. Von der Dämmerung des Zimmers gleich geblendet, wollte es mit dem Gesicht rasch in seine Hände, beruhigte sich aber unversehens mit dem Blick zum Fenster, vor dessen Kreuz der hochgetriebene Dunst der Straßenbeleuchtung endlich unter dem Dunkel liegenblieb. Mit dem rechten Ellbogen hielt es sich vor der offenen Tür aufrecht an der Zimmerwand und ließ den Luftzug von draußen um die Gelenke der Füße streichen, auch den Hals, auch die Schläfen entlang.

Ich sah ein wenig hin, dann sagte ich »Guten Tag« und nahm meinen Rock vom Ofenschirm, weil ich nicht so halb nackt dastehen wollte. Ein Weilchen lang hielt ich den Mund offen, damit mich die Aufregung durch den Mund verlasse. Ich hatte schlechten Speichel in mir, im Gesicht zitterten mir die Augenwimpern, kurz, es fehlte mir nichts, als gerade dieser allerdings erwartete Besuch.

Das Kind stand noch an der Wand auf dem gleichen Platz, es hatte die rechte Hand an die Mauer gepreßt und konnte, ganz rotwangig, dessen nicht satt werden, daß die weißgetünchte Wand grobkörnig war, und die Fingerspitzen rieb. Ich sagte: »Wollen Sie tatsächlich zu mir? Ist es kein Irrtum? Nichts leichter als ein Irrtum in diesem großen Hause. Ich heiße Soundso, wohne im dritten Stock. Bin ich also der, den Sie besuchen wollen?«

»Ruhe, Ruhe!« sagte das Kind über die Schulter weg, »alles ist schon richtig.«

»Dann kommen Sie weiter ins Zimmer herein, ich möchte die Tür schließen.«

»Die Tür habe ich jetzt gerade geschlossen. Machen Sie sich keine Mühe. Beruhigen Sie sich überhaupt.«

»Reden Sie nicht von Mühe. Aber auf diesem Gange wohnt eine Menge Leute, alle sind natürlich meine Bekannten; die meisten kommen jetzt aus den Geschäften; wenn sie in einem Zimmer reden hören, glauben sie einfach das Recht zu haben, aufzumachen und nachzuschaun, was los ist. Es ist einmal schon so. Diese Leute haben die tägliche Arbeit hinter sich; wem würden sie sich in der provisorischen Abendfreiheit unterwerfen! Übrigens wissen Sie es ja auch. Lassen Sie mich die Türe schließen.«

»Ja, was ist denn? Was haben Sie? Meinetwegen kann das ganze Haus hereinkommen. Und dann noch einmal: Ich habe die Türe schon geschlossen, glauben Sie denn, nur Sie können die Türe schließen? Ich habe sogar mit dem Schlüssel zugesperrt.«

»Dann ist's gut. Mehr will ich ja nicht. Mit dem Schlüssel hätten Sie gar nicht zusperren müssen. Und jetzt machen Sie es sich nur behaglich, wenn Sie schon einmal da sind. Sie sind mein Gast. Vertrauen Sie mir völlig. Machen Sie sich nur breit ohne Angst. Ich werde Sie weder zum Hierbleiben zwingen, noch zum Weggehn. Muß ich das erst sagen? Kennen Sie mich so schlecht?«

»Nein. Sie hätten das wirklich nicht sagen müssen. Noch mehr, Sie hätten es gar nicht sagen sollen. Ich bin ein Kind; warum so viel Umstände mit mir machen?«

»So schlimm ist es nicht. Natürlich, ein Kind. Aber gar so klein sind Sie nicht. Sie sind schon ganz erwachsen. Wenn Sie ein Mädchen wären, dürften Sie sich nicht so einfach mit mir in einem Zimmer einsperren.«

»Darüber müssen wir uns keine Sorge machen. Ich wollte nur sagen: Daß ich Sie so gut kenne, schützt mich wenig, es enthebt Sie nur der Anstrengung, mir etwas vorzulügen. Trotzdem aber machen Sie mir Komplimente. Lassen Sie das, ich fordere Sie auf, lassen Sie das. Dazu kommt, daß ich Sie nicht überall und immerfort kenne, gar bei dieser Finsternis. Es wäre viel besser, wenn Sie Licht machen ließen. Nein, lieber nicht. Immerhin werde ich mir merken, daß Sie mir schon gedroht haben.«

»Wie? Ich hätte Ihnen gedroht? Aber ich bitte Sie. Ich bin ja so froh, daß Sie endlich hier sind. Ich sage ›endlich‹, weil es schon so spät ist. Es ist mir unbegreiflich, warum Sie so spät gekommen sind. Da ist es möglich, daß ich in der Freude so durcheinandergesprochen habe und daß Sie es gerade so verstanden haben. Daß ich so gesprochen habe, gebe ich zehnmal zu, ja ich habe Ihnen mit allem gedroht, was Sie wollen. – Nur keinen Streit, um's Himmels willen! – Aber wie konnten Sie es glauben? Wie konnten Sie mich so kränken? Warum wollen Sie mir mit aller Gewalt dieses kleine Weilchen Ihres Hierseins verderben? Ein fremder Mensch wäre entgegenkommender als Sie.«

»Das glaube ich; das war keine Weisheit. So nah, als Ihnen ein fremder Mensch entgegenkommen kann, bin ich Ihnen schon von Natur aus. Das wissen Sie auch, wozu also die Wehmut? Sagen Sie, daß Sie Komödie spielen wollen, und ich gehe augenblicklich.«

»So? Auch das wagen Sie mir zu sagen? Sie sind ein wenig zu kühn. Am Ende sind Sie doch in meinem Zimmer. Sie reiben Ihre Finger wie verrückt an meiner Wand. Mein Zimmer, meine Wand! Und außerdem ist das, was Sie sagen, lächerlich, nicht nur frech. Sie sagen, Ihre Natur zwinge Sie, mit mir in dieser Weise zu reden. Wirklich? Ihre Natur zwingt

Sie? Das ist nett von Ihrer Natur. Ihre Natur ist meine, und wenn ich mich von Natur aus freundlich zu Ihnen verhalte, so dürfen auch Sie nicht anders.«

»Ist das freundlich?«

»Ich rede von früher.«

»Wissen Sie, wie ich später sein werde?«

»Nichts weiß ich.«

Und ich ging zum Nachttisch hin, auf dem ich die Kerze anzündete. Ich hatte in jener Zeit weder Gas noch elektrisches Licht in meinem Zimmer. Ich saß dann noch eine Weile beim Tisch, bis ich auch dessen müde wurde, den Überzieher anzog, den Hut vom Kanapee nahm und die Kerze ausblies. Beim Hinausgehen verfing ich mich in ein Sesselbein.

Auf der Treppe traf ich einen Mieter aus dem gleichen Stockwerk.

»Sie gehen schon wieder weg, Sie Lump?« fragte er, auf seinen über zwei Stufen ausgebreiteten Beinen ausruhend.

»Was soll ich machen?« sagte ich, »jetzt habe ich ein Gespenst im Zimmer gehabt.«

»Sie sagen das mit der gleichen Unzufriedenheit, wie wenn Sie ein Haar in der Suppe gefunden hätten.«

»Sie spaßen. Aber merken Sie sich, ein Gespenst ist ein Gespenst.«

»Sehr wahr. Aber wie, wenn man überhaupt nicht an Gespenster glaubt?«

»Ja, meinen Sie denn, ich glaube an Gespenster? Was hilft mir aber dieses Nichtglauben?«

»Sehr einfach. Sie müssen eben keine Angst mehr haben, wenn ein Gespenst wirklich zu Ihnen kommt.«

»Ja, aber das ist doch die nebensächliche Angst. Die eigentliche Angst ist die Angst vor der Ursache der Erscheinung. Und diese Angst bleibt. Die habe ich geradezu großartig in mir.« Ich fing vor Nervosität an, alle meine Taschen zu durchsuchen.

»Da Sie aber vor der Erscheinung selbst keine Angst hatten, hätten Sie sie doch ruhig nach ihrer Ursache fragen können!«

»Sie haben offenbar noch nie mit Gespenstern gesprochen. Aus denen kann man ja niemals eine klare Auskunft bekommen. Das ist ein Hin und Her. Diese Gespenster scheinen über ihre Existenz mehr im Zweifel zu sein als wir, was übrigens bei ihrer Hinfälligkeit kein Wunder ist.«

»Ich habe aber gehört, daß man sie auffüttern kann.«

»Da sind Sie gut berichtet. Das kann man. Aber wer wird das machen?«

»Warum nicht? Wenn es ein weibliches Gespenst ist zum Beispiel«, sagte er und schwang sich auf die obere Stufe.

»Ach so«, sagte ich, »aber selbst dann steht es nicht dafür.« Ich besann mich. Mein Bekannter war schon so hoch, daß er sich, um mich zu sehen, unter einer Wölbung des Treppenhauses vorbeugen mußte. »Aber trotzdem«, rief ich, »wenn Sie mir dort oben mein Gespenst wegnehmen, dann ist es zwischen uns aus, für immer.«

»Aber das war ja nur Spaß«, sagte er und zog den Kopf zurück.

»Dann ist es gut«, sagte ich und hätte jetzt eigentlich ruhig spazierengehen können. Aber weil ich mich gar so verlassen fühlte, ging ich lieber hinauf und legte mich schlafen.

FRANZ KAFKA

Glück

Obwohl Bertha Young dreißig war, kannte sie noch Augenblicke wie diesen, wo sie Lust hatte, lieber zu rennen statt zu gehen, auf dem Bürgersteig herumzutanzen, Reifen zu treiben, etwas in die Luft zu werfen und aufzufangen oder stillzustehen und zu lachen – über nichts – einfach über nichts. – Was kann man auch tun, wenn man dreißig ist und an der eigenen Straßenecke plötzlich von einem Glücksgefühl, von einem Gefühl reinen Glücks überwältigt wird, als hätte man plötzlich einen leuchtenden Schnitz Nachmittagssonne verschluckt und als brennte es einem in der Brust und jagte einen kleinen Funkenregen durch den ganzen Körper, bis in jeden Finger und Zeh? . . .

Oh, gibt es denn keine Möglichkeit, das auszudrücken, ohne ›öffentliches Ärgernis zu erregen‹? Wie blöd ist die Zivilisation! Warum hat man einen Körper bekommen, wenn man ihn wie eine kostbare Geige in einen Kasten einsperren muß?

›Nein, das mit der Geige ist nicht ganz, was ich meine‹, dachte sie, während sie die Treppe hinaufsprang und in ihrer Handtasche nach dem Schlüssel wühlte – sie hatte ihn vergessen, wie üblich – und am Briefkasten ratterte. ›Das ist es nicht, was ich meine, denn –‹

»Danke, Mary!« Sie trat in den Flur. »Ist das Kindermädchen wieder da?«

»Ja M'm.«

»Und ist das Obst gekommen?«

»Ja, M'm. Alles ist da.«

»Tragen Sie bitte das Obst ins Eßzimmer! Ich will es nett anordnen, ehe ich hinaufgehe.«

Im Eßzimmer war es dämmerig und ziemlich kühl. Trotzdem zog Bertha ihren Mantel aus; sie konnte die enge Hülle keinen Augenblick länger ertragen, und die kalte Luft prallte auf ihre Arme.

Doch in ihrer Brust war immer noch die helle, glühende

Stelle – und der kleine Funkenregen, den sie aussandte. Es war beinah unerträglich. Sie wagte kaum zu atmen, vor Angst, es dadurch höher anzufachen, und doch holte sie ganz tief Atem. Sie wagte es kaum, in den kalten Spiegel zu blikken – doch sie blickte hinein, und er zeigte ihr eine strahlende Frau mit lächelnden, zitternden Lippen, mit großen dunklen Augen und einem Ausdruck, als lausche sie, als warte sie, daß etwas ... Himmlisches sich ereignete ... von dem sie wußte, daß es geschehen mußte ... unweigerlich.

Mary brachte auf einem Tablett das Obst, zusammen mit einer Glasschüssel und einer wunderschönen blauen Schale, die seltsam schimmerte, als wäre sie in Milch getaucht worden.

»Soll ich das Licht einschalten, M'm?«

»Nein, danke. Ich sehe noch genug.«

Tangerinen und Äpfel mit erdbeerroten Backen waren da, ein paar gelbe, seidig glatte Birnen, einige weiße Trauben mit silbrigem Flaum und eine riesengroße mit dunkelblauen Beeren. Die hatte sie gekauft, weil sie mit dem neuen Eßzimmerteppich übereinstimmen sollte. Sicher, es klang etwas weit hergeholt und verrückt, aber es war tatsächlich der Grund, weshalb sie sie gekauft hatte. Im Geschäft hatte sie gedacht: ›Ich muß ein paar dunkelblaue haben, um den Teppich zur Geltung zu bringen.‹ Und dort war es ihr ganz sinnvoll vorgekommen.

Als sie fertig war und aus den leuchtenden, runden Bällchen zwei Pyramiden aufgebaut hatte, trat sie vom Tisch zurück, um die Wirkung zu prüfen. Es war tatsächlich äußerst merkwürdig. Denn der dunkle Tisch schien in das dämmerige Licht hineinzuschmelzen, und die Glasschüssel und die blaue Schale schienen in der Luft zu schweben. In ihrer gegenwärtigen Stimmung war es natürlich so unglaublich schön ... Sie mußte lachen.

›Aber nein, ich werde noch hysterisch!‹ Und sie nahm ihre Handtasche und den Mantel und lief ins Kinderzimmer hinauf.

Die Kinderschwester saß an einem niedrigen Tisch und gab Klein-B. nach dem Bad sein Abendessen. Das Baby hatte ein weißes Flanellhemd und ein blaues Wolljäckchen an, und sein dunkles, feines Haar war zu einem lustigen kleinen Schopf hinaufgebürstet. Klein-B. blickte auf, als es die Mutter sah, und begann zu zappeln.

»Komm, Liebchen, iß schön brav auf!« sagte die Kinderschwester und kniff die Lippen auf eine Art zusammen, die Bertha wohlbekannt war und bedeutete, daß sie wieder mal im verkehrten Augenblick ins Kinderzimmer gekommen war.

»War sie brav, Nanny?«

»Den ganzen Nachmittag ist sie ein süßer Schatz gewesen«, flüsterte Nanny. »Wir waren im Park, und ich habe mich auf einen Stuhl gesetzt und sie aus dem Wagen gehoben, und ein großer Hund kam daher und legte seinen Kopf auf mein Knie, und sie griff nach seinem Ohr und zupfte daran. Oh, Sie hätten sie sehen sollen!«

Bertha hätte gern gefragt, ob es nicht recht gefährlich sei, wenn das Baby einen fremden Hund an den Ohren zupfte. Aber sie wagte es nicht. Sie stand da und schaute mit herabhängenden Armen zu, wie ein armes kleines Mädchen vor einem reichen kleinen Mädchen mit Puppe steht.

Das Baby blickte wieder zu ihr auf, sah sie an und lächelte dann so reizend, daß Bertha nicht mehr an sich halten konnte und rief: »O Nanny, lassen Sie mich das Baby zu Ende füttern! Sie können unterdessen die Badesachen wegräumen!«

»Aber, M'm, sie sollte nicht in andre Hände kommen, während sie ißt«, antwortete Nanny, noch immer flüsternd. »Es macht sie unruhig, und wahrscheinlich bekommt es ihr nicht.«

Wie unsinnig das war! Wozu hatte sie ein Baby, wenn es zwar nicht gerade wie eine kostbare Geige in einem Kasten aufbewahrt werden mußte, jedoch in den Armen einer andern Frau liegen sollte?

»Ich möchte aber!« sagte sie.

Schwer gekränkt reichte Nanny ihr das Kind.

»Aber regen Sie sie ja nicht nach dem Essen auf, M'm! Sie wissen doch, daß Sie's immer tun, und ich habe dann hinterher die Plage!«

Gott sei Dank ging Nanny mit den Badetüchern aus dem Zimmer!

»Jetzt habe ich dich ganz für mich allein, mein kleiner Schatz«, sagte Bertha, als sich das Baby an sie lehnte.

Sie aß so niedlich, hielt ihr Mündchen dem Löffel entgegen und zappelte mit den Händen. Manchmal wollte sie den Löffel nicht loslassen, und manchmal, wenn Bertha ihn gerade gefüllt hatte, schlug sie ihn in alle Winde.

Als die Suppe aufgegessen war, drehte sich Bertha zum Kaminfeuer um.

»Du bist süß, du bist ganz, ganz süß!« sagte sie und küßte ihr warmes Baby. »Ich liebe dich, ich liebe dich!«

Und tatsächlich liebte sie Klein-B. so sehr, den Nacken, wenn sie sich vornüber beugte, und die wunderfeinen Zehlein, die im Flammenschein durchsichtig schimmerten, daß ihr ganzes Glücksgefühl wiederkehrte, und wieder wußte sie nicht, wie sie es äußern, was sie damit anfangen sollte.

»Sie werden am Telefon gewünscht!« sagte Nanny, die triumphierend zurückkam und *ihr* Baby in Besitz nahm.

Sie flog hinunter.

Es war Harry.

»Oh, bist du's, Ber? Hör mal, ich bin heute abend etwas spät dran. Ich werde ein Taxi nehmen und komme, so rasch ich kann, aber schiebe das Abendessen zehn Minuten hinaus, ja? Ist es recht?«

»Ja, sicher! Oh, Harry ...«

»Ja?«

Was hatte sie ihm noch zu sagen? Nichts. Sie wollte nur einen Augenblick länger in Verbindung mit ihm bleiben. Sie konnte nicht so verrückt sein und ihm zurufen: ›Ist es nicht ein himmlischer Tag?‹

»Was ist denn?« kläffte die dünne Stimme.

»Nichts. *Entendu*«, sagte Bertha, hängte den Hörer auf und dachte, daß die Zivilisation noch viel mehr als nur blöd sei.

Zum Abendessen hatten sie Gäste. Die Norman Knights kamen – ein sehr einwandfreies Paar –, er war im Begriff, ein Theater zu gründen, und sie beschäftigte sich leidenschaftlich mit Innendekoration; dann ein junger Mann, Eddie Warren, der gerade einen kleinen Gedichtband veröffentlicht hatte und den jedermann zum Essen einlud, und noch Pearl Fulton, eine ›Entdeckung‹ Berthas. Was Miss Fulton tat, wußte Bertha nicht; sie hatten sich im Klub kennengelernt, und Bertha hatte sich in sie verliebt, wie sie sich immer in schöne Frauen verliebte, die etwas Seltsames an sich hatten.

Es war irritierend, daß sie zwar gelegentlich zusammengewesen waren und miteinander gesprochen hatten, daß Bertha sie aber trotzdem nicht durchschauen konnte. Bis zu einem bestimmten Punkt war Miss Fulton von einer seltenen, herrlichen Offenheit, aber eben über den bestimmten Punkt ging sie nie hinaus.

Gab es überhaupt etwas darüber hinaus? Harry sagte: ›Nein!‹ Er hielt sie für langweilig und ›kalt wie alle Blondinen – vielleicht mit einem Anflug von seelischer Blutarmut‹. Aber Bertha mochte ihm nicht recht geben, jedenfalls noch nicht.

»Nein, die Art, wie sie dasitzt und den Kopf ein bißchen auf die Seite legt und lächelt, Harry – da steckt was dahinter, und ich muß herausfinden, was es ist.«

»Wahrscheinlich eine gute Verdauung«, erwiderte Harry.

Er tat es ganz bewußt, Bertha mit Antworten dieser Art etwas zu bremsen ... ›Leberstauungen, liebes Kind‹ oder ›nichts als Blähungen‹ oder ›nierenkrank‹ ... und so weiter. Aus irgendeinem sonderbaren Grund hatte Bertha es gern und bewunderte es nachgerade an ihm.

Sie ging in den Salon und zündete das Kaminfeuer an; dann hob sie der Reihe nach die Kissen auf, die Mary so sorgfältig aufgestellt hatte, und schleuderte sie wieder auf die Stühle und Sofas zurück. Es war ein himmelweiter Unterschied: das Zimmer bekam sofort Leben. Als sie gerade das letzte hinwerfen wollte, überraschte sie sich dabei, wie sie es plötzlich stürmisch an sich drückte. Doch das löschte das Feuer in ihrer Brust nicht.

O nein, ganz im Gegenteil!

Die Fenster des Salons gingen auf einen Balkon, der den Garten überblickte. Am andern Ende, vor der Mauer, ragte ein hoher, schlanker Birnbaum in vollster, üppigster Blüte auf; vollkommen still stand er da und hob sich vom jadegrünen Himmel ab. Bertha glaubte selbst aus dieser Entfernung feststellen zu können, daß er keine einzige unerschlossene Knospe und auch keine welke Blüte hatte. Weiter unten, auf den Gartenbeeten, schmiegten sich die roten und gelben Tulpen mit ihren schweren Kelchen in die Dämmerung hinein. Eine graue Katze kroch mit schleppendem Bauch über den Rasen, und eine andere, eine schwarze, folgte ihr wie ihr Schatten. Der Anblick der beiden, die so gespannt und aufmerksam dahinschlichen, ließ Bertha erschauern.

»Was für gruselige Tiere Katzen doch sind!« stammelte sie, wandte sich vom Fenster weg und begann hin und her zu gehen . . .

Wie stark die Narzissen in den warmen Zimmern dufteten! Zu stark? O nein! Und doch warf sie sich wie überwältigt auf ein Sofa und drückte die Hände auf die Augen.

»Ich bin glücklich – zu glücklich!« murmelte sie.

Und es schien ihr, als sähe sie hinter den Augenlidern den schönen Birnbaum mit seinen weit offenen Blüten als Symbol ihres eigenen Lebens.

Doch – doch – sie hatte alles! Sie war jung. Harry und sie waren ineinander so verliebt wie nur je, und sie kamen herrlich miteinander aus und waren wirklich gute Kameraden. Sie hatte ein hinreißendes Baby. Sie hatten keinerlei Geldsorgen. Sie besaßen ein in jeder Hinsicht zufriedenstellendes Haus und den Garten. Und sie hatten Freunde, moderne, anregende Freunde, Schriftsteller und Maler und Dichter oder

Leute, die sich brennend für soziale Fragen interessierten – genau die Art Freunde, die sie haben wollten. Und außerdem Musik und Bücher, und sie hatte eine fabelhafte kleine Schneiderin entdeckt, und im Sommer reisten sie ins Ausland, und ihre neue Köchin machte die köstlichsten Omeletten ...

»Ich bin verrückt! Verrückt!« Sie setzte sich auf, aber sie war ganz benommen, wie berauscht. Es mußte der Frühling sein.

Ja, es war sicher der Frühling! Jetzt war sie so müde, daß sie sich kaum die Treppe hinaufschleppen konnte, um sich umzuziehen.

Ein weißes Kleid, eine Kette aus Jadekugeln, grüne Schuhe und Strümpfe. Sie hatte es nicht erst jetzt beabsichtigt: sie hatte sich diese Zusammenstellung schon vor Stunden ausgedacht, lange bevor sie vom Salonfenster aus den Birnbaum betrachtet hatte.

Wie mit Blütenblättern rauschte sie leise auf den Flur und küßte Mrs. Norman Knight, die einen furchtbar lustigen Mantel ablegte: orangefarben, mit einer Prozession schwarzer Äffchen unten am Saum und an den Vorderkanten.

»... Ach je, meine Liebe, daß unsre Mittelklasse auch gar so spießig ist – so gänzlich ohne Sinn für Humor! Es ist der reinste Glücksfall, daß ich überhaupt hier bin – wobei Norman der beschützerische Glücksfall ist! Denn meine süßen Äffchen haben alle Leute im Zug in solche Aufregung versetzt, daß sie wie ein Mann aufstanden und mich geradezu mit den Augen verschlangen. Sie haben nicht gelacht – sie fanden es nicht lustig –, das hätte mir ja gefallen. Nein, sie haben bloß geglotzt – und mich furchtbar angeödet.«

»Aber was der Glanzpunkt war«, sagte Norman und klemmte sich ein großes, in Schildpatt gefaßtes Monokel ins Auge, »ich darf's doch erzählen, Face, ja?« (Zu Hause und unter Freunden nannten sie sich Face und Mug.) »Der Glanzpunkt war es dann, als sie es gründlich satt hatte und sich an die Frau neben ihr wandte und fragte: ›Haben Sie noch nie im Leben einen Affen gesehen?‹«

»Ach ja!« Mrs. Norman Knight stimmte in das Gelächter ein. »War das nicht wirklich glänzend?«

Und was noch komischer war: daß sie jetzt, ohne ihren Mantel, tatsächlich wie ein sehr gescheites Äffchen aussah, das sich sogar das gelbe Seidenkleid – aus abgeschabten Bananenschalen – selbst gemacht hatte. Und ihre Bernsteinohrringe: glichen sie nicht baumelnden kleinen Nüssen?

»Ein äußerst trauriger Fall!« sagte Mug und blieb nachdenklich vor Klein-B.s Kinderwagen stehen. »Kommt ins Haus, der Kinderwagen . . .« Den Rest des Zitats überging er. Es läutete an der Haustür. Der magere, blasse Eddie Warren erschien – wie üblich in einem Zustand größter Bedrängnis.

»Das muß doch das *richtige* Haus sein, nicht wahr?« rief er flehend.

»Vermutlich – hoffentlich!« entgegnete Bertha strahlend.

»Ich hatte so ein *entsetzliches* Erlebnis mit einem Taxifahrer! Ein ganz *finsterer* Kerl! Ich konnte ihn nicht dazu bringen, daß er *hielt!* Je *mehr* ich klopfte und rief, um so *schneller* fuhr er! Dazu im Mondschein die *bizarre* Gestalt, mit dem *verkürzten* Kopf über das *kleine* Lenkrad geduckt . . .«

Er schauderte und legte einen riesigen weißen Seidenschal ab. Bertha stellte fest, daß auch seine Socken weiß waren – äußerst elegant.

»Nein, wie graßlich!« rief sie.

»Ja, das war es wirklich«, sagte Eddie und folgte ihr in den Salon. »Ich sah mich in einem *zeitlosen* Taxi durch die *Ewigkeit* fahren!«

Mit den Norman Knights war er bekannt. Er wollte ja ein Stück für N. K. schreiben, wenn sich der Plan mit dem Theater verwirklichte.

»Sieh da, Warren! Was macht das Stück?« fragte Norman Knight, ließ das Monokel fallen und gönnte seinem Auge eine Pause, in der es an die Oberfläche steigen konnte, bevor er es hinunterzwängte.

Und Mrs. Norman Knight rief: »Oh, Mr. Warren, was für hinreißende Socken!«

»Ich freue mich *so,* daß sie Ihnen gefallen«, sagte er und blickte auf seine Füße. »Sie sind anscheinend *sehr* viel weißer geworden, seit der Mond aufgegangen ist!« Dabei wandte er Bertha sein schmales, melancholisches junges Gesicht zu. »Der Mond ist nämlich *aufgegangen!*«

Am liebsten hätte sie gerufen: »Allerdings – und noch oft – noch oft!«

Er war wirklich ein äußerst interessanter junger Mensch. Aber interessant war auch Face, die in ihrem Bananenkleid vor dem Feuer kauerte, und Mug, der eine Zigarette rauchte, die Asche ins Feuer schnippte und fragte: »Was säumt der Bräutigam so lange?«

»Da kommt er schon!«

Die Haustür flog krachend auf und wieder zu. Harry rief laut: »Hallo, ihr Leute! Bin in fünf Minuten unten!« Und sie hörten ihn die Treppe hinaufbrausen. Bertha mußte lächeln; sie wußte, wie sehr er es liebte, alles unter Hochdruck zu tun. Was kam es schließlich auf die fünf Minuten an? Aber er wollte sich selbst vormachen, daß es ganz gewaltig darauf ankam. Und dann ließ er es sich sehr angelegen sein, betont kühl und beherrscht im Salon zu erscheinen.

Harry war von einem glühenden Lebenshunger besessen. Wie sehr sie das an ihm schätzte! Und seine Leidenschaft, sich durchzusetzen – in allem, was ihm in den Weg kam, eine neue Probe seiner Kraft und seines Mutes zu erkennen –, auch die konnte sie verstehen. Selbst wenn er dadurch andern Leuten, die ihn nicht gut kannten, dann und wann, etwas lächerlich erscheinen mochte... Denn es kam vor, daß er sich in die Schlacht stürzte, wo überhaupt keine war... Sie plauderte und lachte, und erst, als er auftrat (und zwar genauso, wie sie es sich vorgestellt hatte), kam es ihr wieder in den Sinn, daß Pearl Fulton noch nicht eingetroffen war.

»Ob Miss Fulton es vergessen hat?«

»Das ist anzunehmen«, sagte Harry. »Hat sie Telefon?«

»Oh, da kommt gerade ein Taxi!« Und Bertha lächelte mit einem Anflug von Besitzerstolz, den sie sich stets beilegte, solange ihre weiblichen ›Entdeckungen‹ neu und geheimnisvoll waren. »Sie haust in Taxis!«

»Wenn sie das tut, wird sie zu dick«, erklärte Harry kühl und läutete, das Zeichen zum Auftragen gebend. »Sehr gefährlich für Blondinen!«

»Oh, Harry – laß!« warnte Bertha und blickte lachend zu ihm auf.

Ein kurzer Augenblick noch, während sie lachend und plaudernd warteten und ein ganz klein bißchen zu unbefangen, ein bißchen zu ahnungslos taten. Dann erschien Miss Fulton, ganz in Silber, mit einem silbernen Stirnband, das ihr hellblondes Haar zusammenhielt, und lächelte, den Kopf ein wenig auf die Seite geneigt.

»Habe ich mich verspätet?«

»Nein, durchaus nicht!« sagte Bertha. »Kommen Sie!« Sie nahm ihren Arm, und zusammen gingen sie ins Eßzimmer. Was hatte der kühle Arm nur an sich, daß er das Glücksgefühl wieder anfachte, anfachte und auflodern ließ, mit dem Bertha nichts anzufangen wußte?

Miss Fulton sah Bertha nicht an; aber sie blickte den Leuten nur selten offen ins Gesicht. Ihre schweren Lider waren gesenkt, und das seltsame halbe Lächeln um ihre Lippen kam und ging, so als ob sie mehr lauschte als sah. Doch Bertha wußte auf einmal, und als hätten sie einen ganz langen, vertrauten Blick miteinander getauscht, ja als hätten sie einander zugerufen: ›Wie? Du auch?‹, daß Pearl Fulton, während sie die schöne rote Suppe in ihrem grauen Teller umrührte, genau dasselbe empfand wie sie.

Und die andern? Face und Mug, Eddie und Harry, die ihre Löffel hoben und senkten, sich die Lippen mit der Serviette abtupften, Brot zerkrümelten, mit Gabeln und Gläsern spielten und plauderten?

»Ich traf sie auf der Alpha-Ausstellung – eine ganz unmögliche kleine Person! Hatte sich nicht nur das Haar abgeschnitten, sondern schien auch an Beinen und Armen und Hals und der armseligen kleinen Nase herumgeschnippelt zu haben.«

»Ist sie nicht sehr mit Michael Oat liiert?«

»Mit dem, der *Love in False Teeth* geschrieben hat?«

»Der will ein Stück für mich schreiben. Einen Einakter. Nur eine Person. Der Held beschließt, Selbstmord zu begehen. Gibt alle Gründe für und wider an. Und gerade, als er sich entschlossen hat, es zu tun (oder zu lassen) – Vorhang. Kein schlechter Einfall!«

»Wie will er es nennen? ›Leibweh‹?«

»Ich *glaube,* ich bin dem *gleichen* Einfall schon einmal begegnet, in einer unbedeutenden französischen Zeitschrift, *völlig* unbekannt in England.«

Nein, sie alle empfanden nicht, was Bertha empfand. Es waren furchtbar nette Menschen, und sie genoß es, sie hier an ihrem Tisch zu haben und ihnen köstliches Essen und erlesenen Wein vorzusetzen. Sie sehnte sich geradezu danach, ihnen zu sagen, wie reizend sie seien und was für eine dekorative Gruppe sie bildeten und wie sie einer den andern zur Geltung brachten und sie an ein Stück von Tschechow erinnerten.

Harry genoß sein Essen. Es gehörte zu einem Teil seiner, nein, nicht gerade seiner Natur und erst recht nicht seiner Pose oder was es sonst sein mochte, über das Essen zu reden und in seiner ›schamlosen Leidenschaft für weißes Hammelfleisch‹ und für ›grünes Pistazieneis‹ zu schwelgen, das ›so grün und kühl wie die Lider ägyptischer Tänzerinnen war‹.

Als er aufsah und zu ihr sagte: »Bertha, das ist ein bewundernswertes Soufflé!«, hätte sie fast weinen können vor kindlicher Freude.

Oh, warum empfand sie heute abend eine so große Zärtlichkeit für die ganze Welt? Alles war gut – war richtig. Alles, was geschah, schien den randvollen Kelch ihres Glücks nur noch mehr zu füllen.

Und immer blühte im Grunde ihres Denkens der Birnbaum! Er mußte jetzt, im Mondlicht des lieben guten Eddie, silbern strahlen – so silbern wie Miss Fulton, die dasaß und eine Tangerine in ihren schlanken Fingern herumdrehte, in Fingern, die so blaß waren, daß ein Licht von ihnen auszugehen schien.

Sie konnte einfach nicht begreifen – es war so übernatürlich –, wieso sie Miss Fultons Stimmung so genau und jählings erraten hatte. Denn sie zweifelte keinen Augenblick, daß sie recht hatte – und doch, was für Beweise hatte sie? Keine, überhaupt keine!

»Ich glaube, zwischen Frauen kann so etwas vorkommen, doch selten, sehr selten und zwischen Männern nie«, dachte Bertha. »Aber wenn ich im Salon den Kaffee vorbereite, gibt sie vielleicht ein ›Zeichen‹.«

Was sie damit meinte, wußte sie nicht, und was danach geschehen würde, konnte sie sich nicht vorstellen.

Während sie daran dachte, sah sie sich plaudern und lachen. Sie mußte plaudern, weil sie gar zu gern lachen wollte.

›Ich muß lachen, sonst halte ich es nicht aus!‹

Aber als sie Faces komische kleine Gewohnheit bemerkte, an ihrem Ausschnitt herumzufingern, als hätte sie dort einen heimlichen kleinen Nußvorrat versteckt, mußte Bertha ihre Nägel in die Hände graben, um nicht laut loszulachen.

Endlich war es vorbei. Bertha sagte: »Sehen Sie sich meine neue Kaffeemaschine an!«

»Wir haben bloß alle vierzehn Tage eine neue Kaffeemaschine«, sagte Harry. Face nahm diesmal seinen Arm. Miss Fulton folgte ihnen – mit gesenktem Kopf.

Im Salon war das Kaminfeuer zu einem roten, züngelnden ›Nest von Phönixjungen‹ heruntergebrannt, wie Face sagte. »Oh, macht noch nicht Licht! Es ist so schön!« Und sie kauerte sich wieder vor den Kamin. Sie fror immer . . . ›Begreiflich‹, dachte Bertha, ›ohne ihr rotes Wolljäckchen!‹

In diesem Augenblick gab Miß Fulton ›das Zeichen‹.

»Haben Sie einen Garten?« fragte die kühle, verschlafene Stimme.

Das war so wunderbar, daß Bertha nicht anders konnte als gehorchen. Sie ging durchs Zimmer, zog die Vorhänge auseinander und öffnete die hohen Fenster.

»Da!« hauchte sie.

Und die beiden Frauen standen nebeneinander und blickten auf den schlanken, blühenden Baum. Obwohl er so ruhig dastand, schien er sich wie die Flamme einer Kerze zu recken und aufwärts zu deuten und in der klaren Luft zu zittern, ja vor ihren Augen höher und höher zu werden und fast den Rand des vollen silbernen Mondes zu berühren.

Wie lange standen sie so? Beide gefangen in diesem Kreis überirdischen Lichts, einander völlig verstehend, Geschöpfe einer andern Welt, verwundert, was sie in der Welt hier unten mit der Glücksfülle anfangen sollten, die ihnen in der Brust brannte und in silbernen Blüten von Haar und Händen tropfte?

Schon immer – oder nur einen Augenblick? Hatte Miss Fulton wirklich geflüstert? »Ja, *das* ist es!« Oder hatte Bertha geträumt?

Dann wurde das Licht angeknipst, und Face machte den Kaffee, und Harry sagte: »Meine liebe Mrs. Knight, fragen Sie mich nicht nach meinem Töchterchen! Ich sehe sie nie. Sie wird mich erst ernstlich zu interessieren beginnen, wenn sie einen Liebhaber hat«, und Mug holte sein Auge aus dem Glashaus, jedoch nur für einen kurzen Moment, dann steckte er es wieder unter Glas, und Eddie Warren trank seinen Kaffee und stellte die Tasse mit einem so besorgten Gesicht hin, als hätte er eine Spinne gesehen – und verschluckt.

»Vor allem liegt mir daran, den jungen Männern zu einer Bühne zu verhelfen. Ich glaube, daß London geradezu wimmelt von erstklassigen, ungeschriebenen Theaterstücken. Deshalb möchte ich ihnen sagen können: ›Da habt ihr euer Theater! Nun legt los!‹«

»Wissen Sie, meine Liebe, ich soll nämlich ein Zimmer für

die Jacob Nathans einrichten. Ach, es reizt mich so, alles im Bratfischstil zu machen, die Stuhllehnen wie Bratpfannen geformt und die Vorhänge ganz und gar mit hübschen Kartoffelchips bestickt.«

»Der Kummer mit unseren jungen Schriftstellern ist der, daß sie noch immer zu romantisch sind. Man kann nicht zur See gehen, ohne seekrank zu werden und ein Becken zu benutzen. Warum trauen sie sich also nicht an die Becken ran?«

»Ein *greuliches* Gedicht über ein *Mädchen,* das von einem Bettler *ohne* Nase in einem Gehölz vergewaltigt wurde...« Miss Fulton sank in den niedrigsten, tiefsten Sessel, und Harry reichte Zigaretten herum. Aus der Art, wie er vor Miss Fulton stand, die silberne Dose schüttelte und schroff sagte: »Ägyptische? Türkische? Virginische? Sie sind alle durcheinandergeraten«, schloß Bertha, daß sie ihn nicht nur langweilte – er konnte sie wirklich nicht leiden. Und an der Art, wie Miss Fulton sagte: »Nein danke, ich möchte nicht rauchen«, erkannte sie, daß auch Miss Fulton es empfand und gekränkt war.

›Oh, Harry, du solltest nichts gegen sie haben! Du täuschst dich sehr in ihr! Sie ist wundervoll, ganz wundervoll. Und überdies: wie kannst du so anders für jemanden empfinden, der mir soviel bedeutet? Wenn wir heute nacht im Bett sind, werde ich versuchen, dir zu schildern, was geschehen ist: was sie und ich gemeinsam erlebt haben.‹

Bei diesem Gedanken tauchte etwas Seltsames und fast Erschreckendes in Berthas Geist auf. Und dieses unkenntliche und lächelnde Etwas flüsterte ihr zu: ›Bald sind all diese Leute weggegangen. Dann ist das Haus still, ganz still. Die Lichter sind gelöscht. Und du und er – ihr werdet allein sein – im dunklen Zimmer – im warmen Bett...‹

Sie sprang von ihrem Sessel auf und lief zum Klavier hinüber.

»Wie schade, daß niemand spielt!« rief sie. »Wie schade, daß niemand hier ist, der spielt!«

Zum erstenmal in ihrem Leben begehrte Bertha Young ihren Mann.

Oh, sie hatte ihn geliebt – natürlich war sie in ihn verliebt gewesen –, auf jede Art, jedoch nicht so. Und natürlich hatte sie auch eingesehen, daß es bei ihm anders war. Sie hatten so oft darüber gesprochen. Zuerst hatte es sie sehr bekümmert, als sie merkte, daß sie frigide war, aber nach einiger Zeit schien es nicht mehr so wichtig zu sein. Sie waren so offen miteinander – zwei gute Kameraden. Das war das Beste am Modernsein.

Aber jetzt – war sie glühend, glühend! Das Wort schmerzte in ihrem glühenden Körper. Dahin also hatte das Glücksgefühl sie geführt? Aber dann ... dann ...

»Meine Liebe«, sagte Mrs. Norman Knight, »Sie kennen unser Pech! Wir sind Opfer von Zeit und Fahrplan. Wir wohnen in Hampstead! Es war ein entzückender Abend!«

»Ich begleite Sie an die Tür«, sagte Bertha. »Ich habe es so genossen, Sie bei uns zu haben. Aber den letzten Zug dürfen Sie nicht verpassen. Das wäre ja gräßlich, wie?«

»Noch einen Whisky, ehe Sie gehen, Knight?« rief Harry.

»Nein, danke, mein Lieber!«

Dafür drückte ihm Bertha die Hand, als sie ihn verabschiedete.

»Gute Nacht, gute Nacht!« rief sie von der obersten Treppenstufe und wußte, daß ihr bisheriges Selbst für immer Abschied von ihnen nahm.

Als sie in den Salon zurückkehrte, waren auch die andern im Begriff aufzubrechen.

»... dann können Sie ein Stückchen Wegs in meinem Taxi mitkommen!«

»Oh, ich bin Ihnen so *dankbar,* daß ich nicht *noch* eine Fahrt *allein* machen muß – nach meinem *schrecklichen* Erlebnis!«

»Ein Taxi können Sie gleich am Ende der Straße am Standplatz bekommen. Sie brauchen nur ein paar Schritte zu laufen.«

»Wie angenehm! Ich will nur noch meinen Mantel anziehen.« Miss Fulton wollte auf den Flur gehen, und Bertha war im Begriff, ihr zu folgen, da drängte sich Harry zwischen sie.

Bertha wußte, daß er seine Unhöflichkeit bereute, und ließ ihn gehen. Was für ein großer Junge er doch in mancher Hinsicht war – so impulsiv. Und so einfach!

Und sie und Eddie blieben beim Kaminfeuer zurück.

»Haben Sie wohl Bilks *neues* Gedicht *Table d'hôte* gelesen?« fragte Eddie leise. »Es ist *so* bezaubernd! In der neuesten Nummer der *Anthology*. Haben Sie eine? Ich würde es Ihnen so gerne *zeigen!* Es fängt mit einer *unvorstellbar* herrlichen Zeile an: ›Warum muß es denn immer Tomatensuppe sein?‹«

»Ja«, sagte Bertha. Und geräuschlos ging sie zu einem Tischchen gegenüber von der Salontür, und Eddie glitt ihr geräuschlos nach. Sie hob das kleine Buch auf und gab es ihm; es war alles lautlos vor sich gegangen.

Während er das Gedicht suchte, fiel ihr Blick auf den Flur. Und dort sah sie . . . Harry, mit Miss Fultons Mantel im Arm – und Miss Fulton, die ihm den Rücken zugekehrt hatte und den Kopf senkte. Er warf den Mantel beiseite, legte ihr die Hände auf die Schultern und drehte sie ungestüm zu sich herum. Seine Lippen sagten: »Ich bete dich an«, und Miss Fulton legte ihre Mondscheinfinger auf seine Wangen und lächelte ihr verschlafenes Lächeln. Harrys Nasenflügel zitterten; seine Lippen verzogen sich in einem häßlichen Grinsen, und er flüsterte: »Morgen!«, und Miss Fulton antwortete mit ihren Augenlidern: ›Ja!‹

»Hier ist es!« sagte Eddie. »›Warum muß es immer Tomatensuppe sein?‹ Es ist so *tief* empfunden, finden Sie nicht auch? Tomatensuppe ist so *schrecklich* ewig.«

»Wenn es Ihnen lieber ist«, drang Harrys Stimme sehr laut vom Flur her, »kann ich Ihnen ein Taxi telefonisch vor die Haustür bestellen!«

»O nein, das ist nicht nötig«, sagte Miss Fulton, kam auf Bertha zu und reichte ihr die schlanken Finger.

»Gute Nacht! Und vielen Dank!«

»Gute Nacht!« sagte Bertha.

Miss Fulton hielt Berthas Hand noch eine Sekunde fest. »Ihr herrlicher Birnbaum!« murmelte sie.

Und dann war sie fort, mit Eddie im Gefolge – wie die schwarze Katze, die der grauen folgte.

»Dann mache ich den Laden dicht«, sagte Harry übertrieben kühl und beherrscht.

›Ihr herrlicher Birnbaum – Birnbaum – Birnbaum!‹

Bertha rannte förmlich zu den hohen Fenstern.

»Oh, was soll jetzt nur werden?« rief sie.

Aber der Birnbaum war so herrlich wie zuvor, so voller Blüten, und so still.

KATHERINE MANSFIELD

Willie. *Pause. Normale Stimme:* Nun ja, jetzt dauert's nicht mehr lange, Winnie, jetzt kann es nicht mehr lange dauern, bis es zum Schlaf klingelt. *Pause.* Dann darfst du deine Augen schließen, dann mußt du deine Augen schließen – und sie geschlossen halten. *Pause.* Warum das nochmal sagen? *Pause.* Früher dachte ich ... *Pause* ... ich sage, früher dachte ich, daß es zwischen dem Bruchteil einer Sekunde und dem nächsten keinen Unterschied gäbe. *Pause.* Früher sagte ich ... *Pause* ... ich sage, früher sagte ich, Winnie, du bist unveränderlich, es gibt nie den geringsten Unterschied zwischen dem Bruchteil einer Sekunde und dem nächsten. *Pause.* Warum das wieder vorbringen? *Pause.* Es gibt so wenig, was man vorbringen kann, man bringt es alles vor. *Pause.* Alles, was man kann. *Pause.* Mein Nacken tut mir weh. *Pause. Plötzlich wütend:* Mein Nacken tut mir weh! *Pause.* Ah, so geht's besser. *Ein wenig gereizt:* Alles mit Maßen. *Lange Pause.* Mehr kann ich nicht tun. *Pause.* Mehr nicht sagen. *Pause.* Aber ich muß mehr sagen. *Pause.* Hier ein Problem. *Pause.* Nein, irgend etwas muß sich bewegen, in der Welt, ich kann es nicht mehr. *Pause.* Ein Zephir. *Pause.* Ein Hauch. *Pause.* Wie lauten noch die unsterblichen Zeilen? *Pause.* Es könnte die ewige Finsternis sein. *Pause.* Endlose, pechschwarze Nacht. *Pause.* Einfach Zufall, wenn ich nicht irre, glücklicher Zufall. *Pause.* O ja, ein Übermaß an Gnaden. *Lange Pause.* Und nun? *Pause.* Und nun, Willie? *Lange Pause.* Jener Tag. *Pause.* Der rosa Sekt. *Pause.* Die schlanken Kelche. *Pause.* Der letzte Gast gegangen. *Pause.* Das letzte Ex beinahe Körper an Körper. *Pause.* Der Blick. *Lange Pause.* Welcher Tag? *Lange Pause.* Welcher Blick? *Lange Pause.* Ich höre Schreie. *Pause.* Singe. *Pause.* Singe deinen alten Gesang, Winnie.

Lange Pause. Plötzlich hellwacher Gesichtsausdruck. Augen drehen sich nach rechts. Willies Kopf erscheint rechts von ihr am unteren Rand des Hügels. Er kommt auf allen vieren, todschick, Zylinder, Cutaway, gestreifte Hose usw., weiße Handschuhe in der Hand, sehr langer buschiger weißer Knebelbart. Er macht halt, starrt vor sich hin, streicht seinen Knebelbart glatt. Er kommt ganz hinterm Hügel hervor, dreht sich nach links, macht halt, blickt hinauf zu Winnie. Er bewegt sich auf allen vieren auf die Mitte zu, macht halt, dreht Kopf nach vorn, starrt geradeaus, streichelt Knebelbart, zupft Krawatte zurecht, rückt Hut gerade, bewegt sich ein wenig weiter vor, macht halt, nimmt Hut ab und blickt zu Winnie hinauf. Er ist jetzt nicht weit von der Mitte entfernt und in ihrem Blickfeld. Da er die Anstrengung des Hinaufblickens nicht zu ertragen vermag, sinkt er mit dem Kopf zu Boden.

Winnie *mondän:* Das ist aber ein unverhofftes Vergnügen! *Pause.* Es erinnert mich an den Tag, als du winselnd um meine Hand anhieltest. *Pause.* Ich verehre dich, Winnie, werde mein. *Er blickt auf.* Das Leben ein Hohn ohne Win. *Sie fängt an zu kichern.* Was für eine Aufmachung, du siehst ja verboten aus! *Gekicher.* Wo sind die Blumen? *Pause.* Die heute lächeln. *Willie läßt Kopf sinken.* Was ist denn das an deinem Nacken, ein Karbunkel? *Pause.* Mußt ihn überwachen. Willie, bevor er sich deiner bemächtigt. *Pause.* Wo warst du die ganze Zeit? *Pause.* Was hast du die ganze Zeit getan? *Pause.* Dich schön gemacht? *Pause.* Hast du nicht gehört, wie ich nach dir schrie? *Pause.* Stecktest du in deinem Loch fest? *Pause. Er blickt auf.* So ist es recht, Willie, sieh mich an. *Pause.* Weide deine alten Augen, Willie. *Pause.* Bleibt noch irgend etwas übrig? *Pause.* Irgendwelche Überbleibsel? *Pause.* Nein? *Pause.* Ich habe mich nicht darum kümmern können, weißt du. *Er senkt den Kopf.* Du bist immer noch wiederzuerkennen, irgendwie. *Pause.* Hast du vor, jetzt auf dieser Seite zu leben ... ein Weilchen vielleicht? *Pause.* Nein? *Pause.* Nur eine Stippvisite? *Pause.* Bist du taub geworden, Willie? *Pause.* Stumm? *Pause.* Oh, ich weiß, du warst nie redselig, ich verehre dich, Winnie, werde mein und dann nichts von dem Tage an nichts anderes mehr als Pikanterien aus der Illustrierten. *Augen geradeaus. Pause.* Na ja, was macht das schon, das sage ich immer, es wird ein glücklicher Tag gewesen sein, trotz allem, wieder ein glücklicher Tag. *Pause.* Nicht mehr lange jetzt, Winnie. *Pause.* Ich höre Schreie. *Pause.* Hörst du jemals Schreie, Willie. *Pause.* Nein? *Augen wieder auf Willie.* Willie. *Pause.* Sieh' mich wieder an, Willie. *Pause.* Noch einmal, Willie. *Er blickt auf. Glücklich:* Ah! *Pause. Betroffen:* Was ficht dich an, Willie, ich hab' nie solchen Gesichtsausdruck gesehen! *Pause.* Setz' deinen Hut auf, Lieber, es ist die Sonne, sei nicht so förmlich, ich werde es dir nicht verübeln. *Er läßt Hut und Handschuhe fallen und beginnt, den Hügel zu ihr hinaufzukriechen. Fröhlich:* Oh, sieh' mal einer an, das ist ja toll! *Er hält an, wobei er sich mit einer Hand am Hügel festhält und mit der anderen nach oben greift.* Nur zu, Lieber, setz' ein bißchen Dampf dahinter, ich werde dich anfeuern. *Pause.* Hast du es auf mich abgesehen, Willie ... oder auf etwas anderes? *Pause.* Möchtest du mein Gesicht berühren ... noch einmal? *Pause.* Hast du es auf einen Kuß abgesehen, Willie ... oder auf etwas anderes? *Pause.* Es gab eine Zeit, als ich dir eine Hand hätte reichen können. *Pause.* Und dann eine Zeit davor, als ich dir eine Hand reichte. *Pause.* Du brauchtest immer dringend eine Hand, Willie. *Er rutscht an den Fuß des Hügels zurück und liegt mit dem Gesicht am Boden.* Wumm! *Pause. Er richtet sich auf Hände und Knie auf und hebt sein Gesicht zu ihr.* Versuch's noch mal, Willie, ich werde dich in Schwung bringen. *Pause.* Sieh' mich nicht so an! *Pause. Heftig:* Sieh' mich nicht so an! *Pause.* Leise: Hast du den Verstand verloren? *Pause.* Dito: Deinen armseligen alten Grips, Willie?

Pause.

Willie *gerade noch hörbar:* Win.

Pause. Winnies Augen geradeaus. Ein glücklicher Ausdruck tritt in ihr Gesicht und wird stärker.

Winnie Win! *Pause.* Oh, dies ist ein glücklicher Tag, dies wird wieder ein glücklicher Tag gewesen sein! *Pause.* Trotz allem. *Pause.* Bislang.

Pause. Sie summt versuchsweise den Anfang ihres Gesangs, die Spieldosenmelodie, und singt dann sanft:

Lippen schweigen,
's flüstern Geigen:

Hab' mich lieb!
All die Schritte
Sagen: Bitte
Hab mich lieb!
Jeder Druck der Hände
Deutlich mir's beschrieb,
Er sagt klar:
's ist wahr, 's ist wahr,
Du hast mich lieb!

Pause. Glücklicher Gesichtsausdruck verschwindet. Sie schließt die Augen. Es klingelt laut. Sie öffnet die Augen. Sie lächelt, starrt vor sich hin. Sie richtet ihre Augen lächelnd auf Willie, der immer noch, auf Hände und Knie gestützt, zu ihr hinaufblickt. Lächeln verschwindet. Sie sehen sich an. Lange Pause.

SAMUEL BECKETT

Das Land

Im äußersten winkel der alten karte liegt das land, nach dem ich mich sehne. Es ist die heimat der äpfel, der hügel, der trägen flüsse, des herben weines und der liebe. Leider hat eine riesige spinne darüber ihr netz gesponnen und mit ihrem klebrigen speichel die schranken der träume geschlossen.

So ist es immer: der engel mit feuerschwert, die spinne, das gewissen.

ZBIGNIEW HERBERT

Windhauch, Windhauch, sagte Kohelet,
Windhauch, Windhauch, das ist alles Windhauch.
Welchen Vorteil hat der Mensch von all
seinem Besitz, für den er sich anstrengt
unter der Sonne?
Eine Generation geht, eine andere kommt.
Die Erde steht in Ewigkeit.
Ich dachte mir: Auf, versuch es mit der Freude,
genieß das Glück! Das Ergebnis:
Auch das ist Windhauch.

KOHELET 1,2–4; 2,1

VIII.

GLÜCKSELIGKEIT

Der siebente Tag hat einen Morgen,
aber keinen Abend.

THOMAS VON AQUIN

Ich badete mich, erzählte ich, vor etwa drei Jahren, mit einem jungen Mann, über dessen Bildung damals eine wunderbare Anmut verbreitet war. Er mochte ohngefähr in seinem sechzehnten Jahre stehn, und nur ganz von fern ließen sich, von der Gunst der Frauen herbeigerufen, die ersten Spuren von Eitelkeit erblicken. Es traf sich, daß wir gerade kurz zuvor in Paris den Jüngling gesehen hatten, der sich einen Splitter aus dem Fuße zieht; der Abguß der Statue ist bekannt und befindet sich in den meisten deutschen Sammlungen. Ein Blick, den er in dem Augenblick, da er den Fuß auf den Schemel setzte, um ihn abzutrocknen, in einen großen Spiegel warf, erinnerte ihn daran; er lächelte und sagte mir, welch eine Entdeckung er gemacht habe. In der Tat hatte ich, in eben diesem Augenblick, dieselbe gemacht; doch sei es, um die Sicherheit der Grazie, die ihm beiwohnte, zu prüfen, sei es, um seiner Eitelkeit ein wenig heilsam zu begegnen: ich lachte und erwiderte – er sähe wohl Geister! Er errötete, und hob den Fuß zum zweitenmal, um es mir zu zeigen; doch der Versuch, wie sich leicht hätte voraussehen lassen, mißglückte. Er hob verwirrt den Fuß zum dritten und vierten, er hob ihn wohl noch zehnmal: umsonst! er war außerstand, dieselbe Bewegung wieder hervorzubringen – was sag ich? die Bewegungen, die er machte, hatten ein so komisches Element, daß ich Mühe hatte, das Gelächter zurückzuhalten: –

Von diesem Tage, gleichsam von diesem Augenblick an, ging eine unbegreifliche Veränderung mit dem jungen Menschen vor. Er fing an, tagelang vor dem Spiegel zu stehen; und immer ein Reiz nach dem anderen verließ ihn. Eine unsichtbare und unbegreifliche Gewalt schien sich, wie ein eisernes Netz, um das freie Spiel seiner Gebärden zu legen, und als ein Jahr verflossen war, war keine Spur mehr von der Lieblichkeit in ihm zu entdecken, die die Augen der Menschen sonst, die ihn umringten, ergötzt hatte. Noch jetzt lebt jemand, der ein Zeuge jenes sonderbaren und unglücklichen

Vorfalls war, und ihn, Wort für Wort, wie ich ihn erzählt, bestätigen könnte. –

Bei dieser Gelegenheit, sagte Herr C ... freundlich, muß ich Ihnen eine andere Geschichte erzählen, von der Sie leicht begreifen werden, wie sie hierher gehört.

Ich befand mich, auf meiner Reise nach Rußland, auf einem Landgut des Herrn v. G ..., eines livländischen Edelmanns, dessen Söhne sich eben damals stark im Fechten übten. Besonders der ältere, der eben von der Universität zurückgekommen war, machte den Virtuosen, und bot mir, da ich eines Morgens auf seinem Zimmer war, ein Rapier an. Wir fochten; doch es traf sich, daß ich ihm überlegen war; Leidenschaft kam dazu, ihn zu verwirren; fast jeder Stoß, den ich führte, traf, und sein Rapier flog zuletzt in den Winkel. Halb scherzend, halb empfindlich, sagte er, indem er das Rapier aufhob, daß er seinen Meister gefunden habe: doch alles auf der Welt finde den seinen, und fortan wolle er mich zu dem meinigen führen. Die Brüder lachten laut auf, und riefen: Fort! fort! in den Holzstall herab! und damit nahmen sie mich bei der Hand und führten mich zu einem Bären, den Herr v. G ..., ihr Vater, auf dem Hofe auferziehen ließ.

Der Bär stand, als ich erstaunt vor ihn trat, auf den Hinterfüßen, mit dem Rücken an einem Pfahl gelehnt, an welchem er angeschlossen war, die rechte Tatze schlagfertig erhoben, und sah mir ins Auge: das war seine Fechterpositur. Ich wußte nicht ob ich träumte, da ich mich einem solchen Gegner gegenüber sah; doch: stoßen Sie! stoßen Sie! sagte Herr v. G ..., und versuchen Sie, ob Sie ihm eins beibringen können! Ich fiel, da ich mich ein wenig von meinem Erstaunen erholt hatte, mit dem Rapier auf ihn aus; der Bär machte eine ganz kurze Bewegung mit der Tatze und parierte den Stoß. Ich versuchte ihn durch Finten zu verführen; der Bär rührte sich nicht. Ich fiel wieder, mit einer augenblicklichen Gewandtheit, auf ihn aus, eines Menschen Brust würde ich ohnfehlbar getroffen haben: der Bär machte eine ganz kurze Bewegung mit der Tatze und parierte den Stoß. Jetzt war ich fast in dem Fall des jungen Herrn v. G... Der Ernst des Bären kam hinzu, mir die Fassung zu rauben, Stöße und Finten wechselten sich, mir triefte der Schweiß: umsonst! Nicht bloß, daß der Bär, wie der erste Fechter der Welt, alle meine Stöße parierte; auf Finten (was ihm kein Fechter der Welt nachmacht) ging er gar nicht einmal ein: Aug in Auge, als ob er meine Seele darin lesen könnte, stand er, die Tatze schlagfertig erhoben, und wenn meine Stöße nicht ernsthaft gemeint waren, so rührte er sich nicht.

Glauben Sie diese Geschichte?

Vollkommen! rief ich, mit freudigem Beifall; jedwedem Fremden, so wahrscheinlich ist sie: um wie viel mehr Ihnen!

Nun, mein vortrefflicher Freund, sagte Herr C..., so sind Sie im Besitz von allem, was nötig ist, um mich zu begreifen. Wir sehen, daß in dem Maße, als, in der organischen Welt, die Reflexion dunkler und schwächer wird, die Grazie darin immer strahlender und herrschender hervortritt. – Doch so, wie sich der Durchschnitt zweier Linien, auf der einen Seite eines Punkts, nach dem Durchgang durch das Unendliche, plötzlich wieder auf der andern Seite einfindet, oder das Bild des Hohlspiegels, nachdem es sich in das Unendliche entfernt hat, plötzlich wieder dicht vor uns tritt: so findet sich auch, wenn die Erkenntnis gleichsam durch ein Unendliches gegangen ist, die Grazie wieder ein; so, daß sie, zu gleicher Zeit, in demjenigen menschlichen Körperbau am reinsten erscheint, der entweder gar keins, oder ein unendliches Bewußtsein hat, d. h. in dem Gliedermann, oder in dem Gott.

Mithin, sagte ich ein wenig zerstreut, müßten wir wieder von dem Baum der Erkenntnis essen, um in den Stand der Unschuld zurückzufallen?

Allerdings, antwortete er; das ist das letzte Kapitel von der Geschichte der Welt.

HEINRICH VON KLEIST

Und er zeigte mir einen Strom,
das Wasser des Lebens, klar wie Kristall:
er geht vom Thron Gottes und
des Lammes aus. Zwischen der Straße
der Stadt und dem Strom, hüben
und drüben, stehen Bäume des Lebens.
Zwölfmal tragen sie Früchte,
jeden Monat einmal; und
die Blätter der Bäume dienen zur
Heilung der Völker. Es wird
nichts mehr geben, was der Fluch
Gottes trifft. Der Thron Gottes
und des Lammes wird in der Stadt
stehen, und seine Knechte werden
ihm dienen. Sie werden sein
Angesicht schauen, und sein Name ist
auf ihre Stirn geschrieben.
Es wird keine Nacht mehr geben,
und sie brauchen weder das Licht
einer Lampe noch das Licht
der Sonne. Denn der Herr, ihr Gott,
wird über ihnen leuchten, und sie
werden herrschen in alle Ewigkeit.

OFFENBARUNG

Die neunte Elegie

Warum, wenn es angeht, also die Frist des Daseins
hinzubringen, als Lorbeer, ein wenig dunkler als alles
andere Grün, mit kleinen Wellen an jedem
Blattrand (wie eines Windes Lächeln) –: warum dann
Menschliches müssen – und, Schicksal vermeidend,
sich sehnen nach Schicksal?...

Oh, *nicht,* weil Glück *ist,*
dieser voreilige Vorteil eines nahen Verlusts.
Nicht aus Neugier, oder zur Übung des Herzens,
das auch im Lorbeer *wäre*...

Aber weil Hiersein viel ist, und weil uns scheinbar
alles das Hiesige braucht, dieses Schwindende, das
seltsam uns angeht. Uns, die Schwindendsten. *Ein* Mal
jedes, nur *ein* Mal. *Ein* Mal und nichtmehr. Und wir auch
ein Mal. Nie wieder. Aber dieses
ein Mal gewesen zu sein, auch nur *ein* Mal:
irdisch gewesen zu sein, scheint nicht widerrufbar.

Und so drängen wir uns und wollen es leisten,
wollens enthalten in unsern einfachen Händen,
im überfüllteren Blick und im sprachlosen Herzen.
Wollen es werden. – Wem es geben? Am liebsten
alles behalten für immer... Ach, in den andern Bezug,
wehe, was nimmt man hinüber? Nicht das Anschaun, das hier
langsam erlernte, und kein hier Ereignetes. Keins.
Also die Schmerzen. Also vor allem das Schwersein,
also der Liebe lange Erfahrung, – also
lauter Unsägliches. Aber später,
unter den Sternen, was solls: *die* sind *besser* unsäglich.
Bringt doch der Wanderer auch vom Hange des Bergrands
nicht eine Hand voll Erde ins Tal, die Allen unsägliche, sondern
ein erworbenes Wort, reines, den gelben und blaun

Enzian. Sind wir vielleicht *hier,* um zu sagen: Haus,
Brücke, Brunnen, Tor, Krug, Obstbaum, Fenster, –
höchstens: Säule, Turm . . . aber zu *sagen,* verstehs,
oh zu sagen *so,* wie selber die Dinge niemals
innig meinten zu sein. Ist nicht die heimliche List
dieser verschwiegenen Erde, wenn sie die Liebenden drängt,
daß sich in ihrem Gefühl jedes und jedes entzückt?
Schwelle: was ists für zwei
Liebende, daß sie die eigne ältere Schwelle der Tür
ein wenig verbrauchen, auch sie, nach den vielen vorher
und vor den Künftigen . . ., leicht.

Hier ist des *Säglichen* Zeit, *hier* seine Heimat.
Sprich und bekenn. Mehr als je
fallen die Dinge dahin, die erlebbaren, denn,
was sie verdrängend ersetzt, ist ein Tun ohne Bild.
Tun unter Krusten, die willig zerspringen, sobald
innen das Handeln entwächst und sich anders begrenzt.
Zwischen den Hämmern besteht
unser Herz, wie die Zunge
zwischen den Zähnen, die doch,
dennoch, die preisende bleibt.
Preise dem Engel die Welt, nicht die unsägliche, *ihm*
kannst du nicht großtun mit herrlich Erfühltem; im Weltall,
wo er fühlender fühlt, bist du ein Neuling. Drum zeig
ihm das Einfache, das, von Geschlecht zu Geschlechtern gestalte
als ein Unsriges lebt, neben der Hand und im Blick.
Sag ihm die Dinge. Er wird staunender stehn; wie du standest
bei dem Seiler in Rom, oder beim Töpfer am Nil.
Zeig ihm, wie glücklich ein Ding sein kann, wie schuldlos und u
wie selbst das klagende Leid rein zur Gestalt sich entschließt,
dient als ein Ding, oder stirbt in ein Ding –, und jenseits
selig der Geige entgeht. – Und diese, von Hingang
lebenden Dinge verstehn, daß du sie rühmst; vergänglich,
traun sie ein Rettendes uns, den Vergänglichsten, zu.

Wollen, wir sollen sie ganz im unsichtbarn Herzen verwandeln
in – o unendlich – in uns! Wer wir am Ende auch seien.

Erde, ist es nicht dies, was du willst: *unsichtbar*
in uns erstehn? – Ist es dein Traum nicht,
einmal unsichtbar zu sein? – Erde! unsichtbar!
Was, wenn Verwandlung nicht, ist dein drängender Auftrag?
Erde, du liebe, ich will. Oh glaub, es bedürfte
nicht deiner Frühlinge mehr, mich dir zu gewinnen – *einer,*
ach, ein einziger ist schon dem Blute zu viel
Namenlos bin ich zu dir entschlossen, von weit her.
Immer warst du im Recht, und dein heiliger Einfall
ist der vertrauliche Tod.

Siehe, ich lebe. Woraus? Weder Kindheit noch Zukunft
werden weniger . . . Überzähliges Dasein
entspringt mir im Herzen.

RAINER MARIA RILKE

Die zehnte Elegie

Daß ich dereinst, an dem Ausgang der grimmigen Einsicht,
Jubel und Ruhm aufsinge zustimmenden Engeln.
Daß von den klar geschlagenen Hämmern des Herzens
keiner versage an weichen, zweifelnden oder
reißenden Saiten. Daß mich mein strömendes Antlitz
glänzender mache; daß das unscheinbare Weinen
blühe. O wie werdet ihr dann, Nächte, mir lieb sein,
gehärmte. Daß ich euch knieender nicht, untröstliche Schwester
hinnahm, nicht in euer gelöstes
Haar mich gelöster ergab. Wir, Vergeuder der Schmerzen.
Wie wir sie absehn voraus, in die traurige Dauer,
ob sie nicht enden vielleicht. Sie aber sind ja
unser winterwähriges Laub, unser dunkeles Sinngrün,
eine der Zeiten des heimlichen Jahres –, nicht nur
Zeit –, sind Stelle, Siedelung, Lager, Boden, Wohnort.

Freilich, wehe, wie fremd sind die Gassen der Leid-Stadt,
wo in der falschen, aus Übertönung gemachten
Stille, stark, aus der Gußform des Leeren der Ausguß
prahlt: der vergoldete Lärm, das platzende Denkmal.
O, wie spurlos zerträte ein Engel ihnen den Trostmarkt,
den die Kirche begrenzt, ihre fertig gekaufte:
reinlich und zu und enttäuscht wie ein Postamt am Sonntag.
Draußen aber kräuseln sich immer die Ränder von Jahrmarkt.
Schaukeln der Freiheit! Taucher und Gaukler des Eifers!
Und des behübschten Glücks figürliche Schießstatt,
wo es zappelt von Ziel und sich blechern benimmt,
wenn ein Geschickterer trifft. Von Beifall zu Zufall
taumelt er weiter; denn Buden jeglicher Neugier
werben, trommeln und plärrn. Für Erwachsene aber
ist noch besonders zu sehn, wie das Geld sich vermehrt, anatomi
nicht zur Belustigung nur: der Geschlechtsteil des Gelds,
alles, das Ganze, der Vorgang –, das unterrichtet und macht
fruchtbar . . .

. . . Oh aber gleich darüber hinaus,
hinter der letzten Planke, beklebt mit Plakaten des ›Todlos‹,
jenes bitteren Biers, das den Trinkenden süß scheint,
wenn sie immer dazu frische Zerstreuungen kaun . . .,
gleich im Rücken der Planke, gleich dahinter, ists *wirklich*.
Kinder spielen, und Liebende halten einander, – abseits,
ernst, im ärmlichen Gras, und Hunde haben Natur.
Weiter noch zieht es den Jüngling; vielleicht, daß er eine junge
Klage liebt . . . Hinter ihr her kommt er in Wiesen. Sie sagt:
– Weit. Wir wohnen dort draußen . . . Wo? Und der Jüngling
folgt. Ihn rührt ihre Haltung. Die Schulter, der Hals –, vielleicht
ist sie von herrlicher Herkunft. Aber er läßt sie, kehrt um,
wendet sich, winkt . . . Was solls? Sie ist eine Klage.

Nur die jungen Toten, im ersten Zustand
zeitlosen Gleichmuts, dem der Entwöhnung,
folgen ihr liebend. Mädchen
wartet sie ab und befreundet sie. Zeigt ihnen leise,
was sie an sich hat. Perle des Leids und die feinen
Schleier der Duldung. – Mit Jünglingen geht sie schweigend.
Aber dort, wo sie wohnen, im Tal, der Älteren eine, der Klagen
nimmt sich des Jünglings an, wenn er fragt: – Wir waren,
sagt sie, ein Großes Geschlecht, einmal, wir Klagen. Die Väter
trieben den Bergbau dort in dem großen Gebirg; bei Menschen
findest du manchmal ein Stück geschliffenes Ur-Leid
oder, aus altem Vulkan, schlackig versteinerten Zorn.
Ja, das stammte von dort. Einst waren wir reich. –

Und sie leitet ihn leicht durch die weite Landschaft der Klagen,
zeigt ihm die Säulen der Tempel oder die Trümmer
jener Burgen, von wo Klage-Fürsten das Land
einstens weise beherrscht. Zeigt ihm die hohen
Tränenbäume und Felder blühender Wehmut,
(Lebendige kennen sie nur als sanftes Blattwerk);
zeigt ihm die Tiere der Trauer, weidend, – und manchmal

schreckt ein Vogel und zieht, flach ihnen fliegend durchs Aufsch
weithin das schriftliche Bild seines vereinsamten Schreis. –
Abends führt sie ihn hin zu den Gräbern der Alten
aus dem Klage-Geschlecht, den Sibyllen und Warn-Herrn.
Naht aber Nacht, so wandeln sie leiser, und bald
mondets empor, das über Alles
wachende Grab-Mal. Brüderlich jenem am Nil,
der erhabenen Sphinx –: der verschwiegenen Kammer
Antlitz.
Und sie staunen dem krönlichen Haupt, das für immer,
schweigend, der Menschen Gesicht
auf die Waage der Sterne gelegt.

Nicht erfaßt es sein Blick, im Frühtod
schwindelnd. Aber ihr Schaum.
hinter dem Pschent-Rand hervor, scheucht es die Eule. Und sie,
streifend im langsamen Abstrich die Wange entlang,
jene der reifesten Rundung,
zeichnet weich in das neue
Totengehör, über ein doppelt
aufgeschlagenes Blatt, den unbeschreiblichen Umriß.

Und höher, die Sterne. Neue. Die Sterne des Leidlands.
Langsam nennt sie die Klage: – Hier,
siehe: den *Reiter,* den *Stab,* und das vollere Sternbild
nennen sie: *Fruchtkranz*. Dann, weiter, dem Pol zu:
Wiege, Weg; Das Brennende Buch; Puppe; Fenster.
Aber im südlichen Himmel, rein wie im Innern
einer gesegneten Hand, das klar erglänzende ›M‹,
das die Mütter bedeutet . . . –

Doch der Tote muß fort, und schweigend bringt ihn die ältere
Klage bis an die Talschlucht,
wo es schimmert im Mondschein:
die Quelle der Freude. In Ehrfurcht

nennt sie sie, sagt: – Bei den Menschen
ist sie ein tragender Strom. –

Stehn am Fuß des Gebirgs.
Und da umarmt sie ihn, weinend.

Einsam steigt er dahin, in die Berge des Ur-Leids.
Und nicht einmal sein Schritt klingt aus dem tonlosen Los.
Aber erweckten sie uns, die unendlich Toten, ein Gleichnis,
siehe, sie zeigten vielleicht auf die Kätzchen der leeren
Hasel, die hängenden oder
meinten den Regen, der fällt auf dunkles Erdreich im Frühjahr. –

Und wir, die an *steigendes* Glück
denken, empfänden die Rührung,
die uns beinah bestürzt,
wenn ein Glückliches *fällt*.

RAINER MARIA RILKE

Nicht der Jüngling ist glückselig zu preisen,
sondern der Greis, der vollendet
gelebt hat. Denn der Jüngling in seiner
Vollkraft sinnt mal auf dies, mal auf jenes
und wird vielfach vom Zufall verschlagen.
Der Greis aber ist in seinem Alter
wie in einem Hafen vor Anker gegangen
und hat die früher kaum erhofften Güter
eingeschlossen in sicheres Gedenken.

EPIKUR

Wisse: der Mensch ist nicht zum Scherz und für nichts erschaffen, sondern hoch ist sein Wert und groß seine Würde. Wohl ist er nicht von Ewigkeit her, aber für die Ewigkeit ist er bestimmt; wohl ist sein Leib irdisch und von der niederen Welt, doch sein Geist ist aus der oberen Welt und göttlich; die Substanz seines Wesens ist wohl anfangs getrübt und vermischt mit den Eigenschaften des Viehs, der Raubtiere und der Teufel; doch in dem Tiegel des heiligen Kampfes wird sie frei von aller Trübung und Unreinigkeit und würdig des Wohnens in der Nähe der Gottheit. Von der tiefsten Tiefe bis zur höchsten Höhe liegt alles Niedrige und alles Hohe im Bereich seines Tuns. Die tiefste Tiefe erreicht er, wenn er auf den Stand des Viehs, der Raubtiere und der Teufel herabsinkt und zum Sklaven der Begierde und des Zornmutes wird; zu seiner höchsten Höhe aber erhebt er sich, wenn er den Stand der Engel erreicht, so daß er Befreiung findet von Zornmut und Begierde, und diese beiden seine Sklaven werden, er aber ihr König wird. Erlangt er dies Königtum, so wird er würdig, Diener Gottes zu sein; diese Würdigkeit aber ist die Eigenschaft der Engel und die Stufe höchster Vollendung für den Menschen. Und ward ihm einmal die Lust der vertrauten Nähe der Schönheit Gottes zuteil, dann kann er keine Stunde mehr von dem Anschauen dieser Schönheit lassen; sie anzublicken wird sein Paradies, und das Paradies der Lust der Augen, des Bauches und der Zeugungsglieder wird ihm dann verächtlich scheinen.

Da aber die Substanz des Menschen zu Anfang ihrer Erschaffung unvollkommen und unedel ist, kann sie aus dieser Unvollkommenheit zur Vollkommenheit nicht anders geführt werden denn durch heiligen Kampf und heilende Behandlung. Doch wie jenes Elixier, das dem Kupfer und dem Messing die Lauterkeit und Klarheit reinen Goldes verleiht, gar schwer zu finden und nicht jedermann bekannt ist, so ist auch dies Elixier, das die Substanz des Menschen aus tierischer Niedrigkeit zu englischer Lauterkeit und Köstlichkeit erheben soll, damit er dadurch die ewige Glückseligkeit erlange, gar schwierig zu finden und wird nicht von jedermann gekannt.

In diesem Buche will ich nun die Mischung dieses Elixiers der ewigen Glückseligkeit beschreiben und habe es darum *»Das Elixier der Glückseligkeit«* genannt. Der Name Elixier kommt ihm ja mit größerem Rechte zu als dem jener anderen Kunst. Denn das Gold unterscheidet sich vom Kupfer durch nichts anderes als die gelbe Farbe und die Schwere, und die Frucht jenes Elixiers ist nichts als der Genuß dieser Welt. Wie lange aber währet diese Welt, und worin bestehen ihre Wonnen? Und zwischen den Eigenschaften der Tiere und den Eigenschaften der Engel ist eine Kluft wie von der tiefsten Tiefe zur höchsten Höhe. Die Frucht dieses Elixiers aber ist die ewige Glückseligkeit, deren Dauer kein Ende hat und deren Wonne nicht aufhört und durch nichts in ihrer Reinheit getrübt wird.

Wisse: So wie man das Elixier nicht in der Vorratskammer jedes alten Weibes findet, sondern nur in den Schatzhäusern der Großen und Könige, so ist auch das Elixier der ewigen Glückseligkeit nicht allerorts zu finden, sondern nur in dem Schatzhause der göttlichen Herrlichkeit.

Der erste Eingang ist, *daß man sich selbst erkenne,* der zweite, *daß man Gott erkenne,* der dritte, *daß man die diesseitige Welt erkenne,* der vierte, *daß man die jenseitige Welt erkenne.* Diese vier Erkenntnisse sind die Eingänge der Erkenntnis des Islam; die Pfeiler aber, das Handeln des Islam, sind vier an Zahl, zwei davon beziehen sich auf die äußeren und zwei auf die inneren Dinge.

AL GHASALI

Auf ein Buch gebeugt

Es ist noch früh im Jahr. Die Gräser steigen
In Silberbüscheln zum Gezweig ums Haus.
Das Buch der Landschaft les ich nimmer aus.
Zehntausend Strophen weiß die Drossel. Schweigen.

Am Abend dann. Der Acker ist gepflügt.
Ein andres Buch hat mich hinabgenommen.
Ein Wagen hält. Ein Freund ist angekommen.
Ein Buch. Ein Freund. Ein Acker. Das genügt.

Den Wein, den wir nun langsam trinken wollen,
Das Brot, die Früchte hab ich selbst gebaut
Und oft nach einem Regen ausgeschaut.
Ein Windhauch. Kühle. Ferne Donner rollen.

Es ruft das Buch uns alte Zeiten her,
Da wir die alten Seiten leise wenden,
Und langsam lesen wir so die Legenden
von Berg und Fluß. Mein Freund, was willst du mehr?

TAU YÜAN MING

Und so erachte ich dies als besser denn alles: daß sich der Mensch gänzlich Gott überlasse, so daß, wenn immer Gott irgend etwas ihm aufbürden wolle, sei's Schmach, Mühsal oder was es sonst für ein Leiden sei, er es mit Freuden und Dankbarkeit hinnehme und sich mehr von Gott führen lasse, als daß der Mensch sich darein versetze. Und darum lernet gern von Gott in allen Dingen und folget ihm, so wird's recht mit euch!

Dieweil es denn also Gott genügt, so sei auch du zufrieden; wenn ihm aber ein anderes an dir gefällt, so sei auch dann zufrieden. Denn der Mensch soll innerlich so völlig mit seinem ganzen Willen Gott angehören, daß er sich nicht viel mit Weisen noch mit Werken beunruhigen soll.

MEISTER ECKHART

Glück ist das Losungswort aller Welt; aber sie findet sich nirgend in der Natur, die der Glückseligkeit und der Zufriedenheit mit seinem Zustande nie empfänglich ist. Nur die Würdigkeit, glücklich zu sein, ist das, was der Mensch erringen kann. In dem was er tut, nicht in dem, was er genießt oder leidet, d. i. in dem von seiner Natur unabhängigen Selbst, was ihn kein Schicksal verschafft, kann er Zufriedenheit in seine Seele bringen.

IMMANUEL KANT

»Mensch auf dem Wege« heißt einer deswegen,
weil er zur Glückseligkeit strebt;
»Mensch am Ziel« aber heißt einer deswegen,
weil er die Glückseligkeit schon erreicht hat.

THOMAS VON AQUIN

Eine kaiserliche Botschaft

Der Kaiser – so heißt es – hat dir, dem Einzelnen, dem jämmerlichen Untertanen, dem winzig vor der kaiserlichen Sonne in die fernste Ferne geflüchteten Schatten, gerade dir hat der Kaiser von seinem Sterbebett aus eine Botschaft gesendet. Den Boten hat er beim Bett niederknien lassen und ihm die Botschaft ins Ohr geflüstert; so sehr war ihm an ihr gelegen, daß er sich sie noch ins Ohr wiedersagen ließ. Durch Kopfnicken hat er die Richtigkeit des Gesagten bestätigt. Und vor der ganzen Zuschauerschaft seines Todes – alle hindernden Wände werden niedergebrochen und auf den weit und hoch sich schwingenden Freitreppen stehen im Ring die Großen des Reichs – vor allen diesen hat er den Boten abgefertigt. Der Bote hat sich gleich auf den Weg gemacht; ein kräftiger, ein unermüdlicher Mann; einmal diesen, einmal den andern Arm vorstreckend schafft er sich Bahn durch die Menge; findet er Widerstand, zeigt er auf die Brust, wo das Zeichen der Sonne ist; er kommt auch leicht vorwärts, wie kein anderer. Aber die Menge ist so groß; ihre Wohnstätten nehmen kein Ende. Öffnete sich freies Feld, wie würde er fliegen und bald wohl hörtest du das herrliche Schlagen seiner Fäuste an deiner Tür. Aber statt dessen, wie nutzlos müht er sich ab; immer noch zwängt er sich durch die Gemächer des innersten Palastes; niemals wird er sie überwinden; und gelänge ihm dies, nichts wäre gewonnen; die Treppen hinab müßte er sich kämpfen; und gelänge ihm dies, nichts wäre gewonnen; die Höfe wären zu durchmessen; und nach den Höfen der zweite umschließende Palast; und wieder Treppen und Höfe; und wieder ein Palast; und so weiter durch Jahrtausende; und stürzte er endlich aus dem äußersten Tor – aber niemals, niemals kann es geschehen –, liegt erst die Residenzstadt vor ihm, die Mitte der Welt, hochgeschüttet voll ihres Bodensatzes. Niemand dringt hier durch und gar mit der Botschaft eines Toten. – Du aber sitzt an deinem Fenster und erträumst sie dir, wenn der Abend kommt.

FRANZ KAFKA

Das Unglück allein ist noch nicht das
ganze Unglück; Frage ist noch,
wie man es besteht. Erst wenn man es
schlecht besteht, wird es ein ganzes
Unglück. Das Glück allein ist noch
nicht das ganze Glück.

LUDWIG HOHL

EPILOG

Am Ende der Tage wird es geschehen:
Der Berg mit dem Haus des Herrn steht fest
gegründet als höchster der Berge;
er überragt alle Hügel. Zu ihm strömen alle Völker.
Viele Nationen machen sich auf den Weg;
sie sagen: Kommt, wir ziehen hinauf zum Berg
des Herrn und zum Haus des Gottes Jakobs.
Er zeige uns seine Wege, auf seinen Pfaden wollen
wir gehen.
Denn von Zion kommt die Weisung des Herrn, aus
Jerusalem sein Wort.
Er spricht Recht im Streit der Völker, er weist viele
Nationen zurecht.
Dann schmieden sie Pflugscharen aus ihren
Schwertern und Winzermesser aus ihren Lanzen.
Man zieht nicht mehr das Schwert, Volk gegen
Volk, und übt nicht mehr für den Krieg.

JESAJA 2,2–4

Nachwort

Nichts ist so flüchtig und so schwer bestimmbar wie das Glück; kein anderes Gut wird gleichermaßen von allen Menschen so gesucht. Wer im Glück lebt, denkt nicht an seine Beschreibung. »Das Glück ist kein guter Stoff für Dichter. Es ist zu selbstgenügsam. Es braucht keinen Kommentar.« (Robert Walser).

Wer aber hat das Glück gefunden, das sich selbst genügt? Und wer hat es festhalten können, wenn er es gefunden hatte? Wir wissen nicht einmal, was das Glück ist, nach dem wir suchen. Augustinus berichtet von Varro, er sei bei dem Versuch, die verschiedenen Auffassungen vom Glück zu sammeln, auf eine Zahl von 288 gekommen. Glück beschreibt ein Ziel, das so vielgestaltig ist wie die Menschen selbst – weil es kein Zustand ist, sondern Tätigsein, Werk, in dem der Mensch sich zustandebringt. Angesichts dessen, was der Mensch aus sich zu machen vermag, ist die Zahl von 288 gering.

Jede Zeit hat ihre Glücksvorstellung, Kulturen sind nichts anderes als Entwürfe von Glückseligkeit; Religionen sind Erinnerungszeichen dafür, daß keine Glücksvorstellung, die der Mensch selbst entwerfen kann, genügt. Die Biographie des einzelnen wird zur Einheit durch seine Interpretation des Glücks, die Einheit einer Epoche läßt sich ausmachen an der Übereinstimmung ihrer Glückssuche.

Ein Ziel, das erst im Handeln des einzelnen Gestalt gewinnt, das von fragilen Voraussetzungen abhängt, muß in besonderer Weise Thema der Dichter sein. Denker können von ihm nur in Form der Suche, Propheten nur in Form der Verheißung sprechen, was dazwischen liegt, kann nur erzählt werden. Gibt es überhaupt einen anderen Grund zum Erzählen als die Suche nach dem Glück? Stets gehört zur Geschichte dieser Suche, sich nach dem Sinn der Worte zu erkundigen, nach den Ursprüngen zu fragen und den Spuren nachzugehen: »Was wollte ich gestern?«, »Wie lebst du eigentlich in

Paris?«, »Ich habe gehört ...«, so beginnen die Texte solcher Spurensuche. Neben Andeutungen und Spuren aber gibt es auch die »Stunden im Leben, wo wir gar nicht begreifen können, warum wir so guter Dinge sind«, die sich »weder auf Befehl noch auf Wunsch« einstellen. Meist sind diese Stunden nur Augenblicke, von denen man erst im nachhinein weiß, daß uns das Glück berührt hat. Es sind die Augenblicke, in denen das Leben auf einmal in einem anderen Licht erscheint, auf die man insgeheim hingelebt hat und von denen man lange leben kann. Solange sie dauern, scheint die Zeit stillzustehen, und noch in der Erinnerung bleiben sie der Vergangenheit entzogen.

Verschieden von solchen Augenblicken sind die Illusionen und Träume vom Glück. Was sich hier als Vorschein erweist, entlarvt sich dort als trügerischer Schein, deshalb ist die Enttäuschung eine Art der Glückserfahrung, eine Verzweiflung, die heilt. Denn Enttäuschungen heben, wie das Wort besagt, die Täuschungen auf, befreien vom Schein und vermögen so dem Unglück eine merkwürdige Weise des Glücks abzugewinnen: »Das Unglück allein ist noch nicht das ganze Unglück; Frage ist noch, wie man es besteht. Erst wenn man es schlecht besteht, wird es ein ganzes Unglück.« (Ludwig Hohl)

Besteht man es gut, löst sich der Bann, der den Unglücklichen lähmt. An die Stelle der Illusion tritt die Utopie, anstelle des Wunsches die Hoffnung. Die Illusion läßt alles beim alten, die Hoffnung aber befreit zum Handeln und eben damit zur Antizipation des Glücks.

Nicht von ungefähr haben deshalb die großen Denker zwischen dem Glück unterschieden, das der Mensch – und sei es nur für Augenblicke – selbst erreichen kann, und der Glückseligkeit, auf die hin er unterwegs ist, die er aber so wenig einzuholen vermag wie der Wanderer auf seinem Weg den Horizont. Glückseligkeit ist Inbegriff, nicht erreichbare Gestalt, Ziel, an dem sich alle anderen Ziele messen lassen müssen. »Nur die Würdigkeit, glücklich zu sein, ist das, was der

Mensch erringen kann« (Immanuel Kant). Alles andere bleibt Gegenstand seiner Hoffnung.

Das vorliegende Buch ist entstanden aus einer Sammlung weniger Texte unter dem Titel »Lektüre zwischen den Jahren«; es hat den Charakter dieser Sammlung, wenn auch um ein Vielfaches erweitert, behalten.

Gottfried Honnefelder

Autoren- und Quellenverzeichnis

ALAIN (1868–1951)
Kein Vergnügen, S. 272. Aus: Die Pflicht, glücklich zu sein, Frankfurt am Main 1979, S. 123 (Bibliothek Suhrkamp 470)

THOMAS VON AQUIN (1224/25–1274)
Der siebente Tag, S. 341. Aus: Sentenzenkommentar II, 15, 3, 2, 8 (im Anschluß an Sermo IX, 6 des Augustinus). In: Thomas von Aquin. Auswahl, Übersetzung und Einleitung von Josef Pieper, Frankfurt am Main 1957, S. 213. Mit Genehmigung des Kösel Verlages München
Mensch auf dem Wege, S. 359. Aus: Summa theologiae III, 15, 10

ARISTOTELES (384 v. Chr. – 322 v. Chr.)
Welches ist das oberste aller praktischen Güter?, S. 11 Aus: Die Nikomachische Ethik. Neu übersetzt, mit einer Einleitung und erklärenden Anmerkungen versehen von Olof Gigon. Erstes Buch, Zürich 1967, S. 58. © 1951 und 1967 Artemis Verlags-AG Zürich
Wenn das alles so ist, S. 274. Aus: Die Nikomachische Ethik. Erstes Buch, S. 67

H. C. FORTUNAT ARTMANN (geb. 1921)
Das Glück, S. 16. Aus: Über das Glück. Literaturalmanach, hg. v. Joachim Jung, Salzburg und Wien 1983, S. 22. © 1983 Residenz Verlag Salzburg und Wien

AURELIUS AUGUSTINUS (354–430)
Nachdem wir uns darüber klar geworden, S. 241. Aus: Bekenntnisse, eingeleitet und übertragen von Wilhelm Thimme, München 1982, S. 236. © 1950 und 1958 Artemis Verlags-AG Zürich
Was aber ist's?, S. 40. Aus: Theologische Frühschriften, übersetzt und erläutert von Wilhelm Thimme, Zürich und Stuttgart 1962, S. 485. © 1962 Artemis Verlag Zürich und Stuttgart

INGEBORG BACHMANN (1926–1973)
Auch ich habe in Arkadien gelebt, S. 54. Aus: Erzählungen, Werke Band 2, München 1978, S. 38. © R. Piper & Co. Verlag München 1978

THE BEATLES
Happiness is a warm gun, S. 224. Aus: The Beatles Songbook, hg. v. Alan Aldridge. Deutsch von Peter Zentner, München 1978

SAMUEL BECKETT (geb. 1906)

Willie, S. 335. Aus: Werke, Band 1. Dramatische Werke, Frankfurt am Main 1976, S. 204

GOTTFRIED BENN (1886–1956)

Kokain, S. 226. Aus: Sämtliche Werke, Stuttgarter Ausgabe, Band 1, Gedichte 1. © 1986 Klett Cotta Verlag Stuttgart

ERNST BLOCH (1885–1977)

Das Morgen im Heute, S. 117. Aus: Das Prinzip Hoffnung, Band 3, Frankfurt am Main 1959, S. 1027 (suhrkamp taschenbuch wissenschaft 3)

BOETHIUS, ANCIUS MANLIUS TORQUATUS SEVERINUS (480–524)

Warum also, S. 260. Aus: Trost der Philosophie, übersetzt und hg. v. Karl Büchner, Stuttgart 1971, S. 69. © Philipp Reclam jun. Stuttgart 1971

Was ist's also, S. 299. Aus: Trost der Philosophie, S. 61

BERTOLT BRECHT (1898–1956)

Die Ballade vom angenehmen Leben, S. 181. Aus: Gesammelte Werke in acht Bänden, Band 1, Frankfurt am Main 1967, S. 447

Die unwürdige Greisin, S. 170. Aus: Gesammelte Werke in acht Bänden, Band 5, S. 315

Vier Männer und ein Pokerspiel, S. 227. Aus: Gesammelte Werke in acht Bänden, Band 5, S. 175

ALBERT CAMUS (1913–1960)

Der Mythos von Sisyphos, S. 293. Aus: Der Mythos von Sisyphos, Hamburg 1959, S. 98. © 1956 Karl Rauch Verlag KG Düsseldorf

PAUL CELAN (1920–1970)

Das ganze Leben, S. 103. Aus: Gesammelte Werke, Band 3, Frankfurt am Main 1983, S. 57

MARCUS TULLIUS CICERO (106 v. Chr.–43 v. Chr.)

Die Untersuchung des glücklichen Lebens, S. 5. Aus: De finibus bonorum et malorum, liber V, 5.12

APPIUS CLAUDIUS CAECUS

Jeder ist seines Glückes Schmied, S. 57.

MATTHIAS CLAUDIUS (1740–1815)

Lieber Johannes, S. 89. Aus: Sämtliche Werke des Wandsbecker Boten, Frankfurt am Main 1975

DANIEL DEFOE (1660–1731)

Ich begann nun, S. 165. Aus: Robinson Crusoe, Frankfurt am Main 1973, S. 91 (insel taschenbuch 41). © der deutschen Übersetzung 1968 Carl Hanser Verlag München

MEISTER ECKHART (um 1260–1327)

Und so erachte ich dies als besser, S. 358. Aus: Reden der Unterweisung, hg. v. Josef Quint, Frankfurt am Main 1963, S. 40 (Insel Bibliothek 490)

JOSEPH VON EICHENDORFF (1788–1857)

Sehnsucht, S. 266. Aus: Novellen und Gedichte, Frankfurt am Main 1984, S. 253 (insel taschenbuch 360)

HANS MAGNUS ENZENSBERGER (geb. 1929)

Anweisung an Sisyphos, S. 298. Aus: Die Gedichte, Frankfurt am Main 1983, S. 67

EPIKUR (341 v. Chr.–270 v. Chr.)

Geboren sind wir nur einmal, S. 164. Aus: Briefe, Sprüche, Werkfragmente, Stuttgart 1980, S. 83. © 1980 Philipp Reclam jun. Stuttgart

Nicht der Jüngling ist glückselig zu preisen, S. 354. Aus: Briefe, Sprüche, Werkfragmente, S. 83

JOHANN GOTTLIEB FICHTE (1762–1814)

Anweisung zum seligen Leben, S. 275

Wer Glückseligkeit erwartet, S. 285. Aus: Lektüre zwischen den Jahren, ausgewählt von Peter Ulmer, Frankfurt am Main 1981, S. 67

THEODOR FONTANE (1819–1898)

Am Vormittag, S. 107. Aus: Allerlei Glück. Plaudereien, Skizzen und Unvollendetes, hg. v. Otto Drude, Frankfurt am Main 1982, S. 113 (insel taschenbuch 641)

Gott, was ist glücklich?, S. 116. Aus: Allerlei Glück

Waldemar, S. 243. Aus: Sämtliche Werke. Romane, Erzählungen, Gedichte. Zweiter Band, S. 547, München 1962

SIGMUND FREUD (1856–1939)

Die Frage nach dem Zweck des menschlichen Lebens, S. 12. Aus: Das Unbehagen an der Kultur, in: Gesammelte Werke, Band XIV. Werke aus den Jahren 1925–1931, Frankfurt am Main 1976, S. 433. © S. Fischer Verlag Frankfurt am Main

MAX FRISCH (geb. 1911)

Glück, S. 108. Aus: Gesammelte Werke in zeitlicher Folge, Band VI, Frankfurt am Main 1976, S. 333

Ich bin einverstanden, S. 15.

Wie lebst Du?, S. 163. Aus: Mein Name sei Gantenbein, Frankfurt am Main 1964

AL GHASALI (1058–1111)

Wisse: Der Mensch ist nicht zum Scherz erschaffen, S. 355. Aus: Das Elixier der Glückseligkeit, Köln 1959, S. 26. © Eugen Diederichs Verlag GmbH & Co KG Köln

ANDRÉ GIDE (1869–1951)

Das Furchtbare ist, S. 179. Aus: Tagebuch 1889–1939, Band 1, Stuttgart 1950, S. 105.

JOHANN WOLFGANG VON GOETHE (1749–1832)

Harzreise im Winter, S. 307. Aus: Gedichte in zeitlicher Folge, Band 1, Frankfurt am Main 1978, S. 219 (insel taschenbuch 350)

Kennst du das Land, S. 236. Aus: Gedichte in zeitlicher Folge, Band 1, S. 272

Warum gabst du uns die tiefen Blicke, S. 239. Aus: Gedichte in zeitlicher Folge, Band 1, S. 206

Willkommen und Abschied, S. 264. Aus: Gedichte in zeitlicher Folge, Band 1, S. 92

BRÜDER GRIMM (1785–1863 und 1786–1859)

Hans im Glück, S. 93. Aus: Kinder- und Hausmärchen, gesammelt durch die Brüder Grimm. Hg. v. Heinz Rölleke, Frankfurt am Main 1985, S. 362

JOHANN CHRISTIAN GÜNTHER (1695–1723)

Auf das Glück, S. 303. Aus: Gesammelte Gedichte, hg. v. Herbert Heckmann, München 1981, S. 309

PETER HANDKE (geb. 1942)

Das Klima, S. 124. Aus: Wunschloses Unglück, Frankfurt am Main 1974, S. 19 (suhrkamp taschenbuch 146). © 1972 Residenz Verlag Salzburg und Wien

JOHANN PETER HEBEL (1760–1826)

Seltsamer Spazierritt, S. 106. Aus: Schatzkästlein des rheinischen Hausfreundes, hg. v. Jan Knopf, Frankfurt am Main 1984, S. 105 (insel taschenbuch 719)

ZBIGNIEW HERBERT (geb. 1924)
Das Land, S. 339. Aus: Inschrift. Gedichte, Frankfurt am Main 1979, S. 121 (Bibliothek Suhrkamp 384)

HERMANN HESSE (1877–1962)
Das Wort Glück, S. 9. Aus: Glück. Späte Prosa, Betrachtungen, Frankfurt am Main 1984, S. 52 (Bibliothek Suhrkamp 344)
Eines Morgens erwachte ich, S. 267. Aus: Glück, S. 52

GEORG HEYM (1887–1912)
Mein Unglück ruht zur Zeit, S. 279. Aus: Dichtungen und Schriften, Band 3. Tagebücher, Träume, Briefe, hg. v. Karl L. Schneider, Hamburg und München 1960

HIOB 1, 1–22, S. 287. Aus: Die Bibel. Altes Testament

LUDWIG HOHL (1904–1980)
Das Unglück allein, S. 261. Aus: Die Notizen oder Von der voreiligen Versöhnung, Frankfurt am Main 1981, S. 205

ÖDÖN VON HORVÁTH (1901–1938)
Das Märchen vom Fräulein Pollinger, S. 176. Aus: Gesammelte Werke, Band III. Lyrik, Prosa, Romane, Frankfurt am Main 1970, S. 75

JESAJA 2, 2–4, S. 363. Aus: Die Bibel. Altes Testament

JAMES JOYCE (1882–1941)
Liebe, lüge und sei hübsch!, S. 179

FRANZ KAFKA (1883–1924)
Eine kaiserliche Botschaft, S. 360. Aus: Gesammelte Werke. Erzählungen, Frankfurt am Main 1976, S. 128. © 1935, 1946, 1963 by Schocken Books Inc. New York
Unglücklichsein, S. 313. Aus: Gesammelte Werke. Erzählungen, S. 35

IMMANUEL KANT (1724–1804)
Glück ist das Losungswort aller Welt, S. 358. Aus: Werke Bd. VIII. Bruchstücke aus dem Nachlaß, hg. v. Karl Vorländer, S. 294

GOTTFRIED KELLER (1819–1890)

Der Schmied seines Glücks, S. 58. Aus: Sämtliche Werke und ausgewählte Briefe II, hg. v. Clemens Heselhaus, München 1963

Wie alt bist Du jetzt?, S. 121. Aus: Romeo und Julia auf dem Dorfe, Frankfurt am Main 1984, S. 53 (insel taschenbuch 756)

HEINRICH VON KLEIST (1777–1811)

Aufsatz, den sicheren Weg des Glücks zu finden, S. 42. Aus: Sämtliche Werke und Briefe. Band 2, hg. v. Helmut Sembdner, München 1985, S. 301

Der Prinz von Homburg, S. 242. Aus: Sämtliche Werke und Briefe. Band 1, S. 648

Ich badete mich, S. 343. Aus: Sämtliche Werke und Briefe. Band 2, S. 343

WOLFGANG KOEPPEN (geb. 1906)

In meiner Stadt war ich allein, S. 259. Aus: Jugend, Frankfurt am Main 1976, S. 127 (Bibliothek Suhrkamp 500)

KOHELETH 1, 2–4; 2, 1, S. 340. Aus: Die Bibel. Altes Testament

LAO-TSE (geboren 604 v. Chr.)

Ich habe gehört, S. 41. Aus: Führung und Kraft aus der Ewigkeit, Frankfurt am Main 1985, S. 61 (insel taschenbuch 849)

GEORG CHRISTOPH LICHTENBERG (1742–1799)

Das Glück des Menschen, S. 104. Aus: Schriften und Briefe, hg. v. Franz H. Mautner, Frankfurt am Main 1983

ROSA LUXEMBURG (1871–1919)

An Sophie Liebknecht aus dem Gefängnis, S. 271. Aus: Briefe aus dem Gefängnis, Berlin 1971, S. 40

THOMAS MANN (1875–1955)

Ein Glück, S. 245. Aus: Frühe Erzählungen. Gesammelte Werke in Einzelbänden, Frankfurt am Main 1981, S. 343. © 1981 S. Fischer Verlag GmbH Frankfurt am Main

KATHERINE MANSFIELD (1888–1923)

Glück, S. 318. Aus: Sämtliche Erzählungen, hg. und übersetzt von Elisabeth Schnack, Frankfurt am Main 1982 (Fischer Taschenbuch 5717). © 1980 Büchergilde Gutenberg Frankfurt am Main

MATTHÄUS 5, 3–12, S. 278. Aus: Die Bibel. Neues Testament

HENRY MILLER (1891–1980)

Das Lächeln am Fuße der Leiter, S. 187. Aus: Das Lächeln am Fuße der Leiter, Frankfurt am Main 1976, S. 7 (Bibliothek Suhrkamp 198). © 1961 Rowohlt Verlag GmbH Reinbek

ROBERT MUSIL (1880–1942)

Das menschliche Leben, S. 167. Aus: Der Mann ohne Eigenschaften, aus: Robert Musil, Gesammelte Werke © 1978 Rowohlt Taschenbuch Verlag GmbH, Reinbek

FRIEDRICH NIETZSCHE (1844–1900)

Der höhere Mensch, S. 105

Wenn ein Glück, S. 276. Aus: Unzeitgemäße Betrachtungen. Zweites Stück. Vom Nutzen und Nachteil der Historie für das Leben, Frankfurt am Main 1981, S. 98 (insel taschenbuch 509)

Und also sprach Zarathustra zum Volke, S. 311. Aus: Also sprach Zarathustra. Ein Buch für Alle und Keinen, Frankfurt am Main 1976, S. 18 (insel taschenbuch 145)

OFFENBARUNG 22, 1–5, S. 346. Aus: Die Bibel. Neues Testament

PARACELSUS (1493–1541)

Ohne Zerbrechung der Ordnung, S. 169. Aus: Herbert Gruhl, Glücklich werden die sein..., Düsseldorf 1984, S. 77, © 1984 Erb Verlag Düsseldorf

BLAISE PASCAL (1623–1662)

Der Mensch ist weder Engel noch Tier, S. 99. Aus: Größe und Elend des Menschen. Auswahl, Übersetzung und Nachwort von Wilhelm Weischedel, Frankfurt am Main 1979, S. 24 (insel taschenbuch 441)

Wenn ich mich mitunter daran gemacht habe, S. 14. Aus: Größe und Elend des Menschen, S. 13

JEAN PAUL (1763–1825)

Wie war dein Leben und Sterben so sanft, S. 280. Aus: Leben des vergnügten Schulmeisterlein Maria Wutz in Auenthal, Frankfurt am Main 1984, S. 9 (insel taschenbuch 778)

RAINER MARIA RILKE (1875–1926)

Die neunte Elegie, S. 347. Aus: Duineser Elegien. Die Sonette an Orpheus, Frankfurt am Main 1977, S. 38 (insel taschenbuch 80)

Die zehnte Elegie, S. 350. Aus: Duineser Elegien. Die Sonette an Orpheus, S. 41

HANS SACHS (1494–1576)

Das Schlaraffenland, S. 183. Aus: Das Insel-Buch der Faulheit, Frankfurt am Main 1983, S. 40

GEORGE SAND (1804–1876)

Du willst das Glück, S. 277. Aus: Lucrezia Floriani, Frankfurt am Main 1985, S. 71 (insel taschenbuch 858) © 1981 Matthes und Seitz Verlag GmbH München

FRIEDRICH SCHILLER (1759–1805)

Das Glück, S. 261. Aus: Schillers Werke. Dritter Band. Gedichte, Erzählungen, Frankfurt am Main 1966, S. 109

Resignation, S. 310. Aus: Schillers Werke. Dritter Band, S. 59

GUSTAV SCHWAB (1792–1850)

Midas, S. 301. Aus: Sagen des klassischen Altertums, Frankfurt am Main 1984, S. 948 (insel taschenbuch 127)

SENECA (4 v. Chr. – 65 n. Chr.)

Vom glücklichen Leben, S. 21. Aus: Von der Seelenruhe. Philosophische Schriften und Briefe, Frankfurt am Main 1984, S. 81 (insel taschenbuch 743). Lizenzausgabe mit freundlicher Genehmigung der Dieterich'schen Verlagsbuchhandlung Leipzig 1980

ADALBERT STIFTER (1805–1868)

Es begann nun eine merkwürdige Zeit, S. 125. Aus: Der Nachsommer. Werke Band 3, hg. v. Uwe Japp und H. J. Piechotta, Frankfurt am Main 1978, S. 607

TAU YÜAN-MING (365–427)

Auf ein Buch gebeugt, S. 357. Aus: Staub von einer Bambusblüte. Dem Chinesischen nachgedichtet von Georg Schneider, München 1955, © 1955 Albert Langen – Georg Müller Verlag München

JESSE THOOR (1905–1952)

In einem Haus, S. 273. Aus: Gedichte, Frankfurt am Main 1975, S. 68 (Bibliothek Suhrkamp 424)

NIKOLAIJ TOLSTOJ (1828–1910)

Familienglück, S. 129. Aus: Familienglück, Frankfurt am Main 1986, S. 85 (insel taschenbuch 902)

MARTIN WALSER (geb. 1927)

Xaver legte sich, S. 160. Aus: Seelenarbeit, Frankfurt am Main 1983, S. 292 (suhrkamp taschenbuch 901)

ROBERT WALSER (1878–1956)

Aufs Glücklichsein, S. 128

Das Glück ist kein guter Stoff, S. 5

Es gibt Stunden im Leben, S. 237

Was wollte ich gestern, S. 19. Aus: Lektüre für Minuten. Gedanken aus seinen Büchern und Briefen, hg. v. Volker Michels, Zürich 1978

OSCAR WILDE (1854–1900)

Der glückliche Prinz, S. 213. Aus: Die Erzählungen und Märchen. Aus dem Englischen übersetzt von Felix Paul Greve und Franz Blei, Frankfurt am Main 1985, S. 123 (insel taschenbuch 5)

LUDWIG WITTGENSTEIN (1889–1951)

Die Lösung des Problems des Lebens, S. 7. Aus: Werke in acht Bänden, Band 2. Philosophische Betrachtungen, Frankfurt am Main 1984

Nur, wer nicht in der Zeit, S. 119. Aus: Werke in acht Bänden. Band 2

Inhalt

I. *Erkundigungen*

II. *Suche*

III. *Ursprünge*

IV. *Spuren*

V. *Träume*

VI. *Augenblicke*

VII. *Enttäuschungen*

VIII. *Glückseligkeit*

EPILOG